정보통신과
컴퓨터 분야 공학인증을 위한

종합 설계

김상춘 · 김현곤 공저

이 책은 대학의 정보통신 관련 학과, 예를 들어 전자공학과, 컴퓨터공학과, 멀티미디어학과, 정보보호학과, 정보통신학과에서 캡스톤 디자인 교과목을 수강하는 학사과정 학생들을 주요 대상으로 한다. 프로젝트 단위의 하드웨어와 소프트웨어 개발을 처음 접하는 학생들이 이 책을 통해 캡스톤 디자인 교과목에 대한 이해를 높이고 캡스톤 디자인 프로젝트를 진행하는데 있어서 보다 쉽고 실질적인 절차나 방법들을 이해하는데 도움이 되도록 작성되었다.

도서출판 한산

머리말

우리나라의 공학교육은 2000년 이후로 급격한 변화가 일어나고 있다. 이전의 공학교육은 이론과 실험, 실습 교육으로만 이루어졌고 미리 준비된 교과 내용에 따라 학생들이 수동적으로 교육을 받았다. 그리고 학생들은 어느 한 분야의 전공지식 만을 학습하고 정답이 정해져 있는 형태의 문제 해결 능력만을 교육 받았다.

그러나 현대에 들어서 산업계는 문제 해결에 필요한 다양한 전문 지식을 필요로 하고 있다. 예를 들어 자동차의 경우, 부품 개수가 3만개나 되기 때문에 혼자서 자동차를 만드는 것은 불가능하다. 따라서 전문 분야에 있는 많은 사람들이 팀을 구성하여 협력해야 만이 자동차 제작이 가능한 것이다. 이러한 시대적 패러다임의 변화에 따른 산업계의 요구에 부합하는 길을 모색하기 위해 공학 교육이 변화하고 있다.

이러한 변화의 중심에 서 있는 공학설계 교육은 모방성이 짙은 기존의 공학 교육에서 벗어나 미래 산업의 변화에 대응할 수 있는 창의적인 사고와 독창적인 설계 능력을 갖춘 엔지니어 양성을 위한 교육이다. 미국, 영국을 비롯한 대다수의 공학교육 선진국들은 보다 실질적이고 창의적인 교육을 통해 실제적인 문제를 교수, 학생 및 산업체가 팀을 구성하여 산학연의 연계성을 통해 문제를 해결하는 창의적이고 종합적인 공학설계 교육을 「캡스톤 디자인」이라는 새로운 교육 프로그램을 통해 운영하고 있다. 우리나라도 이와 같은 추세를 반영하여 공학교육인증 제도 도입을 시작으로 캡스톤 디자인 교육을 확대하고 있다.

캡스톤 디자인이란 공학계열 학생이 실제 현장에서 부딪히는 문제를 해결할 수 있는 능력을 갖도록 학사과정 동안 배운 이론을 바탕으로 작품을 기획, 설계, 제작하는 전 과정을 경험하도록 하는 종합설계 교과과정이다. 종합설계에서 다루어야 하는 주된 내용은 산업현장에서 요구하는 최신 주제와 일치하는 것이 바람직하다. 최신 주제를 설정하기 위해서는 현 시점에서의 기술수요를 조사하고 산업체의 요구사항을 충분히 반영하여야 한다.

캡스톤 디자인에 대한 내용을 다루는 이 책은 대학의 정보통신 관련 학과, 예를 들어 전자공학과, 컴퓨터공학과, 멀티미디어학과, 정보보호학과, 정보통신학과에서 캡스톤 디자인 교과목을 수강하는 학사과정 학생들을 주요 대상으로 한다. 프로젝트 단위의 하드웨어와 소프트웨어 개발을 처음 접하는 학생들이 이 책을 통해 캡스톤 디자인 교과목에 대한 이해를 높이고 캡스톤 디자인 프로젝트를 진행하는데 있어서 보다 쉽고 실질적인 절차나 방법들을 이해하는데 도움이 되도록 작성되었다.

프로젝트를 진행한다는 것은 다양하고 무수한 이론적 지식과 설계 기법, 구현 기법, 시험 기법 등이 존재한다. 이 책에서는 많은 내용을 다루기보다는 하드웨아나 소프트웨어를 전공하는 초보 엔지니어 수준에서 기본적으로 알아야 할 내용을 위주로 하고, 그 깊이를 한정하였으며, 가능하면 이론보다는 개발에 필요한 절차나 방법적인 측면을 강조하였다. 특히 시스템 개발 생명주기인 요구사항 분석, 시스템 설계, 구현, 테스트, 유지보수 순으로 내용을 전개하여 학생들이 프로젝트를 진행하면서 각각의 개발 단계에서 해야 할 일들을 잘 알 수 있도록 하였다.

이 책의 또 하나의 특징은 실제 학생들이 캡스톤 디자인 프로젝트를 수행하고 개발시 작성했던 개발 문서들을 부록에 첨부함으로써, 학생들이 이 책을 다 읽지 않고 부록만 보더라도 프로젝트 진행시 문서 작성에 참고가 되도록 하였다.

이 책은 초판으로서 미비한 점이나 보강되어야 할 부분이 많이 있으며, 처음에 기획했던 의도대로 캡스톤 디자인에 꼭 필요한 내용만을 위주로 정제되어야 할 것이라고 생각한다. 끝으로 이 책을 통해 캡스톤 디자인 프로젝트를 성공적으로 완수하길 바라며 공학교육인증에서 강조하는 창의적인 엔지니어가 되는데 있어서 미력하나마 도움이 되었으면 한다.

저자 일동

차 례

▶ 제5장 요구사항 분석

▶ 제6장 시스템 설계

▶ 제7장 상세 설계

▶ 제8장 구현

▶ 제9장 시험

▶ 제10장 유지보수

▶ [부록] 캡스톤 디자인 개발 문서 예

01
캡스톤 디자인 소개

1.1 공학교육의 변화

보편적으로 잘 알려진 공학[工學]이란 연구와 경험과 훈련으로 얻어진 수학과 자연과학 지식을 인류의 복지를 위하여 자연의 물질과 에너지를 신중한 판단을 거쳐 경제적으로 사용하는 방법을 개발하는 직업이다[ABET]. 현대에서 요구하는 유능한 공학자가 되기 위해서는 물리, 화학, 대수와 같은 기초과학 및 수학 능력과 전공분야 대한 공학이론을 갖추어야 하고, 이와 더불어 설계 과정, 창의력 개발, 협동 작업과 같은 공학 방법론과 공학기술과 관련된 인문학 및 사회과학을 두루 익혀야 한다.

우리나라의 공학교육은 2000년 이후로 급격한 변화가 이루어지고 있다. 이전의 공학교육은 이론과 실험, 실습 교육으로만 이루어졌고 미리 준비된 교과 내용에 따라 학생들이 수동적으로 교육을 받았다. 그리고 학생들은 어느 한 분야의 전공지식 만을 학습하고 정답이 정해져 있는 형태의 문제 해결 능력만을 교육 받았다.

그러나 현대에 들어서 산업계는 문제 해결에 필요한 다양한 전문 지식을 필요로 하고 있다. 예를 들어 자동차의 경우, 부품 개수가 3만개나 되기 때문에 혼자서 자동차를 만드는 것은 불가능하다. 따라서 전문 분야에 있는 많은 사람들이 팀을 구성하여 협력해야 만이 자동차 제작이 가능한 것이다. 이러한 시대적 패러다임의 변화에 따른 산업계의 요구에 부합하기 위해서는 학생들이 급격히 변화하는 공학을 이해할 수 있도록 수학, 과학 등의 기초 학문에 대한 폭 넓은 지식과 여러 분야의 지식을 종합하여 사고하는 능력을 갖추어야 하고 더불어 창의적 설계 능력과 팀워크 능력을 동시에 갖추어야 한다.

과거에 요구하는 공학교육과 현 시대에 요구하는 공학교육의 차이점을 (그림 1-1)에 나타내었다. 과거에는 해당 분야의 공학 전문성만을 요구하였으나 현대에는 공학 전문성뿐만 아니라 기술 실행력, 공학적 접근능력, 기획 실천능력, 사회경제 접근능력, 인성 등을 갖추어야 한다.

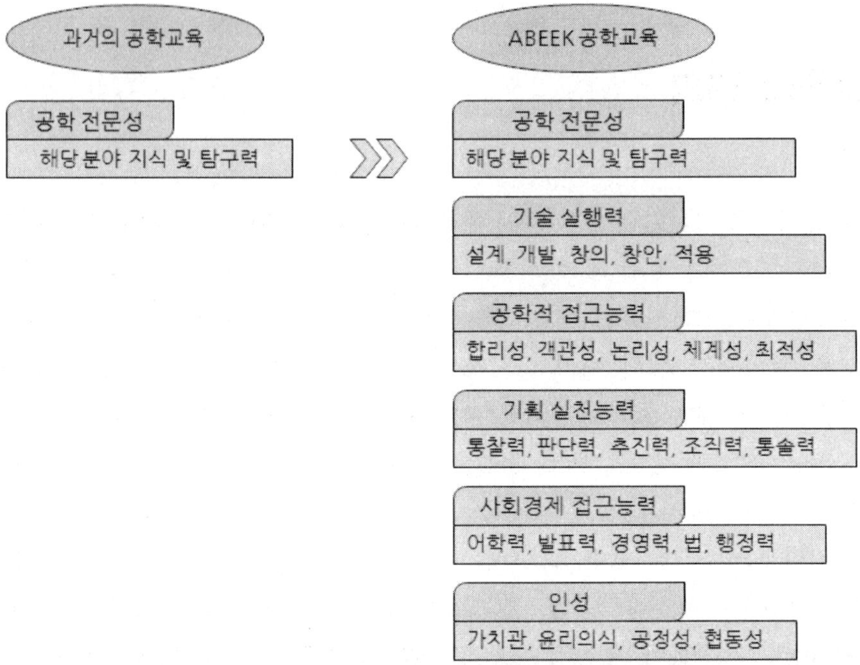

(그림 1-1) 과거의 공학교육과 ABEEK 공학교육의 차이점

1990년도 후반에 국내에 최초로 도입된 공학교육인증 제도(ABEEK)는 공과대학 전반의 교육에 많은 변화를 가져오고 있다. 기본적으로 공학설계의 개념을 도입하여 학생들의 실무 설계능력과 도구 활용 능력을 향상 시키는데 중점을 두고 있다. 그리고 새로운 문제에 대한 적응력을 향상시키고 의사 전달 능력과 팀을 이루어 공동 작업을 할 수 있는 능력을 향상 시키도록 교육과정을 개선하게 되었다. 공학교육인증은 대학에서 무엇을 가르쳤는가 또는 무엇을 배웠는가를 평가하지 않고 대학을 졸업한 졸업생들이 무엇을 할 줄 아는가를 중요하게 여기고 있다.

설계능력이 강조되고 있고 미국 대학에서도 산학협력을 고려한 캡스톤 디자인 프로그램을 통해 기업과 사회가 원하는 경쟁력 있는 공학도를 배출하고자 하는 경향이 뚜렷해지고 있다. 이 제도는 1989년 뉴질랜드, 영국, 미국 등 여섯 개 국이 워싱턴에서 상호 협력하기로 합의한 「워싱턴 협약(Washington Accord)」에 근거하고 있다. 이들 회원국들은 국제인증서 취득자에 대해서 자국 내 취업을 완전히 개방하고 있다. 회원국 간 취업의 국제화 세계화를 실천하고 있는 것이다.

1.2 공학설계와 설계 능력

공학설계(engineering design)란 필요한 것을 만들기 위해 시스템 및 구성요소, 성분을 고안하는 일련의 과정을 말한다[ABET]. 즉 필요한 것을 만들기 위해 종종 반복되는 의사 결정과정에서 기초과학, 수학 그리고 공학적 지식을 활용하여 정해진 목적에 맞게 자원을 목표에 일치하도록 가공하는 것을 말한다. 이에 따라 공학설계 교육과정에서는 학생 창의력 개발, 개방적인 문제의식, 최신 설계 이론 및 방법론의 사용, 설계 문제 해법의 수치적 공식화, 문제 해결 대안 도출, 실행 가능성 고려, 생산 공정, 동시 공학적 설계, 구체적 시스템 묘사 등이 포함되어야 한다.

설계 능력을 갖추기 위해서는 어떠한 노력이 필요할까? 미국의 고급 엔지니어링 교육 센터(CAEE)가 발간한 보고서에 의하면, 공학설계에서 기본적으로 갖추어야 할 설계 능력을 아래와 같이 설명하고 있다[Cynthia10].

- 의사소통, 협상, 설득하는 능력
- 효과적인 팀워크 능력
- 자체평가와 재고할 수 있는 능력
- 도표와 시각적 도구를 이용하여 생각을 표현할 수 있는 능력
- 창의력과 직관적인 능력
- 정보탐색과 다양한 자원의 이용 능력
- 중요한 기술적인 메커니즘을 구별해내고 실무에 있어 전문적 변화를 받아들이는 능력
- 종합을 위한 분석 능력
- 물리적 세계를 적정의 수학적 모델로 만들 수 있는 능력
- 경제적 사회적 그리고 환경의 문제를 같이 생각할 수 있는 능력
- 문제에 대해 여러 측면의 요구사항을 통합적으로 볼 수 있는 체계적 사고 능력
- 정답이 없거나(open-ended) 불확정적 문제를 정확히 규정하여 풀 수 있는 능력
- 다른 대체적 해를 생각하고 비교 평가할 수 있는 능력
- 계속 개발되어 발표되고 있는 문제 해결법을 체계적으로 그리고 단계적으로 이용할 수 있는 능력과 새로운 문제 해결법에 대한 필요를 깨닫고 지속적으로 습득할 수 있는 능력

- 실제적으로 사용할 수 있는 시제품 아이디어 창조 능력
- 만들어진 제품의 문제점 발견과 테스트 능력

1.3 캡스톤 디자인

캡스톤 디자인(capstone design)이라는 용어는 우리나라에서 「창의적 종합설계」 또는 「종합 설계」라는 용어로 번역되고 있다. 여기서 사전적 의미의 캡스톤은 돌기둥, 관석, 절정, 정점을 뜻한다. 캡스톤 디자인이란 공학계열 학생이 실제 현장에서 부딪히는 문제를 해결할 수 있는 능력을 갖도록 학사과정 동안 배운 이론을 바탕으로 작품을 기획, 설계, 제작하는 전 과정을 경험하도록 하는 종합설계 교과과정이다. 종합설계에서 다루어야 하는 주된 내용은 산업현장에서 요구하는 최신 주제와 일치하는 것이 바람직하다. 최신 주제를 설정하기 위해서는 현 시점에서의 기술수요를 조사하고 산업체의 요구사항을 충분히 반영하여야 한다.

한국공학교육인증원의 KEC 2005에 의하면 캡스톤 디자인은 저학년에서 배운 지식과 기술을 기초로 하여 설계 목표 설정, 합성, 분석, 제작, 시험, 평가와 같은 설계요소를 포함하고, 경제, 환경, 사회, 윤리, 미학, 보건 및 안전, 생산성과 내구성, 산업표준 등 현실적 제한조건을 모두 다루어야 한다고 규정하고 있다.

공학설계 교육은 모방성이 짙은 기존의 공학 교육에서 벗어나 미래 산업의 변화에 대응할 수 있는 창의적인 사고와 독창적인 설계 능력을 갖춘 엔지니어 양성을 위한 교육이다. 미국, 영국을 비롯한 대다수의 공학교육 선진국들은 보다 실질적이고 창의적인 교육을 통해 실제적인 문제를 교수와 학생 그리고 산업체가 팀을 구성하여 산학연의 연계성을 통해 문제를 해결하는 창의적이고 종합적인 공학설계 교육을 캡스톤 디자인이라는 새로운 교육 프로그램을 통해 운영하고 있다. 우리나라도 이와 같은 추세를 반영하여 공학교육인증 제도 도입을 시작으로 캡스톤 디자인 교육을 확대하고 있다.

1) 설계 교과목의 구성

설계 이수체계는 저학년에 최초로 공학설계 입문 교과목을 학습하고, 이어서 전공분야의 여러 요소에 대한 요소 설계(기초 설계라고도 함) 교과목을 학습하고, 고학년에 모든 설계 요소들을 아우르는 종합설계 교과목을 학습하도록 구성되어 있다. 이해를 돕기 위해 (그림 1-2)에 컴퓨터 관련 학과의 심화프로그램 이수체계 예를 보였다. 입문설계에서는 주로 저학년인 1학년 때에 전공에 본격적으로 진입하기 이전에 공학설계 입문 교과목을 수강하여 창의적인 그리고 기본적인 설계 능력을 갖추도록 하고 있다.

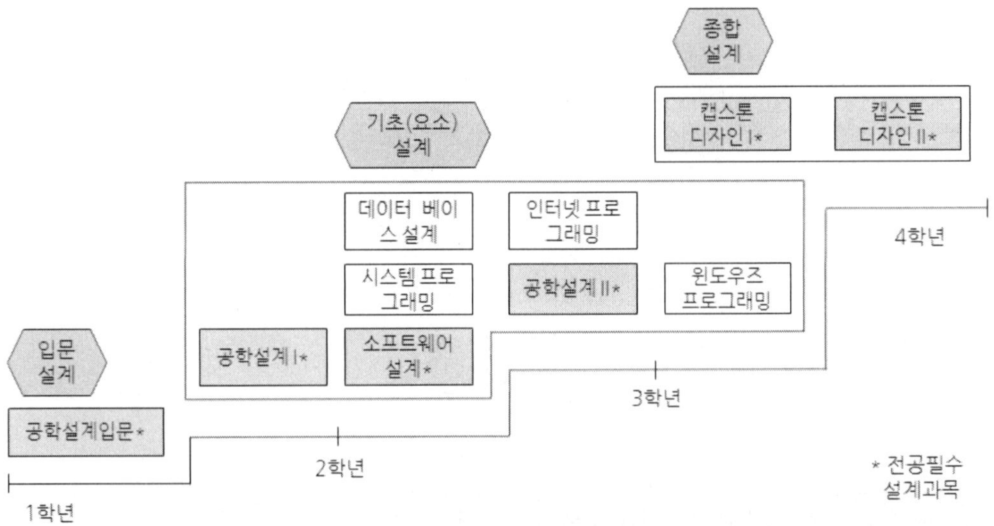

(그림 1-2) 컴퓨터 관련 학과의 심화프로그램 이수체계 예

공학설계 입문을 이수한 이후에는 요소 설계 단계가 이어진다. 대개 2학년부터 학생들은 요소 설계 교과목을 매학기 한 두 개씩 이수하여 종합설계 이전까지 계속해서 요소 설계 능력을 배양한다. 요소 설계 교과목들을 통해 해당 전공에 대한 요소 설계 능력을 갖춘 이후에 마지막으로 종합설계를 이수한다. 종합설계는 4학년 두 학기에 걸쳐 학습하는 것이 일반적이나, (그림 1-2)에서와 같이 취업의 영향을 고려하여 3학년 2학기부터 시작되는 경우도 있다.

설계 단계를 자동차를 제작하는 예를 통해 알아보자. 공학 입문 설계는 자동차를 설계할 수 있는 기본적인 설계 기법을 학습하는 것이다. 요소설계는 자동차를 구성하는 주요 부품 일부를 부분적으로 설계하는 것이다. 종합설계는 여러 학기에 걸쳐 갖춘 요소 설계 능력을 바탕으로 완성차를 설계하고 제작하는 것이다.

2) 캡스톤 디자인 운영체계

캡스톤 디자인 프로젝트(CDP)를 원활하게 진행하기 위해서는 일반적인 교과목들과 달리 별도의 교과목 운영체계가 요구된다. 바람직한 CDP 교과목 운영체계를 (그림 1-3)에 나타내었다. 앞에서 언급하였듯이 캡스톤 디자인의 주제는 산업체로부터 도출되는 것이 바람직하다.

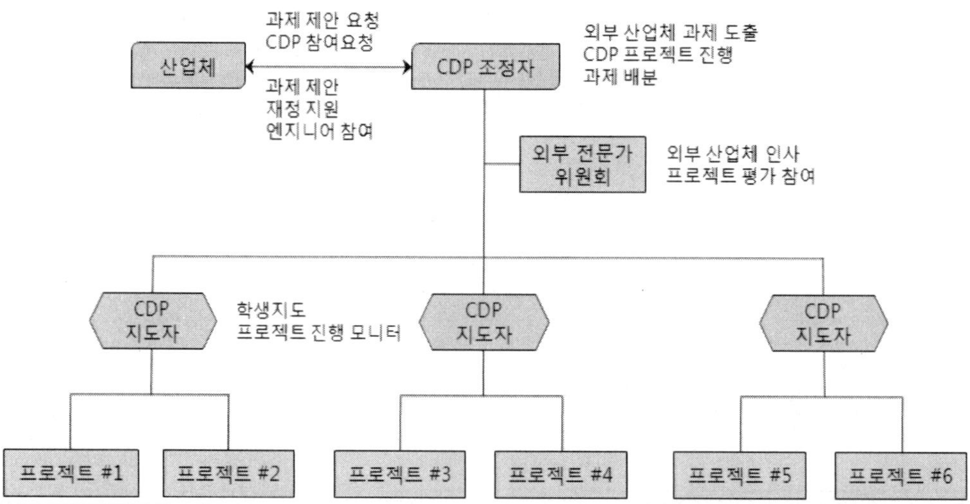

(그림 1-3) CDP 교과목 운영 체계

이를 위해 CDP 조정자의 역할이 매우 중요하다. CDP 조정자는 산업체에게 과제 제안 요청과 CDP 참여 요청을 하고, 이의 응답으로 과제 제안, 재정 지원, 산업체 전문가인 엔지니어를 참여시킨다. 또한 CDP 조정자는 캡스톤 디자인을 지도하는 조교나 전담 교수들과 산업체와의 중계자 역할을 수행한다. 외부 산업체 인사로 구성된 외부 전문가 위원회는 프로젝트 수행에 직접적으로 관여하지 않고 프로젝트 평가를 주로 담당한다. 실제적으로 학생들을 지도하는 CDP 지도자는 지도교수나 조교가 된다.

3) 설계의 구성 요소

공학교육인증에 의하면 캡스톤 디자인 교과목은 설계의 기능적 구성 요소로서 목표 설정(objective and criteria), 합성(synthesis), 분석(analysis), 제작(construction), 시험(test)을 갖추도록 규정하고 있다.

[표 1-1] 설계의 구성 요소

구성 요소	수행되어야 할 내용	반영되어야 할 문서
설계 목표	- 설계 목적 및 목표 설정 - 시장 분석 및 수요 예측, 요구 조건 분석 - 프로젝트 수행의 필요성 분석 - 국내외 기술 및 시장동향 분석 - 기대 효과 및 활용 방안	- 캡스톤 디자인 프로젝트 계획서 (시장분석, 수요예측, 요구사항 분석 등)
개발 범위	- 목표 성능 설정 - 평가 항목 결정 - 개발 일정 수립	- 캡스톤 디자인 프로젝트 계획서 - 시스템 설계서
합성과 분석	- 개념 설계, 상위 설계, 상세 설계 - 개발 환경 및 방법 선택 - 테스트 계획 수립	- 시스템 설계서 - 블록 설계서 - 시험 절차서 및 결과서
제작과 구현	- 제품 제작 - 시제품 제작 및 모의실험 - 설계 검증	- 캡스톤 디자인 프로젝트 계획서 - 시험 절차 및 결과서
시험과 평가	- 성능 측정 및 분석 - 최종 평가	- 시험 절차 및 결과서 - 프로젝트 최종 보고서

[표 1-1]에 설계의 기능적 구성 요소별로 수행되어야 할 내용과 각 구성 요소들이 반영되어야 할 문서를 나타내었다. 문서에 대해서는 「2.6절 시스템 개발 생명주기 요약」에 설명하였다.

4) 설계의 현실적 제한 요소

공학교육인증에서는 설계 시 현실적 제한 요소(realistic constraints)들을 고려한 설계가 이루어지도록 권장하고 있다. [표 1-2]는 설계 제한 요소별로 포함되어야 할 내용과 각 제한 요소들이 반영되어야 할 문서들을 나타내었다.

[표 1-2] 설계 제한 요소

설계 제한 요소	내용	반영되어야 할 문서
경제성	- 제조 원가 분석 - 제품의 제작 비용 - 판매 예측 - 유지보수 비용 분석 - 지적 재산권	- 캡스톤 디자인 프로젝트 계획서
제품화	- 제품의 제작 가능성 - 제품의 사용 편리성 - 미학과 독창적 요소 - 국가·국제적 표준 만족 여부	- 캡스톤 디자인 프로젝트 계획서 - 모든 개발 문서
환경	- 제품의 개발 환경 - 제품의 동작 환경 - 제품의 사용 환경 - 제품의 개발 기간	- 캡스톤 디자인 프로젝트 계획서 - 모든 개발 문서
안전성	- 제품의 안정성 - 제품의 신뢰성 - 제품의 보안성	- 캡스톤 디자인 프로젝트 계획서 - 모든 개발 문서
사회성	- 제품의 사회적 파급효과 - 제품의 기술적 파급효과 - 제품의 경제적 파급효과	- 캡스톤 디자인 프로젝트 계획서 - 프로젝트 최종 보고서

5) 설계 주제 설정

캡스톤 디자인의 주제는 정답이 여러 개가 될 수 있는 개방형 문제(open-ended problem)나 잘 정의되지 않는 문제(ill-defined problem)가 다루어져야 한다. 이렇게 규정한 이유는 캡스톤 디자인 과정에서 모든 교과목에서 배운 공학적 지식을 바탕으로 창의적으로 문제를 해결하기에 적합하기 때문이다. 여기서 개방형 문제나 잘 정의되지 않는 문제의 특징은 아래와 같다.

- 문제에 대한 완전한 설명이 없음
- 하나 이상의 해결 방안이 있음
- 전문가들 사이에 논쟁이 되는 문제
- 다양하게 해석되고 불완전한 정보를 가진 문제
- 미해결의 다양한 솔루션

● 문제 해결 절차가 점점 더 복잡해질 수 있는 것

Lumsdaine은 사고 과정에 대한 Herrmann 모델을 캡스톤 디자인 과정에 접목하여 창의적으로 문제를 해결하는 방법을 (그림 1-4)에 나타내었다. 먼저 개방형 문제를 찾아 정의한다. 문제를 찾는 방법은 관련된 산업체로부터 해결되지 않은 문제를 찾거나 학생들이 직접 문제를 찾는다. 문제가 정의되면 문제를 해결할 수 있는 창의적 아이디어를 도출한다. 창의적 아이디어는 산업체를 통해 평가 받거나, 관련 종사자들을 통해 설문조사를 실시하거나, 지도교수나 팀원에게 평가를 받는다. 이러한 방식으로 아이디어가 결정되면 해법을 실현하는 과정을 거친다.

엔지니어는 창의적으로 문제를 해결하기 위해서 아이디어 도출 단계에서 해법 실현 단계까지 탐정, 탐험가, 예술가, 판사의 역할을 수행하면서, 단편적인 사고가 아니라 상상적인 사고, 분석적인 사고, 조직적인 사고, 대인관계를 고려한 다각적인 사고를 해야 한다.

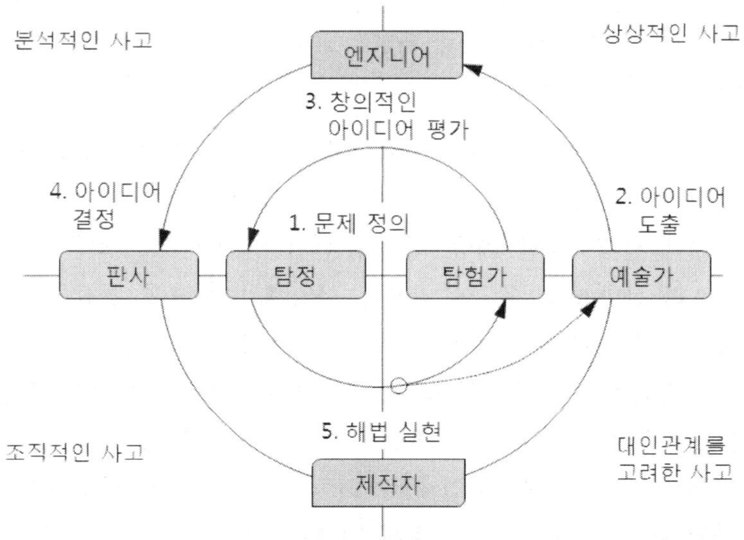

(그림 1-4) 창의적 문제해결 과정(Ned Herrmann 그룹)

● 탐험가

전체 윤곽이나 문제의 내용 혹은 그것이 주는 긍정적 측면을 관찰할 때 탐험가처럼 생각해야 한다. 인디아나 존스와 같은 인물을 상상해 보라.

- 탐정
  복잡한 문제와 씨름하고 있다면 탐정처럼 생각해야 한다. 셜록 홈즈를 상상해보라. 탐험가나 탐정이 수집된 정보 분석에 바탕을 둔 긍정적인 문제 정의에 도달하였을 때 문제의 정의는 끝난다.
- 예술가
  창의적 아이디어의 다양성에 도달하는 브레인 스토밍을 하는 단계이다. 예술가처럼 생각해야 하며, 상상력이 풍부할 수 록 좋다. 피카소나 미켈란젤로와 같은 예술가라고 상상해 보라.
- 판사
  아이디어와 해결책을 평가하기 위하여 단서들을 나열한다. 판사는 결점을 찾아내고 이것을 예술가와 엔지니어의 개념집합에서 추가적인 창의적 사고로 극복하기위해 노력한다. 법정을 상상해 보라.
- 엔지니어
  엉뚱한 아이디어들을 결합하여 실제적이고 이해 가능한 최적의 아이디어를 만들기 위해 아이디어를 검토한다. 엔지니어, 발명가, 디자이너, 수선공 등 협동하는 엔지니어 팀을 그려보라.
- 제작자
  본질적으로 창의적 문제해결의 실현과정에 대한 책임이 있다. 제작자는 만물박사로서 창의적인 아이디어와 혁신에 대한 위험을 감수해야 하며, 팀워크 관리를 위하여 훌륭한 의사소통기술이 필요하다.

요약하면 캡스톤 디자인에서는 저학년에서 배운 지식과 기술을 기초로 하여 설계의 현실적 제한요소를 고려하고, 설계의 기능적 요소에 갖추어 종합적인 설계가 이루어져야 한다. 또한 해당 분야의 산업현장에서 요구하는 주제가 다루어져야 한다. 특히 산업체의 주문형 과제나 산업체와 협력에 초점을 둔 수업 운영을 통해 학생들의 실무적 능력 배양을 극대화해야 한다.

캡스톤 디자인은 졸업과 취업을 앞두고 있는 최고 학년에서 수행되기 때문에 산업체의 실무적인 경험을 미리 쌓고 산업체와 취업연계를 할 수 있다는 장점이 있다. 따라서 주제 설정은 산업체로부터 도출되는 것이 중요하며 만약, 그렇지 않다면 산업체의 전문가에 의한 주제 평가가 이루어진 후에 수행하도록 하는 것이 캡스톤 디자인의 취지에 부합된다.

참고문헌

1. [ABET] Accreditation Board for Engineering and Technology, Inc., "Criteria for Accreditation Programs in Engineering in the United States: Baltimore", U.S.A., 1997
2. [Cynthia10] Cynthia J. Atman, Jennifer Turns, "Enabling Engineering Student Success", Center for the Advancement of Engineering Education(CAEE), 2010
3. Edward Lumsdaine, "Creative Problem Solving in Capstone Design", Michigan Technological University, 2006
4. 심재진, "체계적인 공학설계 교육시스템의 구축", 한국공학교육학회 논문지, 제17권 제1호, 2010년
5. 송동주, "종합설계교육(Capstone Design Project)의 현황과 방향", 한국공학교육학회 논문지, 제17권 제1호, 2010년
6. 김민수, "종합설계 교과목 평가요소와 방법", 한국정보보호학회지, 제19권 1호, 2009년 2월
7. 한국공학교육인증원, http://www.abeek.or.kr
8. 한국공학교육인증원, KEC2005, ABEEK-2006-2006-AB-20, 2006년

02

캡스톤 디자인 프로젝트

정보통신과 컴퓨터 분야 공학인증을 위한 종합 설계

"캡스톤 디자인 프로젝트(capstone design project)는 캡스톤 디자인 교과목에서 종합 설계를 프로젝트 형태로 진행하는 것을 말한다.

이 장에서는 프로젝트 관리에 대한 개념을 먼저 알아보고, 프로젝트를 기획하는 단계에서 필요한 프로젝트 계획 수립, 일정 수립, 팀 구성과 활동, 시스템 개발 과정에 대해 알아본다.

일반적인 의미의 프로젝트란 특정 기한 내에 유일한 사업 계획, 제품, 서비스, 결과 등을 만들어내기 위한 일시적인 작업이다. 이 책에서 주로 다루는 소프트웨어의 예를 들면, 소프트웨어를 일정 기간 내에 개발하는 것을 「소프트웨어 개발 프로젝트」 또는 간략히 「소프트웨어 프로젝트」라고 한다. 이 외에 소프트웨어를 지속적으로 운영하거나 관리, 수정, 유지보수를 수행하는 것을 소프트웨어 서비스로 분류한다.

2.1 프로젝트 관리

프로젝트 관리란 프로젝트의 요구사항을 충족시키는데 필요한 지식, 기량, 도구 및 기법 등을 프로젝트 활동에 적용하는 것이다[PMBoK04]. 프로젝트 관리의 일차적인 목표는 프로젝트를 성공시키는 것이며, 이 때 일정, 비용, 품질 등의 요소를 고려하여 만족할 수 있는 성공을 이루어 내는 것이 중요하다. 즉 프로젝트의 성공을 위해서는 일정, 비용, 품질관리가 모두 만족해야 함을 의미한다. 성공적인 프로젝트 관리는 정해진 시간과 일정 안에서 고객과 개발자를 만족시키는 제품을 만드는 것이다. 프로젝트 관리에서 다루어져야 할 중요 요소는 크게 네 가지이다.

- 요구사항 식별
- 명확하고 달성 가능한 목표 수립
- 품질, 범위, 일정 및 비용의 경합에 대한 균형 유지
- 다양한 이해 관계자의 관리

프로젝트 관리를 위해서는 우선 요구사항을 식별하는 것이 필요하다. 요구사항이 무엇인지 파악하여 이를 충족시켜야 하기 때문이다. 요구사항을 식별한 후에는 명확하고 달성 가능한 목표를 설정하는데, 달성 가능한 목표를 수립할 때 일정, 비용, 품질 등의 균형을 맞추는 것이 필요하다. 프로젝트의 성공을 위해 어느 한 곳에 치우지지 않고 균형을 유지하는 일이 프로젝트 관리에서 매우 중요하다.

프로젝트에 관여를 하고 있는 많은 이해 관계자들을 관리하는 것도 필요하다.

프로젝트 이해 관계자란 프로젝트에 직접 참여하거나 프로젝트 결과가 그들의 이익에 영향을 끼치는 개인 또는 조직을 말한다. 이해 관계자는 최종 사용자, 프로젝트 관리팀 및 관리자, 프로젝트 팀원, 재정 부담자, 간접적인 관리조직들이 될 수 있다. 프로젝트 이해 관계자는 범위, 시간, 비용, 그리고 결과물의 품질에 대해 서로 상충되는 목표를 가질 수 있다. 한 가지 예를 들면 재정 부담자는 낮은 비용으로 높은 품질의 결과물을 요구하지만 개발자는 낮은 비용으로 높은 품질의 결과물을 만들 수 없는 경우이다.

1) 프로젝트 관리의 필요성

프로젝트 관리가 중요한 이유는 무엇일까? 프로젝트 관리란 수입과 지출에 직결되는 경제 관련 활동이다. 따라서 프로젝트의 실패는 회사나 조직의 경영에 부정적인 영향을 줄 수 있으므로 체계적이고 세밀한 관리가 필요하다. 프로젝트가 잘 관리되지 않는다면 실패할 가능성이 매우 높아지며, 설사 관리가 잘 된 프로젝트라도 실패하는 경우가 있다. 소프트웨어 프로젝트의 주된 실패 원인을 살펴보면 기술적인 이유보다는 대부분이 사용자 요구사항 관리의 실패, 계획 수립의 실패, 프로젝트 관리의 실패 등에 기인한다[Jones00].

[표 2-1] MIS 소프트웨어 프로젝트의 성공과 실패 요인

항목	성공 요인	실패 요인
비즈니스 능력	새로운 능력을 제공	현재의 능력을 저해
가치(value)	명백하고 긍정적인 가치	부정적인 가치
운영 속도	개선	저해
운영 비용	감소	증가
경쟁력	향상	저해
근로자의 의욕	개선	저해
요구사항 충족 정도	모든 사용자 요구사항을 충족	사용자 요구사항 충족에 실패
사용자 만족 수준	높은 수준에 달성	낮은 수준에 이름
스케쥴	5% 이내로 예상 가능	통제 불가능
비용	5% 이내로 예상 가능	통제 불가능
요구사항 범위	5% 이내로 안정된 사용자 요구사항	통제를 벗어난 요구사항

소프트웨어 엔지니어의 행동 관점에서 프로젝트 실패의 원인을 분석한 결과, 주요 요인은 아래와 같이 나타났다.

- 즉흥적인 요구사항 관리
- 모호하고 정확하지 않은 의사소통
- 취약한 구조
- 지나친 복잡성
- 요구사항과 설계 그리고 구현에서의 탐지되지 않는 불일치
- 불충분한 테스트
- 프로젝트 상태의 주관적인 평가
- 위험에 대한 대처의 실패
- 변경의 통제되지 않는 확산
- 충분하지 못한 자동화

2) 프로젝트 생명주기

프로젝트가 진행되는 동안의 모든 단계를 프로젝트 생명주기(project life cycle)라 한다. 프로젝트 생명주기와 시스템 개발 생명주기는 구분이 되어져야 한다.

프로젝트 관리 연구소(PMI)의 프로젝트관리 지식체계에서는 프로젝트 생명주기를 다음과 같이 기술하고 있다[PMBoK04]. 「프로젝트는 독특하고 어느 정도의 위험 요소가 있기 때문에, 프로젝트를 수행하는 기업들은 보다 효율적인 경영 관리를 위해 기업 프로젝트를 여러 프로젝트 단계로 분할하기 마련이다. 집합적인 개념으로서 이러한 프로젝트 단계들을 프로젝트 생명주기라고 한다」.

모든 프로젝트에 일반적으로 적용할 수 있는 프로젝트 관리지식체계의 프로젝트 생명주기와 프로젝트 관리 절차에 대해서 알아보자.

- **관리 단위를 단계로 세분화하여 불확실성에 대비한다.**

  프로젝트 관리는 「착수 → 계획 → 실행 → 통제 → 종료」 또는, 「정의 → 계획 → 실행 → 종료」로 표현할 수 있으며 각 단계별로 자세한 실행 계획이 포함된다. 프로젝트 생명주기를 네 단계로 나누든 다섯 단계로 나누든, 프로젝트 관리자에게 가장 중요한 단계는 초기 단계인 착수와 계획 또는 정

의와 계획 단계이다. 프로젝트 전체 기간으로 볼 때 초기 단계는 5%에서 20% 밖에 되지 않지만 성공적인 프로젝트 관리를 결정짓는 중요한 단계이다.

- **각 단계의 완료는 중요 시점 또는 게이트로 처리한다.**

  각 단계는 성과물과 결과물이 완료된 이후에 다음 단계로 진행되며, 단계의 완료를 중요 시점 또는 게이트(stage gate)로 표시한다. 중요 시점이란 프로젝트 관리자의 의사 결정이 필요하거나, 프로젝트의 중간 산출물이 얻어지는 시점을 표현한 것이다. 게이트는 중요 시점과 유사한 의미이지만, 다음 단계로의 진척을 위한 검증 기준으로서 최고 의사 결정 조직이 단계의 완료를 승인하는 특징이 있다. 각 단계의 중요 시점과 게이트를 통과하지 못하면 경제성과 기술 또는 법적 변화를 근거로 프로젝트의 진행을 중단할 수 있음을 의미한다.

- **각 단계별 상세 실행 지침을 제시한다.**

  각 단계에서 수행할 기술적인 업무를 포함하며 각 단계에서 참여 자원이 누구인지를 표현한다.

- **점진적으로 상세화 한다.**

  원가 및 인력 투입 수준이 초기에는 낮지만 종료 단계로 향할수록 높아지고 프로젝트가 종료되면 매우 낮아진다. 프로젝트 이해 관계자가 프로젝트 성과물과 최종 원가에 영향을 줄 수 있는 기회는 프로젝트 착수 단계에서 제일 높으며 종료 단계로 향할수록 낮아진다.

프로젝트 관리 절차는 (그림 2-1)과 같이 「착수 → 계획 → 실행 → 통제 → 종료」로 구성된다. 착수 프로세스는 프로젝트나 각 단계의 시작이나 다음 단계로의 진행을 승인한다. 계획 프로세스는 프로젝트 목적을 정의하고 그 목적을 달성하기 위한 대안을 탐색하고 계획을 수립한다. 통제 프로세스는 잠재된 문제를 제때에 파악하기 위해서 프로젝트 성과를 정기적으로 관찰하고 실행을 통제하고 필요한 수정조치를 취한다. 실행 프로세스는 계속적인 모니터링을 통해 계획과 실제의 차이를 파악하고 계획을 업데이트 하는 등의 적절한 대응 조치를 취한다. 종료 프로세스는 프로젝트나 각 단계의 결과에 대해 고객의 승인을 획득한다.

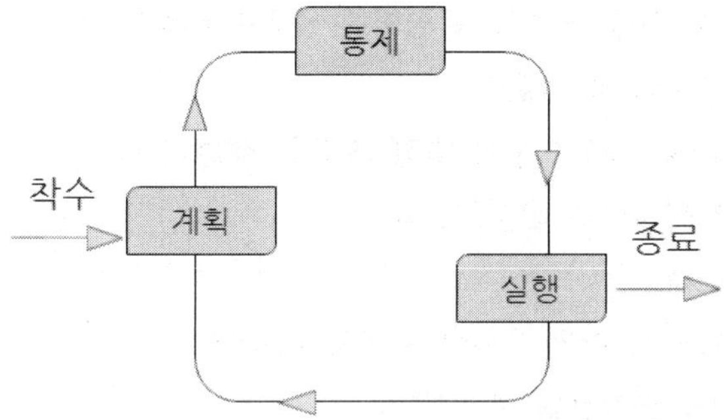

(그림 2-1) 프로젝트 관리 단계별 프로세스

(1) 착수 프로세스

- 문제와 기회 요인을 기술한다.
- 프로젝트의 목표를 수립한다.
- 프로젝트의 성공을 위한 기준을 확인한다.
- 문제 상황 가정, 위험, 장애 요소를 확인한다.

(2) 계획 프로세스

- 프로젝트의 완수를 위해 필요한 실행 가능한 작업들을 정의한다.
- 작업의 기간을 산정한다(상향식).
- 프로젝트에 필요한 자원의 요구 사항을 정의한다.
- 작업들 간의 업무 선후 관계를 정의한다.
- 프로젝트 제안서 또는 계획서를 작성하여 프로젝트의 진행을 승인받는다.

(3) 통제 프로세스

- 진도 보고 체계를 수립한다.
- 변경 사항 통제 방법 및 절차를 정의한다.
- 문제 해결의 방법 및 절차를 정의한다.
- 계획 대비 실적을 비교한다.
- 프로젝트 계획을 수정하여 합리적이고 유연한 목표 일정을 제시한다.

(4) 실행 프로세스

- 프로젝트 투입 인력을 확정하여 업무에 배정한다.
- 팀 운영 원칙을 세운다.
- 작업에 대한 세부 실행 일정 계획을 작성한다.
- 자원의 작업량을 평준화한다.

(5) 종료 프로세스

- 완료 여부에 관한 고객의 승인을 확보한다.
- 프로젝트 산출물을 공개한다.
- 프로젝트 진행 상황에 대한 문서화 업무를 마무리한다.
- 프로젝트 수행에 대한 평가 및 심사를 받는다.
- 프로젝트 완료 보고서를 작성한다.

2.2 프로젝트 계획 수립

프로젝트 계획이란 프로젝트의 성공적 수행과 관리를 위해 관련 기준과 프로젝트의 목표와 내용이 포함된 모든 계획을 마련하는 것이다. 누가, 언제, 무엇을, 어떻게 할 것인가를 사전에 결정하는 작업이다. 물론 소프트웨어 생명주기는 개발 계획을 수립하는데 기초 모형이 되지만 미래를 예측한다는 것은 거의 불가능하며 또한 계획대로 추진되지 않을 가능성이 매우 높다. 따라서 계획 수립은 프로젝트를 성공적으로 이끌기 위해서 매우 중요한 단계이다. 이 단계에서는 예측 가능한 문제에 대해서 구체적인 계획을 마련해야 한다.

- 무엇(what)을 해야 하는가? → 목표
- 언제까지(when) 수행해야 하는가? → 일정
- 얼마의 비용(how much)이 지출되는가? → 비용
- 고객의 수락기준(acceptance criteria)은 무엇인가? → 품질
- 누구와 함께(with whom) 수행해야 하는가? → 인적자원
- 누구에게(to whom) 정보를 제공하고 제공받아야 하는가? → 의사소통

- 실행시점에서 어떤 불확실성(uncertainty)이 발생할 수 있는가? → 위험
- 자체적인 능력으로(by ourselves) 수행할 수 있는가? → 구매조달

위의 내용들이 모두 프로젝트의 계획에 포함되어야만 하는가의 여부는 계획을 수립하려는 프로젝트의 형태와 규모 그리고 복잡성에 따라 달라질 수 있다. 예를 들어 외부 조달 활동이 필요 없는 경우에는 구매조달 관리 부분을 제외할 수 있다. 계획 단계에서는 현실적인 비용과 일정을 추정하고 이를 만족시키기 위해서는 세부적인 계획이 있어야 한다.

1) 프로젝트 계획 수립 절차

프로젝트를 계획한다는 것은 프로젝트에 대한 예측력을 높이기 위한 것이며, 예측력을 높여 최적의 의사결정을 하기 위해서는 세부적인 계획 수립이 필요하다. 아래는 프로젝트 계획 수립 절차를 나타내었으며 프로젝트의 형태와 규모 그리고 복잡성에 따라 절차 자체가 축소될 수 있다.

(1) 프로젝트의 수행 목표 및 범위를 결정한다.
(2) 프로젝트의 생명주기를 정의한다.
(3) 어떤 개발 방법론을 활용할 것인가 또는, 형상관리, 측정과 분석, 품질보증 활동은 어느 수준까지 할 것인가 등을 결정하고 관련 프로세스를 정의한다.
(4) 프로젝트에서 소요되는 비용을 산출하고 예산을 결정한다.
(5) 일정을 수립한다.
(6) 위험관리 계획을 수립한다.
(7) 인력, 장비, 재료 등의 자원 관리 계획을 수립한다.
(8) 형상관리와 같은 산출물 관리 계획을 세운다.
(9) 프로젝트 수행에 필요한 기술에 대해 학습 계획을 세운다.
(10) 사용자, 관리자, 개발자 등 이해 관계자들의 참여 계획을 수립한다.
(11) 프로젝트 계획서를 작성하고 승인을 받는다.

2) 목표 설정에서의 고려사항

프로젝트 계획에 있어서 제일 중요한 요소는 사용자가 요구하는 목표 설정에 있다. 목표 설정에 있어서 고려할 사항들을 알아보자.

- 제공되어야 할 새로운 기능
- 보존 혹은 개선될 기존 기능
- 사용자의 수준
- 효율성에 관한 요구사항
- 신뢰도에 관한 요구사항
- 변경 예정사항
- 초기에 제동될 부분 기능과 구현의 우선순위
- 기밀 유지에 관한 요구수준

3) 캡스톤 디자인 프로젝트 계획서

프로젝트 형태와 규모 그리고 복잡성에 따라 다양한 형태의 프로젝트가 계획서가 작성될 수 있다. 먼저 이 책에서 다루는 캡스톤 디자인 교과목의 프로젝트에 대해 살펴보자. 프로젝트 수행 시기는 4학년 1학기와 2학기에 또는, 3학년 2학기와 4학년 1학기에 연속해서 수행되는 경우가 대부분이다. 간혹 1학기만 수행되는 경우도 있다. 학생들은 대부분 프로젝트를 처음 접해보거나 요소 설계에서 간단한 프로젝트 경험을 가지고 있을 것이다.

이러한 점들을 고려해서 프로젝트를 규정해보면 크기가 중·소 규모이고 비교적 복잡도가 높지 않다고 할 수 있다. 따라서 대규모의 프로젝트 계획에 맞추기보다는 중·소규모의 프로젝트 계획을 수립하는 것이 적합하다고 할 수 있다. 중·소 규모의 프로젝트를 대상으로 한 「캡스톤 디자인 프로젝트 계획서」 양식을 통해 작성되어야 할 내용을 알아보자.

[표 2-2] 캡스톤 디자인 프로젝트 계획서 예

캡스톤 디자인 프로젝트 계획서

1. 과제 개발 개요
   (1) 과제 개발 요약
   (2) 과제 도출 과정
   (참여업체와 과제를 도출하기 위하여 업체 방문, 협의한 사항, 과제완료 후 업체 활용계획 등을 기술)
   (3) 개발의 필요성 및 기대효과
      가. 기존 기술의 현황 및 문제점
      나. 개발의 필요성
      다. 개발에 따른 기대효과

2. 과제개발 내용
   (1) 최종 목표
   (2) 세부 개발 내용

3. 완료 과제의 결과물 및 평가방법
   (1) 산출물
   (소프트웨어 설계서, 소스코드, 시험절차 및 결과서 등 산출물을 표시하고 전시 가능한 결과물의 형태가 무엇인지 설명)
   (2) 완성작품의 평가방법
   (개발 작품에 대한 기능이나 성능 목표치를 사전에 정의)

4. 과제 개발의 추진방법
   (1) 추진 일정
   (2) 팀 구성 및 역할 분담
   (3) 개발 환경

2.3 프로젝트 일정 수립

프로젝트 일정(scheduling) 수립은 목표 혹은 종료일을 기준으로 프로젝트를 구성하는 전체 작업을 여러 개의 세부 작업으로 나누고 세부 작업을 분석한 다음, 각각의 세부작업의 순서와 일정을 정하는 것이다. 세부 작업을 분석하는 이유는 세부 작업들의 작업량을 파악하여 인적자원을 할당하고, 세부 작업들 사이의 선후관계를 표시해야만 전체 일정을 수립할 수 있기 때문이다. 따라서 세부 작업 분석은 프로젝트 관리자만 하는 것이 아니라 프로젝트를 수행하는 개발자와 관리자를 포함한 모든 이해 관계자가 협력하여야 이루어져야, 이러한 과정을 통해 전체 일정이 수립되어야 한다.

잘 만들어진 일정은 프로젝트 진행을 관리하는데 기초가 된다. 만약 프로젝트의 진척도가 낮을 경우에는 위험관리 프로세스를 통해 프로젝트를 원만하게 진행할 수 있도록 해야 한다. 프로젝트 일정 계획을 수립할 때 따라야 하는 기본 원칙은 아래와 같다.

- **분할**

  프로젝트에서 수행할 전체 업무를 관리 가능한 여러 개의 작업들로 분할한다. 소프트웨어 개발 프로젝트의 경우에는 최소한 소프트웨어 생명주기 단위로 분할되어야 하며 이보다 더욱 상세히 분할되는 것이 바람직하다.

- **상호 의존성과 선후관계**

  분할된 세부 작업들 간에 상호 의존성과 작업의 선후관계가 존재하는지를 분석한다. 관계가 존재한다면 일정을 수립할 때, 이를 그대로 반영해야 한다.

- **시간 할당**

  분할된 세부 작업들의 작업량이 분석을 실시하여, 도출된 결과를 바탕으로 요구되는 작업 시간을 할당한다.

- **인력 자원 할당**

  참여하는 팀원들의 하드웨어나 소프트웨어 개발 능력, 업무의 숙련도, 참여 가능한 시간을 바탕으로 각 세부 작업별로 팀원을 할당한다.

- **책임 부여**

  팀원은 할당된 세부 작업별 일정에 대해 책임을 지도록 한다.

- **일정별 산출물 명시**

  일정이 완료되면 해당 세부작업에서 도출되어야 하는 결과물을 명시하여 일정별로 도출되는 결과물에 관리가 용이하도록 한다.

1) 일정 계획 수립 기법

일정 계획을 수립하는데 사용되는 대표적인 기법으로는 업무 분류 구조(WBS), 프로그램 평가와 검토(PERT), 임계경로 기법(CPM), 간트 차트, 마일스톤, 마이크로소프트 프로젝트 툴을 들 수 있다. 이 책에서는 캡스톤 디자인에서 가장 널리 사용되는 업무 분류 구조와 간트 차트에 한정하여 다룬다.

(1) 업무 분류 구조

일정계획을 수립하는 첫 번째 단계는 프로젝트에서 수행할 전체 업무를 관리 가능한 여러 개의 작업들로 분할하는 것이다. 그리고 분할된 세부작업들 사이에 상호 의존성이나 선후관계를 파악한다. 이러한 작업을 수행하는데 적합한 것이 업무 분류 구조(WBS; Work Breakdown Structure) 기법이다. 이 기법은 계획 관리 단계에서 일정 계획과 인력 계획, 비용 산정의 기준이 되며, 프로젝트 진행 중에 발생하는 모든 작업을 쉽게 파악할 수 있다. 계층적 구조로 표현하는데 주로 제품의 계층 구조 또는 프로세스의 계층 구조로 나타낸다.

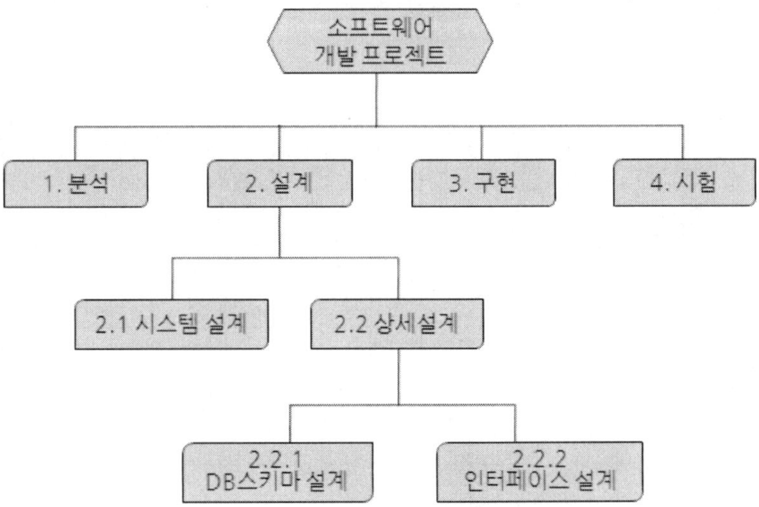

(그림 2-2) WBS 작성 예

(2) 간트 차트

간트 차트(gantt chart)는 프로젝트의 각 세부작업들이 언제 시작되고 언제 종료되는지에 대한 작업 일정을 막대 도표를 이용하여 표시하는 프로젝트 일정표이며 시간선(time line) 차트라고도 한다. 간단하고 사용하기 쉽기 때문에 여러 분야에서 일정 계획과 관리에 널리 쓰인다. 간트 차트는 세부 작업별 작업일 일정, 작업 기간, 산출물로 표현된다. 수평 막대의 길이는 각 작업(task)의 수행 기간을 나타낸다. 간트 차트의 장점과 단점은 아래와 같다.

- 일정이 지연될 경우, 그 이유와 기간을 예측할 수 있게 한다.
- 사용자와의 문제점이나 예산의 초과 지출을 관리할 수 있게 한다.
- 인력 자원 배치와 인력 활용 계획에 유용하게 사용된다.
- 다양한 형태로 변경하여 사용할 수 있다.
- 복잡하고 세밀한 작업을 표현하기 어렵다.
- 작업들간에 상호의존성을 표현하기 어렵다.
- 문제점을 사전에 파악하는데 적합하지 않다.
- 계획을 수립하거나 계획을 수정할 때, 주관적 수치에 기울어지기 쉽다.

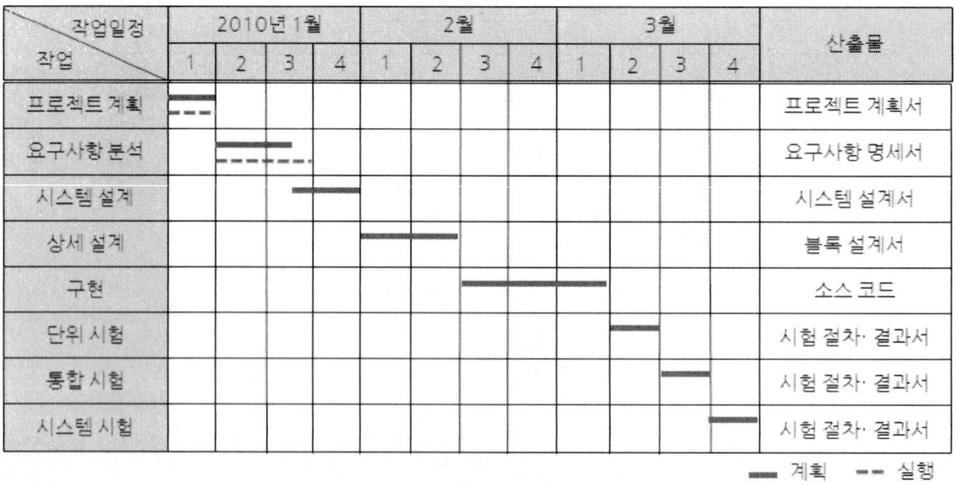

(그림 2-3) 간트 차트 예

2) 일정 계획 수립 도움말

프로젝트 관리자가 프로젝트 초기에 제대로 된 일정을 수립해야만 비용 초과와 자원 부족 그리고 과도한 변경 요청의 발생을 사전에 방지할 수 있다[PMBoK04]. 아래는 프로젝트 일정을 수립하는데 있어서 알아야 할 내용이다.

- **일정의 중요성을 인식한다.**

  일정이 잘 만들어 졌다고 가정했을 때, 일정을 잘 준수하느냐의 여부에 따라 프로젝트가 성공하느냐 실패하느냐로 귀결될 수 있다. 일정이 늦어진다면 프로젝트의 모든 분야에서 부정적인 영향을 끼친다. 따라서 일정 관리는 프로젝트 진행에서 있어서 매우 중요하게 인식되어야 한다.

- **활용 가능한 인적 자원을 식별하라.**

  프로젝트에 참여 가능한 멤버가 누군지, 어떤 멤버가 업무가 과중한지 등 전체적으로 프로젝트를 계획하고 수행에 대한 방향설정을 위해서 인적 자원에 대한 분석이 반드시 필요하다.

- **산출물을 중심으로 일정을 수립한다.**

  대부분의 경우 일정은 타스크 위주로 이루어진다. 그러나 만약 일정이 프로젝트의 기간 내에 변경된다면 일정 관리자로서는 실질적인 문제를 파악하기 어려워진다. 산출물을 중심으로 일정을 수립하는 경우 명확하게 프로젝트 일정을 검증할 수 있어서 프로젝트 관리자가 일정을 용이하게 관리할 수 있다.

- **세부 일정을 정하고 자주 점검한다.**

  하나의 타스크로 정의된 일정 기간 내에서 더 자세한 세부 일정을 수립하고 지속적으로 점검한다. 이를 통해 일정이 지연되는지를 파악할 수 있게 된다.

- **일정은 변경될 수 있다.**

  프로젝트 타스크와 이해 당사자의 요구사항이 변경될 경우, 일정이 변경될 수 있음을 감안해야 한다. 변화하는 프로젝트를 성공적으로 이끌기 위해서 관리자는 합리적으로 일정을 변경시켜야 한다.

- **변경을 관리하는 프로세스를 가져야 한다.**

  프로젝트 관리자는 프로젝트 변경이 원활히 수행될 수 있도록 변경 제어 프로세스를 통해 신속하게 대응해야 한다.

- **개발자의 변동에도 일정이 지켜져야 한다.**

  모든 타스크마다 한명 이상의 개발자가 할당되어야 한다. 개발자가 변동되더라도 일정에 문제가 생기지 않도록 대비해야 한다.

2.4 팀 구성과 활동

미국의 과학재단이 공학 전문가 집단을 대상으로 공학도가 갖추어야 할 자질에 대해 조사한 바에 따르면, 팀워크와 의사소통 능력이 핵심적인 자질로 확인되었다[Valenti96]. 이 두 가지 특징은 한국공학교육인증원에서 제시한 공학교육 프로그램의 학습성과 기준에도 포함되어 있으며 협동 학습(cooperative learning)의 성과를 좌우하는 중요한 요인으로 여기고 있다. 캡스톤 디자인 교과목에서 이루어지는 협동 학습은 경쟁학습과 개별 학습에 비해 연령, 능력수준, 과제 유형에 관계없이 학업성취 효과가 높고 학생들의 긍정적 자아개념, 자존감, 동료와 학교에 대한 호감, 팀워크 고취와 의사소통 능력, 학습 동기 등을 고양시키는데 큰 효과가 있는 것으로 나타났다[이동원97].

1) 팀 구성

캡스톤 디자인 교과목에서는 팀별로 수행하는 과제의 주제와 목표가 서로 다르다. 또한 그 팀이 어떤 멤버들로 구성되었느냐에 따라 프로젝트 성패가 갈라지기도 하고, 협동 학습에 대한 학습 효과도 차이가 나게 된다. 그리고 학년에 따라 교과목을 이수하는 학생들의 개발 능력에 차이가 있기 마련이다. 이러한 요소들을 적절히 고려하여 팀을 구성하여야 한다. 팀을 구성하는 방법과 각 방법의 장단점을 [표 2-3]에 나타내었다. 캡스톤 디자인 교과목에서 팀을 구성하기 전에 표에 나타낸 내용을 설문하여 선호하는 팀 구성 방법을 파악해보는 것도 팀 구성에 도움이 될 것이다.

[표 2-3] 캡스톤 디자인에서의 팀 구성 방법

팀 구성 방법	구체적인 내용	장단점
임의 구성	학번 순서로 또는 랜덤하게 팀원을 배정	- 팀 구성에 대한 불만이 낮음 - 팀워크가 떨어질 수 있음
주제별 구성	개별 제안서를 받아서 유사한 주제로 묶어서 팀을 구성	- 목표 의식이 높고 프로젝트 성공 가능성이 높음 - 나머지 일부는 서로 다른 주제들이 묶일 수 있음
지도교수나 조교에 의해 구성	지도교수나 조교가 인지하는 학생들의 학습능력이나 개발 능력을 기준으로 팀을 구성	- 지도교수가 모든 학생들에 대해 학습능력이나 개발 능력을 파악하지 못할 수 있음 - 팀워크가 떨어지고 팀 구성에 불만이 생길 수 있음
팀원간의 친분에 의한 구성	주제와 무관하게 학생들의 친분에 의해 팀을 구성	- 목표 의식이 높고 프로젝트 성공 가능성이 높음 - 한 두명의 멤버에 의해 프로젝트가 진행될 수 있고 다양한 팀원들과 협동 작업을 할 기회가 적어짐

2) 팀 구성원의 임무

하나의 팀이 구성된 이후에는 프로젝트에서 이루어지는 모든 작업에 대해 모든 구성원들의 임무와 역할을 적절히 분배한다. 그리고 팀별로 리더인 팀장과 기록자인 에디터를 선출한다. 경우에 따라서는 팀장이나 에디터도 팀원의 역할을 동시에 수행한다.

- **팀장**

팀장은 프로젝트를 성공적으로 이끄는 리더의 역할을 수행한다. 또한 CDP 지도자인 지도교수나 조교와 구성원들간에 의사소통을 하는 통로와 중계자 역할을 한다. 팀의 원활한 운영을 위해 팀 활동 규칙을 작성하고, 팀 구성원들의 역할과 책임을 명확하게 부여한다. 결정된 주요 사항과 행동 조치들을 팀 구성원들에게 이해시키고 올바른 방향으로 진행되도록 해야 하며 회의에 대한 주재자가 된다. 팀장은 프로젝트 관리자이기 때문에 앞 절에서 설명한 프로젝트 관리의 의무를 갖는다. 프로젝트 관리자가 가져야 할 보편적인 항목은 아래와 같다.

- 품질 관리
- 범위 관리
- 위기 관리
- 통합 관리
- 일정 관리
- 원가 관리
- 인력 관리
- 의사 결정
- 구매 관리

● **에디터**

에디터는 팀의 논의 사항이나 결정 사항을 정확하게 기록하며 회의록을 작성한다. 기록된 모든 문서는 팀 구성원들에게 전달하여 불필요한 논쟁의 여지를 줄인다. 개발 과정에 도출되는 문서들을 관리할 의무도 가진다. 팀 홍보나 팀의 결과물에 대한 외부 발표 자료 등을 작성하고 관리한다.

● **팀원**

팀원은 팀의 목표 달성과 능력 개발 활동에 참여한다. 팀원은 자신의 책임 하에 업무를 수행하며, 자신의 업무가 타 동료에게 영향을 미치기도 하고 영향을 받기도 한다. 따라서 부단히 학습하여 자신의 업무 분야에 대해 전문적 지식을 소유해야 한다. 이와 더불어 [표 2-4]에 나타내었듯이 팀 전체 업무에 대해서 최대한 협력적인 자세를 가진 팀원이 되도록 노력해야 한다[Harold09].

[표 2-4] 협력적인 자세를 가진 팀원

유형	협력적인 자세를 가진 팀원
선창자	새로운 아이디어를 찾고 「한번 해보자」란 말을 사용한다.
정보 탐색자	정보로 무장하려고 노력하고 자원과 지원 데이터를 찾는다. 팀의 이익을 위해 개발하고 연구한다.
정보 제공자	자신이 알고 있는 것을 공유하여 팀의 지식을 증대시킨다.
촉진자	다른 사람들의 아이디어에 대해 눈에 보이는 지원을 보여준다.
분류자	모든 사람이 이슈나 의사결정 사항을 확실히 이해하도록 도와준다.
조화자	팀 사이의 단결된 감정을 형성한다.
문지기	모든 정보가 적절하고 팀이 당면하고 있는 이슈에 대해 집중하도록 노력한다.

[표 2-5] 비협력적인 자세를 가진 팀원

유형	비협력적인 자세를 가진 팀원
침략자	팀원들을 비판하고 아이디어에 이의를 제기하며 자존심을 꺾는다.
지배자	조정하고 업무를 인수 받으려고 시도한다.
악의 옹호자	모든 사물에서 결점을 찾아내고 모든 아이디어에 이의를 제기한다.
문제에 대해 갈팡질팡하는 팀원	아이디어 사이를 왔다 갔다 하며 초점을 맞출 수 없도록 불균형을 조장한다.
인정을 받아내려는 팀원	항상 지위에 대해 논쟁하고 성공의 공로를 차지하려고 시도한다.
탈퇴자	참여하지 않고 정보를 공개하지 않는다.
방해자	계획이 진행되지 않는 것에 대해 여러 가지 이유를 댄다

3) 올바른 토론

프로젝트 아이디어나 주제를 선정하기 위해서는 심층적인 토론이 이루어져야 한다. 이와 같이 프로젝트를 진행하면서 특정 주제에 대해서 다양한 관점을 공유하고 심층적으로 이해하기 위해 토론을 할 경우가 많다. 토론은 새로운 지식의 습득에 그치는 것이 아니라, 그 지식을 토대로 다양한 의견을 공유하면서 좀 더 깊이 있고 폭넓게 이해하는데 도움을 준다. 또한 토론을 통해 학생들의 능동적인 수업참여를 유도하고 학생들의 의사소통 능력을 증진시키는데 도움을 준다. 대학 수업에서 주로 사용되는 토론 방법은 세미나와 브레인 스토밍 형식이다. 캡스톤 디자인 프로젝트에서는 대개 토론 주제가 분명하고 그 주제에 대해 브레인 스토밍 형식으로 토론이 이루어진다.

토론은 자기주장이 아닌 근거 제시와 반박을 통한 설득과 양보로 합의점을 도출하는 과정이다. 올바른 토론은 자기주장의 공방이 아니라 지식의 공방이다. 여기서 지식의 파라미드 구도를 알면 상대를 설득하기 유리해진다. 지식의 구조를 하부구조에서 상부구조 순으로 살펴보자. 대부분의 토론은 1)~3) 단계가 중요하며, 이 단계를 상대를 설득할 수 있는 지식이라 한다. 이와는 다르게 4)~5) 단계는 자기 판단 및 가치가 대입된 논쟁이며, 너무 의존하면 자기주장만 있고 결론이 나지 않을 수 있다.

1) 사실(fact) - 토론의 출발점

2) 데이터(data) - 구체적 근거 제시

3) 정보(information) - 데이터의 일반화

4) 지식(knowledge)

5) 지혜(wisdom) - 보편적 지식

올바른 토론이 이루어지기 위해서는 토론에 참여하는 참여자들이 아래의 자세를 가져야 한다.

- 토론의 주제가 무엇인지 명확하게 파악하여 주제에 맞는 자료를 준비한다.
- 자기 생각을 적극적으로 표현한다.
- 다른 사람이 말할 때는 말하는 사람을 보며 조용히 듣는다.
- 말하는 사람의 의도를 이해하고 자신의 의견과 비교하여 주의 깊게 듣는다.
- 상대방이 제시하는 근거가 타당한지 생각한다.
- 상대방의 말을 중간에 끊지 않는다.
- 중요한 것은 순서에 맞게 메모한다.
- 잘 모르는 것은 상대방의 말이 끝나면 질문한다.
- 발언을 할 때는 존댓말로 하고, 자신의 의견을 간결하고 명확하게 말한다.

- 정해진 발언 시간과 토론 규칙을 지킨다.

4) 팀 활동 규칙

팀이 구성된 이후에는 팀원들의 활동 규칙을 정한다. 활동규칙을 정하는 이유는 팀구성원들 간에 결속력과 협동심을 고취하는데 도움이 되기 때문이다. 팀 구성원 모두의 동의하에 활동 규칙을 작성하고 각자 따름으로써, 팀 구성원들의 의사소통 능력 향상에 도움이 되고 협동학습 능력도 높아진다. [표 2-6]은 팀 활동 규칙의 한 예이다[이경우08].

[표 2-6] 팀 활동 규칙 예

팀 활동 규칙
우리 팀은 구성원들 간에 다음의 규칙들을 지킬 것을 동의한다. □ 존중과 친절로써 서로를 대한다. □ 팀 의사는 합의하에 결정한다. □ 모든 팀 회의에 참석하도록 하며, 늦거나 참석할 수 없을 경우에는 회의 주재자에게 알린다. □ 각자 할당된 과제를 정해진 시간 내에 완성할 것이며, 만약 정해진 일정 내에 과제를 완성시킬 수 없으면 미리 팀장에게 알린다. □ 경우에 따라 팀장이나 에디터의 역할을 대행한다. □ 아이디어에 대해 발전적으로 비판하되 인신공격은 하지 않는다. □ 회의에서는 항상 집중하고 분열적인 행동은 금한다. □ 회의는 사전에 충분히 준비하고 참석한다.

5) 팀 회의록

회의 주재자에 의해 팀 회의를 하면 에디터는 회의에서 논의되는 사항이나 결정사항을 회의록에 작성해 둔다. 팀 회의록이 작성되면 지도교수를 포함하여 팀 구성원들에게 배포하도록 한다.

[표 2-7] 캡스톤 디자인 팀 회의록 예

<table>
<tr><th colspan="4">팀 회의록</th></tr>
<tr><td>지도 교수</td><td></td><td>팀명(조)</td><td>OOO (2조)</td></tr>
<tr><td>회의 일시</td><td>2010년 월 일</td><td>회의장소</td><td></td></tr>
<tr><td rowspan="3">참석자</td><td>OOO (조장) (인)</td><td colspan="2">(인)</td></tr>
<tr><td>OOO (에디터) (인)</td><td colspan="2">(인)</td></tr>
<tr><td>(인)</td><td colspan="2">(인)</td></tr>
<tr><td>회의 주제</td><td colspan="3"></td></tr>
<tr><td colspan="4">회의 안건
1.
2.</td></tr>
<tr><td colspan="4">회의 결과
1.
2.</td></tr>
<tr><td colspan="4">차기회의 안건
1.
2.</td></tr>
<tr><td colspan="4">문제점 보고
1.
2.</td></tr>
</table>

6) 팀 구성원의 공헌도 평가

지도교수에 의해 또는 팀 구성원들에 의해 팀이 성공적으로 운영되었는지, 제품을 성공적으로 개발하였는지, 그리고 프로젝트를 수행하는데 있어서 각 팀원들이 얼마나 공헌을 하였는지 등에 대한 공헌도(contribution)가 다각적으로 평가되어야 한다. 이 중 팀원들의 공헌도를 평가하는 상대 평가(peer review)는 본인을 포함하여 다른 팀 구성원들에 대해서 팀 공헌도를 상대적으로 평가한다. 아래는 구성원들에 대한 상대평가의 한 예이다.

[표 2-8] 팀 구성원의 공헌도 평가 예

	성명	협동심	리더십	의사소통	기술공헌도	합계
본인	김OO	3	3	4	3	3.25
팀원 1	서OO	1	2	3	3	2.25
팀원 2	정OO	3	5	5	5	4.50
팀원 3	최OO	5	5	3	2	3.75
팀원 4	임OO	1	2	2	1	1.50

(1:매우 낮음 2:낮음 3:보통 4:높음 5:매우 높음)

2.5 시스템 개발 생명주기와 프로세스 모델

1) 시스템 개발 생명주기 개요

시스템 개발 생명주기(system development life-cycle)는 사용자 요구에 의해서 시스템 개발되기 시작되면서 탄생하고 사용되고 유지보수가 반복되고 결국 시스템의 사용이 중단될 때까지의 전체 기간(birth to death period)을 말한다. 시스템 개발 생명주기는 개발 단계와 각 단계별 주요 활동, 활동의 결과로 산출되는 결과물로 표현하며, 시스템 프로세스 모델 또는 시스템 개발 패러다임이라고도 한다. 시스템 개발 생명주기는 시스템의 장기적인 개발 계획의 관점을 나타내는 것으로, 시스템 개발하기 전에 발생하는 활동과 개발이 완료된 이후에 발생하는 활동을 모두 포함한다. 시스템 생명주기를 나타내는 단계는 Boehm, Pressman, Benjamin 등 학자에 따라 또는 정보통신 기술이 변천함에 따라 각각 조금씩 다르게 주장되고 있다. 여기서 시스템 개발 생명주기의 역할을 살펴보면 다음과 같다.

- 시스템 개발 프로젝트의 계획을 수립하는 기본 골격이 된다.
- 시스템 개발과 관련된 이해 당사자들 사이에 의사 소통을 위한 용어의 표준화가 가능하다.
- 시스템 개발 프로젝트의 진행 상황을 명확하게 파악할 수 있다.
- 문서화에 충실한 시스템 개발 프로젝트 관리가 가능하다.

즉, 시스템 개발 생명주기는 시스템 개발자들이 과학적 방법을 여러 종류의 문제들에 적용시킬 수 있도록 논리적인 방법으로 표현한 것이다.

2) 일반적인 시스템 개발 생명주기

시스템 개발이란 새로운 시스템을 개발하기 위한 일련의 작업 공정, 방법, 절차 등을 포함하는 계획 수립, 요구사항 분석, 설계, 구현, 시험, 유지보수 등의 공정을 말하며, 이러한 공정을 통해 성공적인 시스템을 개발하는 것이 목적이다.

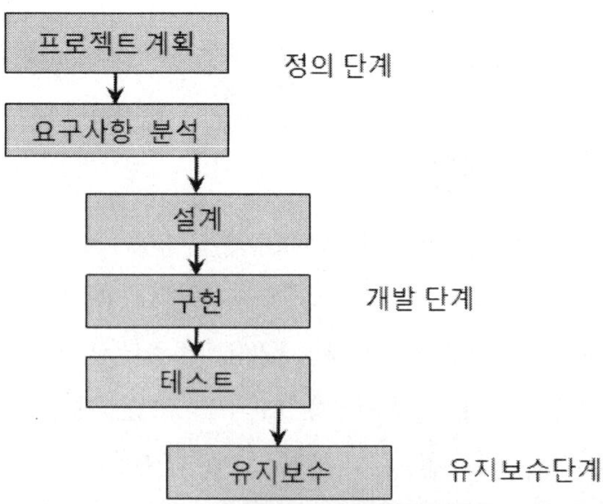

(그림 2-4) 일반적인 시스템 개발 생명주기

일반적으로 활용되는 생명주기를 (그림 2-4)에 나타내었으며 정의 단계, 개발 단계, 유지보수 단계로 나뉜다.

(1) 정의 단계

정의 단계는 「무엇(what)」을 개발할 것인가에 초점이 맞추어진다. 정의 단계에서 시스템 개발자는 처리해야 할 정보를 인식해야 하고, 요구되는 기능과 성능, 타 시스템과의 연결 관계, 설계 시 제약사항, 성공적인 시스템을 위해 요구되는 검증 기준 등을 결정해야 한다. 즉, 시스템 분석과 프로젝트 계획, 사용자의 요구사항을 확인하는 단계이다.

- **시스템 정보 수집**

  최종적으로 작동할 시스템의 목표를 수립하고 최종 사용자에 대한 정보수집과 개발 예정인 시스템 및 시스템 개발 업무에 관해 관련된 정보를 수집하고 추출한다.

- **프로젝트 계획**

  개발될 시스템의 범위를 확정하고 이를 바탕으로 전체적인 프로젝트를 계획하고 소요 자원, 개발 비용, 개발 일정, 개발 팀 등을 확정한다.

- **요구사항 분석**

  고객으로부터 수집된 최초 요구사항과 시스템 관련 정보로부터 추출된 요구사항을 바탕으로 개념 모델을 설정하고, 이를 바탕으로 고객의 요구사항과 시스템에서 제공되어야 할 요구사항들을 구체화하고 정의한다.

(2) 개발 단계

개발 단계는「어떻게(how)」개발할 것인가에 초점이 맞추어진다. 이 단계에서 시스템 개발자는 설계될 시스템 구조, 데이터 구조, 상세한 처리절차를 설계한다. 설계 결과를 어떤 프로그램으로 변환할 것이며 테스트는 어떻게 수행할 것인지를 설계하고 명시하여야 한다. 아래의 단계로 이루어진다.

- **설계**

  설계는 상위 시스템 설계, 서브시스템 설계, 블록 설계, 유니트 설계의 순서로 하향식으로 이루어진다. 설계는 시스템 요구사항을 그림이나 도표 등을 이용하여 자료 구조, 구성 요소간 인터페이스, 소프트웨어 구조, 처리 알고리즘 등을 구체적으로 묘사한다. 따라서 다음 단계인 구현에서 설계 문서만 보더라도 쉽게 구현을 할 수 있도록 매우 구체적이어야 한다.

- **구현**

  설계된 문서를 바탕으로 컴퓨터에 의해 실행될 수 있는 명령문으로 프로그래밍 하는 것을 구현(implementation)이라 한다.

- **테스트**

  구현된 시스템이 요구한데로 동작하는지, 기능상에 문제가 없는지, 실행에 문제가 없는지 등을 확인하고 보완하기 위해서 테스트를 수행한다.

(3) 유지보수 단계

유지보수 단계는 「변경」에 초점이 맞추어진다. 시스템이 사용자에게 인도되고 설치된 후에 시스템 생명이 끝나는 시점까지 시스템의 오류 정정, 환경 적응, 기능 및 성능향상 등을 위하여 계속해서 수정 보완하는 작업을 유지보수(maintenance)라 한다.

3) 프로세스

앞에서 시스템 개발 생명주기는 프로젝트를 제어할 수 있는 단계로 나눠지고, 각 단계별로 해야 할 작업들과 산출되어야 하는 결과물, 그리고 단계들 사이의 관계로 나타내어졌다. 그러나 프로젝트 규모가 커지게 되면 생명주기 개발 단계로만으로 프로젝트를 제어하는 것이 어려워진다. 즉, 생명주기는 각 단계에서 산출되어야 하는 결과물을 중심으로 표현되었는데 그 정보만으로 충분하지 않게 된 것이다. 어떻게 그 결과물을 만들어야 하는지에 관해서도 나타내야 하는데 이를 위해 프로세스(process)라는 개념이 등장하게 되었다.

시스템 개발 프로세스는 시스템 개발을 위해 수행되어야 하는 작업(job)들과 그 작업들 사이의 연결, 각 작업의 입력과 출력, 절차와 작업의 책임자, 작업에 할당되는 비용, 기간, 컴퓨터 등의 자원들을 나타낸다.

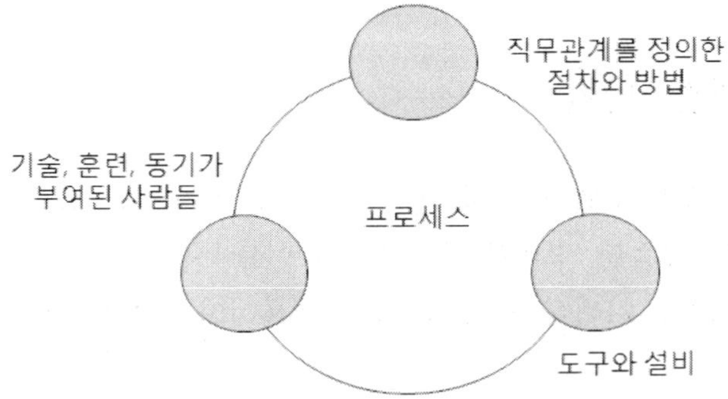

(그림 2-5) 프로세스 개념도

Watts S. Humphrey는 「시스템의 품질은 그것을 개발하는데 사용되는 프로세스의 품질에 좌우된다」 라고 주장하였다. 프로세스는 시스템 개발 프로젝트의 관리를 위한 수단으로 작업, 인력, 절차, 도구를 통합하여 주기 때문에, 프로세스를 잘 정의하고 잘 따라야만 시스템의 품질을 관리하고 통제할 수 있다는 것이다. 프로세스들은 개발 활동이 시작되기 전에 정의되어야 하고 개발 기간 동안에도 잘 관리되어야 한다.

프로세스의 구조를 (그림 2-6)에 나타내었다. 일반적으로 프로세스의 입력은 다른 프로세스의 출력이 되며, 프로세스는 가치를 부여하기 위해 통제된 조건하에서 계획되고 수행되어야 한다. 프로세스는 고유의 목적을 가지고 있으며 프로세스를 성공적으로 수행했을 때에는 계획대비 효율성이 높은 결과를 얻을 수 있다.

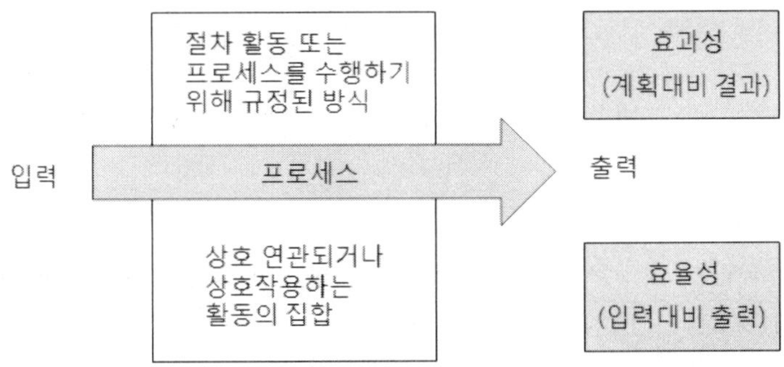

(그림 2-6) 프로세스 구조도

2.6 시스템 프로세스 모델

시스템 프로세스 모델이란 시스템 프로세스 요소들을 서로 연결하여 일련의 시스템 개발 프로세스를 정의할 수 있는데 이를 시스템 프로세스 모델이라 한다. 이 절에서는 개념 이해에 도움이 되는 대표적인 시스템 프로세스 모델에 대해 알아본다.

1) 폭포수 모델

폭포수(waterfall) 모델은 1970년 Rocyce에 의해 처음 제안되었다. 이 모델에서 개발 프로세스는 중복이 되지 않도록 순서가 붙여져 배치되고 순서에 따라 실시된다. 모든 공정사이의 흐름이 물이 위에서 아래로 폭포가 떨어지듯이 보이기 때문에 폭포수 모델이라고 붙여졌다.

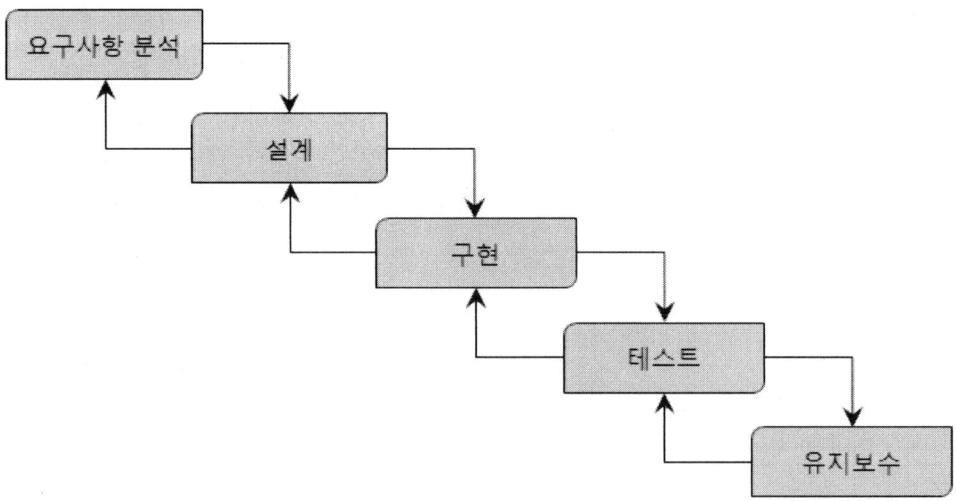

(그림 2-7) 폭포수 모델 개발 프로세스

폭포수 모델 개발 프로세스는 하나의 단계가 완성되어야만 다음 단계로 넘어갈 수 있다. 그러므로 고객으로부터 모든 요구사항을 알아내어 일괄적으로 분석한 후에 요구사항을 문서화해야 한다. 그런 다음에야 개발 시스템에 대한 설계 활동을 시작할 수 있다. 이 모델은 개발자들에게 필요한 작업이 무엇인지를 계획하는데 있어 매우 유용하다. 단순하므로 시스템 개발에 능숙하지 못한 고객들에게 쉽게 설명할 수 있도록 해주며 다음 개발단계로 진행하기 위해 필요한 중간 산출물을 표시해준다.

이 모델의 장점은 프로젝트 진행과정을 세분화함으로써 프로젝트 관리를 용이하게 한다. 단계별로 정형화된 접근 방법과 체계적인 문서화를 한다. 이로 인해 각 단계별로 산출물만을 체크해도 프로젝트의 진행 상태를 명확히 파악할 수 있다. 응용 분야가 단순하거나 잘 알고 있는 경우에 적합하고 초보자의 경우에 시스템을 이해하고 개발하는데 적합하다. 단점으로는 프로젝트 시작단계에서 고객의 요구사항을 완벽하게 파악하기 어려우며, 작동하는 시스템이 프로젝트의 후반부에 가서야 얻어지므로 중요한 문제점이 나중에 발견된다. 또한 프로세스가 이미 정해져 있으며, 어떤 프로세스에서 문제가 생기면 앞의 단계로 피드백 되는 것이 용이하지 않다. 변경과 피드백이 발생했을 때에 소용되는 비용이 타 모델에 비해 크다.

2) V-모델

V-모델은 테스팅 활동이 개발 과정과 어떻게 연관되어 있는지를 보여주는 폭포수 모델의 변형이다. 1992년 독일 연방 정부 및 국방 프로젝트에서 표준화 되었으며 일반에 공개되어 많은 회사들도 사용하고 있다. V-모델은 (그림 2-8)에서 볼 수 있듯이 분석과 설계는 왼쪽에서, 테스팅과 유지보수는 오른쪽에서, 프로그래밍은 하단에서 이루어져 마치 V자 형태라고 해서 V-모델이라 한다.

V-모델은 생명주기의 각 개발 단계와 그에 상응하는 시스템 각 시험단계 사이의 연관 관계를 보여준다. 폭포수 모델이 개발 위주의 과정이었다면 V-모델은 개발단계 별 테스트 레벨을 포함시켰다. 시스템이나 시스템 요소들을 테스트하는 작업이 이들에 포함된 오류만을 찾는 작업이 아니라 각각의 개발단계를 포함한다는 내용을 개발 프로세스와 통합하여 체계화한 개념이다.

V-모델은 프로그램 설계를 검증하기 위해 단계별 테스를 실시할 것을 제안하고 있다. 즉, 단위 테스트는 상세 설계가, 통합 테스트는 구조 설계가, 시스템 테스트는 시스템 설계가 잘 정의되었음을 확인하고 검증한다. 최종 인수 테스트는 사용자의 요구사항이 잘 정의되었는지를 확인하고 검증한다. V-모델의 좌측과 우측 사이의 연결점은 검증하는 중에 문제가 발견되면 V의 좌측 과정을 재실행할 수 있음을 의미한다.

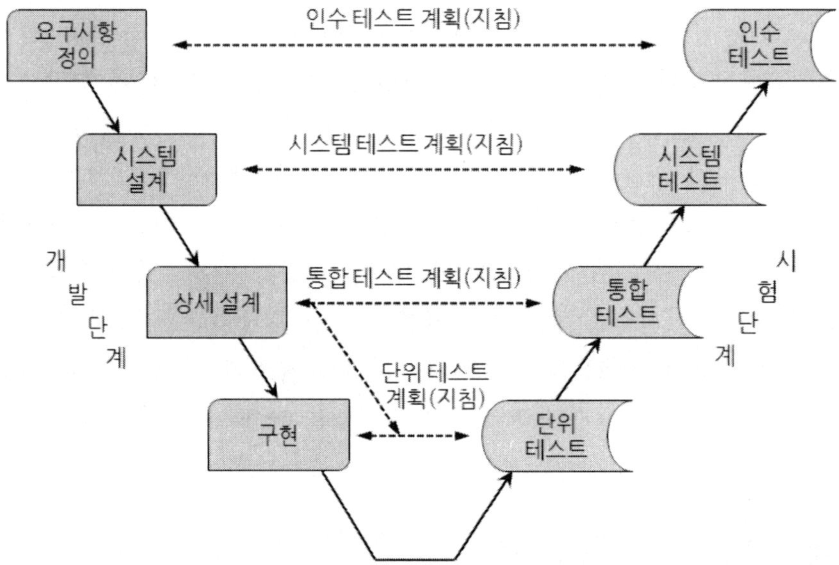

(그림 2-8) V-모델

이 모델의 장점은 시스템을 개발함에 있어 오류를 줄일 수 있고 사용하기 간편하다. 그리고 규모가 작은 프로젝트의 경우에 적용하기가 쉽고 이해하기가 쉽다. 단점으로는 유연성이 낮아 변경을 다루기가 쉽지 않다는 것이다. 폭포수 모델과 유사하게 변경과 피드백이 발생했을 때에 소용되는 비용이 타 모델에 비해 크다.

3) 프로토타이핑 모델

시스템을 개발할 때 고객의 요구사항을 불완전하게 이해하고 있는 경우가 많다. 또한 고객이 자신이 원하는 것이 무엇인지 구체적으로 모르거나 그들의 요구가 어떻게 변경될 지 잘 모르는 경우도 있다. 프로토타이핑 모델은 폭포수 모델의 단점을 보완하여 점진적으로 시스템을 개발해 나가는 접근 방법 중의 하나로서, 간단한 시제품 즉, 프로토타입을 만들어 사용자의 필요와 요구사항을 빠른 시간 내에 알아내고 이를 통해 시스템에 대한 이해를 높이고 품질을 향상시킨다.

프로토타이핑이란 시스템의 일부 또는 시스템의 모형이 될 만한 것을 만드는 과정이다. 예를 들어 시스템을 사용하는 과정을 보여줄 시나리오나 화면 모형을 만드는 것이다. 건축에서의 프로토타입은 아파트의 모델 하우스를 들 수 있다. 프로토타입은 고객의 요구사항을 식별하기 위해 만든 실제 실행이 되는 시스템이다. 최종적으로 만들고자 하는 시스템의 기능을 모두 구현하지는 않고 부분적으로 성능, 보안, 견고함, 신뢰도와 같은 소프트웨어 특성을 제외할 수 있다.

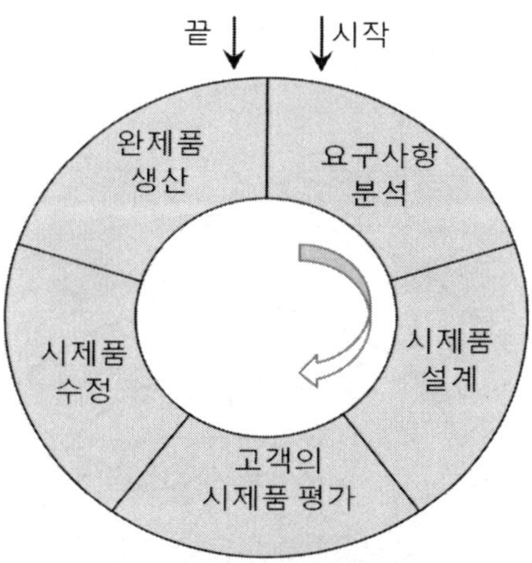

(그림 2-9) 프로토타이핑 모델

이 모델의 장점은 고객의 요구사항이 모호하거나 요구사항을 명세화할 수 없는 경우나 프로젝트의 실현 가능성이 의문시 되는 경우에 유용하다. 프로토타입을 사용자가 직접 보고 상호 의사소통을 통해 불완전하거나 일치하지 않는 요구사항을 발견하여 조기에 반영할 수 있어서 정확하고 완성도가 높은 요구사항 분석을 할 수 있다. 단점으로는 고객이 프로토타입을 완제품으로 오해하여 약간의 수정만 가해지면 완제품이 될 것이라고 오해하기도 한다. 고객은 더 많은 기능을 요구하게 되고 개발 일정 단축을 요구할 수도 있다.

4) 나선형 모델

나선형(spiral) 모델은 위험을 최소화하기 위해 개발 단계를 반복적으로 수행함으로써 점진적으로 완벽한 소프트웨어 개발이 가능하게 하는 모델이다. 특히 기본 지식이 없이 처음으로 개발해나가는 시스템의 경우에는 개발 도중에 변경이 자주 발생하기 때문에 시스템 명세를 완벽하게 할 수 없다. 이와 같이 막연한 정보와 불확실성이 내재되어 있는 경우에는 시스템 개발을 어렵게 하는 위험요소가 포함되어 있다고 말할 수 있다. 나선형 모델에서는 점진적 개발 방법과 위험분석 단계를 도입하여 이러한 위험 요소를 관리하고 제어할 수 있게 해준다. 예를 들어 시간 제약 사항이나 요구되는 성능을 미리 파악하기 위해 프로토타입을 개발해서 테스트하고 검증해봄으로써 시스템 개발의 실패 요인을 미리 제거한다.

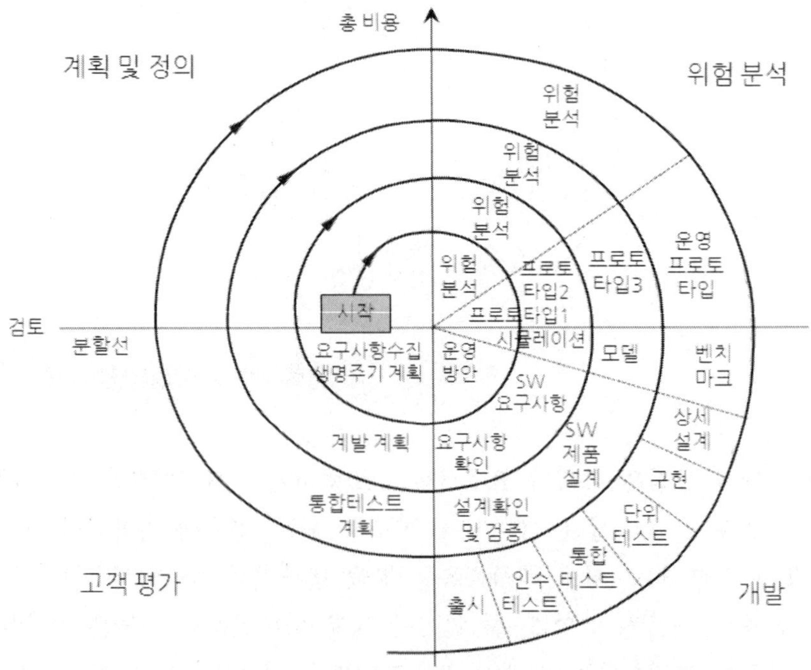

(그림 2-10) 나선형 모델

나선형 모델은 나선을 돌면서 점진적으로 개발이 이루어지며 각 나선은 네 단계로 나뉘어져 있다.

- **계획 및 정의단계**

  요구사항을 수집하고 프로젝트 계획을 수립한다. 그리고 개발하고자 하는 시스템의 기능, 성능, 제한 요건 등을 식별하고 정의한다.

- **위험 분석 단계**

  위험이란 프로젝트를 성공적으로 이끄는데 있어서 방해되는 요소를 말한다. 위험이란 주로 부정확한 정보, 결정되지 않은 사항, 예측되지 않은 사항들로부터 생겨난다. 각 반복 단계에서 위험 분석이 이루어지며, 만약 위험으로 판단되면 다음 단계를 진행할 것인지를 결정해야 한다. 위험을 해결하기 위해서 프로젝트 기간이 몇 배로 늘어난다든지 추가적인 예산이 수립한 예산을 훨씬 초과한다면 프로젝트를 중단시킬 수도 있다.

- **개발 단계**

  위험 분석이 이루어진 후에는 개발할 모델을 선택한다. 즉, 나선형 모델은 다른 모델들을 포함시킬 수 있다. 예를 들어 폭포수 모델을 사용할 수 있고 V-모델을 사용할 수 도 있다. 즉, 여러 개의 모델들을 나선의 각 원에 혼합하여 사용할 수 있다. 이 단계에서 소프트웨어를 설계하거나 시제품이나 최종 제품이 개발된다.

- **고객 평가 단계**

  개발 단계에서 도출된 산출물을 평가한다. 산출물은 고객에 의해 평가가 이루어지며 고객이 요구할 경우 수정이 이루어지기도 한다. 최종적으로 고객의 평가에 의해 다음 결과물이 계획된다.

나선형 모델은 일반적으로 개발 비용이 많이 들거나 개발 시간이 많이 소요되는 중대형 시스템 개발에 적합하다. 이유는 시스템이 점진적으로 개발되므로 개발자나 고객이 각 전개 과정에 따른 위험을 잘 파악하여 대처할 수 있기 때문이다. 즉, 프로젝트의 모든 단계에서 기술적인 위험을 직접 고려할 수 있어 사전에 위험을 감소시킬 수 있다. 단점으로는 폭포수 모델에 비해 상대적으로 복잡하여 프로젝트 관리 자체가 쉽지 않아 산업계에서 널리 사용되지는 않고 있다.

5) 컴포넌트 기반 개발 모델

컴포넌트 기반 개발(CBD; Component Based Development) 모델은 시스템 또는 소프트웨어를 구성하는 각각을 컴포넌트 단위로 만들고 조립하는 과정을 거쳐 또 다른 컴포넌트나 응용 소프트웨어를 만드는 것을 말한다. 컴포넌트는 같은 성격의 업무를 수행하는 클래스들의 모음이며 내부에서는 무엇이 어떻게 돌아가는지 알 필요가 없는 블랙박스라고 간주한다. 복잡하게 얽힌 시스템을 컴포넌트로 나누어 생각하게 되면 각각의 컴포넌트는 입력과 출력 인터페이스를 유지한 채로 내부 문제에만 집중해서 해결할 수 있기 때문에 복잡도를 줄이고 생산성과 경제성을 높일 수 있다.

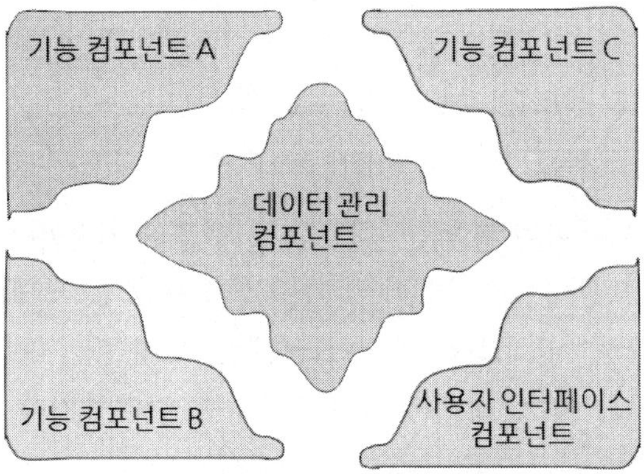

(그림 2-11) CBD 모델

이 모델의 장점은 이미 구현된 컴포넌트를 다시 작업하지 않고 재사용하기 때문에 개발 기간을 단축할 수 있고 검증된 컴포넌트를 사용하기 때문에 품질이 향상된다. 또한 다른 프로그램과의 호환성 및 이식성이 우수하다. 따라서 개발 생산성이 전반적으로 높아지는 효과를 얻을 수 있다. CBD에 입각해서 만들어진 컴포넌트들은 특정 어플리케이션에 구애 받지 않으며, 데스크톱용 프로그램이나 웹 브라우저 등 어떤 소프트웨어 환경에서도 표준 프로토콜을 이용해 호출할 수 있다. 게다가 한번 사용한 컴포넌트는 버리는 것이 아니라 다른 종류의 어플리케이션을 만들 때 재사용할 수가 있다. 단점으로는 개발 절차에서 완전한 설계가 필요함에 따라 비용이 증가하고 특히 처음으로 컴포넌트를 만들 경우에는 많은 노력이 요구된다.

2.7 시스템 개발 생명주기 요약

일반적인 시스템 개발 생명주기를 더욱 세분하여 (그림 2-12)에 나타내었다. 앞 절에서 언급한 일반적인 시스템 개발 생명주기는 프로젝트 계획, 요구사항 분석, 설계, 구현, 테스트, 유지보수의 여섯 단계로 구분된다. 이 책에서는 설명의 편의를 위해 프로젝트 계획, 요구사항 분석, 시스템 명세, 설계, 상세 설계, 테스트, 유지보수의 일곱 단계로 구분된다. 즉, 캡스톤 디자인 설계자의 이해를 넓히기 위해서 설계 단계를 더욱 구체화하였다.

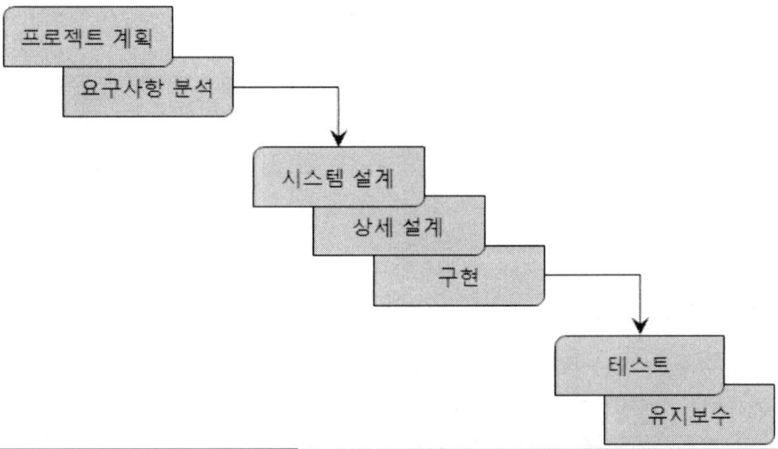

(그림 2-12) 시스템 개발 생명주기

- **프로젝트 계획**

  최종적으로 작동할 시스템의 목표를 수립하고 최종 사용자에 대한 정보수집과 개발 예정인 시스템 및 시스템 개발 업무에 관해 관련된 정보를 수집하고 추출한다. 그리고 개발될 시스템의 범위를 확정하고 이를 바탕으로 전체적인 프로젝트를 계획하고 소요 자원, 개발 비용, 개발 일정, 개발 팀 등을 확정한다.

- **요구사항 분석**

  사용자의 요구사항 분석 또는 문제 분석 단계이다. 개발할 시스템의 기능과 제약조건, 목표 등을 시스템 사용자와 함께 정의하는 단계이다.

● **시스템 설계**

시스템이 무엇을 수행하는가를 정의한다. 시스템의 입력과 출력 그리고 사용자 요구사항으로부터 시스템이 제공해야 할 기능을 도출하여 정의한다.

● **상세 설계**

시스템 설계 단계에서 정의한 기능을 실제 수행할 수 있도록 그 수행방법을 논리적으로 결정한다. 이 단계에서 상세 기능, 알고리즘, 사용자와의 인터페이스, 소프트웨어 모듈의 인터페이스 등을 설계한다.

● **구현**

설계 단계에서 논리적으로 결정한 문제 해결 방법을 C나 자바 등 프로그래밍 언어를 사용하여 실제로 프로그램을 작성한다.

● **테스트**

구현이 완료된 시스템이 설계한대로 그리고 시스템 명세에 정의된 기능대로 동작하는지 테스트한다. 시스템 단위에 따라 단위테스트, 통합테스트, 시스템 테스트를 하며 최종적으로 고객에 의해 인수 테스트가 이루어진다.

● **유지보수**

시스템이 사용자에게 인수되고 설치된 후에 일어나는 모든 활동을 포괄적으로 의미한다. 프로그램 오류 수정, 새로운 요구사항을 반영하기 위한 기능 추가, 시스템 사용 환경 변화에 따른 기능 수정 등을 포함하며 시스템 개발 생명주기에서 가장 긴 기간이다.

2) 주제 관련한 프로젝트 조사

프로젝트 주제를 선정하는 과정에서, 주제와 관련하여 동일한 제품이나 솔루션이 있는 경우에는 신규성이 없고 중복되므로 주제로서 부적합하다. 이를 파악하기 위해서는 최근의 프로젝트나 제품에 대한 조사가 사전에 이루어져야 한다. 조사를 통해 주제와 관련된 새로운 아이디어도 도출할 수 있고, 기존의 기능들을 개선할 수도 있어서 프로젝트를 진행하는데 있어 여러모로 도움이 된다. [표 2-9]에 주제와 관련된 프로젝트 조사서 양식을 제시하였다.

[표 2-9] 주제 관련 프로젝트 조사서 양식 예

주제 관련 프로젝트 조사서

1. 프로젝트 개요
   1.1 프로젝트 명
   1.2 프로젝트 수행자
   1.3 프로젝트 수행일자
2. 프로젝트 수행 내용
   2.1 제품 설명
   2.2 제품 개발의 필요성
   2.3 주요 개발 내용
   2.4 제품의 동작 설명
   2.5 개발환경 및 동작환경
3. 기술의 독창성 및 신규성
   3.1 기존 제품과의 차별성
   3.2 독창성 및 신규성
4. 의견 및 고찰
   4.1 본인의 프로젝트 진행 시 참조 계획
   4.2 제품 사용 후기

3) 시스템 개발 프로세스 및 산출물

프로젝트 각 개발 단계별로 수행해야 될 프로세스를 알아보자. (그림 2-11)에 캡스톤 디자인 프로젝트를 대상으로 한 시스템의 전체 개발 프로세스를 요약 하였다.

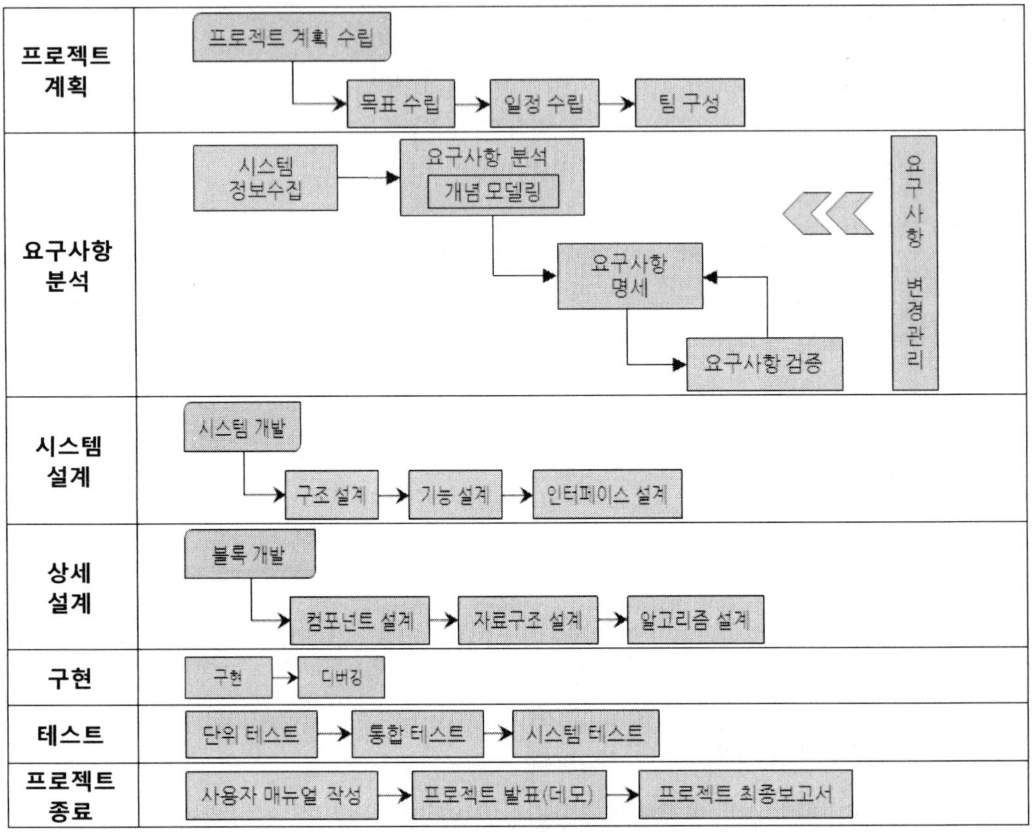

(그림 2-13) 시스템 개발 프로세스 요약

시스템 개발 단계별 내용과 산출물은 프로젝트의 형태와 규모 그리고 복잡성에 따라 달라진다. [표 2-10]는 캡스톤 디자인 프로젝트를 대상으로 한 소규모의 시스템을 대상으로 작성되었다. 단계별 개발 내용과 산출물에 대한 상세한 내용은 이 책의 3장부터 10장까지 자세히 설명된다. 그리고 부록에는 주요 산출물에 대한 샘플이 수록되어 있다.

[표 2-10] 시스템 개발 단계별 개발 내용과 산출물 예

개발 단계	개발 내용	주요 산출물
프로젝트 계획	- 프로젝트 계획 수립 - 프로젝트 일정 수립 - 관련 프로젝트 조사 - 팀 구성	-캡스톤 디자인 계획서 -주제 관련 프로젝트 조사서(주1)
요구사항 분석	- 시스템 정보수집 - 요구사항 분석 - 개념 모델링 - 요구사항 명세 및 검증	- 요구사항 명세서
시스템 설계	- 구조 설계 - 기능 설계 - 인터페이스 설계	- 시스템 설계서 (서브시스템 설계서)(주2)
상세 설계	- 컴포넌트 설계 - 자료구조 설계 - 알고리즘 설계	- 블록 설계서 (유니트 설계서)(주2)
구현	- 코딩과 디버깅	- 소스 코드
테스트	- 단위 테스트 - 통합 테스트 - 시스템 테스트	- 단위 테스트, 통합 테스트, 시스템 테스트에 대한 시험 절차서 및 결과서
프로젝트 종료	- 산출물 최종 정리 - 사용자 매뉴얼 작성	- 시스템 사용자 매뉴얼 - 프로젝트 최종 보고서
유지보수	- 유지보수 및 형상관리	

(주1) 일반 프로젝트와 달리, 캡스톤 디자인 교과목에서는 3건 이상의 주제 관련 프로젝트 조사서를 제출할 것을 권고함.

(주2) 캡스톤 디자인 교과목에서는 이 산출물들을 생략할 것을 권고함.

참고문헌

1. [PMBoK04] Project Management Institute, "A Guide to the Project Management Body of Knowledge (Third Edition)", PMI, 2004
2. [Jones00] Jones, C., "Software Assessment, Benchmarks, and Best Practises", Addition-Wesley, 2000
3. [Valenti96] Valenti, M., "Teaching Tomorrow's Engineers", Mechanical Engineering, 118(7), pp64-69, 1996
4. [Harold09] Harold Kerzner, "Project Management - A Systems Approach to Planning, Scheduling, and Controlling(10th Edition)", Addition-Wesley, 2009
5. B.W. Boehm, "Software Engineering", IEEE Transactions in Computers, pp.1226-1241, December 1976
6. [이동원97] 이동원, "집단경쟁과 집단무경쟁 협동학습이 학업성취와 학습동기에 미치는 영향", 계명대학교 대학원 박사학위 논문, 1997년
7. [이경우08] 이 경우 외, "공학문제 해결 입문", 시그마프레스, 2008년
8. 우치수 외, "소프트웨어 공학", 홍릉출판사, 1998년
9. 윤청, "패러다임 전환을 통한 성공적인 소프트웨어 개발 방법론(상권)", 생능출판사, 2004년
10. 윤청, "패러다임 전환을 통한 성공적인 소프트웨어 개발 방법론(하권)", 생능출판사, 2004년

03

요구사항 분석을 위한 시스템 정보수집

정보통신과 컴퓨터 분야 공학인증을 위한

종합설계

"요구사항 분석은 프로젝트가 성공하느냐 실패하느냐를 결정하는 매우 중요한 요소로 작용한다. 명확하게 잘 정의된 요구사항 도출해내기 위해서는 체계적인 요구사항 개발이 필요하다.

이 장에서는 요구사항 분석의 의미와 요구사항 분석의 첫걸음인 시스템 정보수집에 대해 알아본다.

3.1 요구사항 분석이란

요구사항이란 문제의 해결 또는 목적 달성을 위하여 고객에 의해 요구되거나 표준이나 명세 등을 만족하기 위하여 시스템이 가져야 하는 서비스 또는 제약사항을 말한다. 요구사항 분석이란 고객과 개발자의 입장에서 이들 요구사항들을 도출하고 정의하고 문서화하는 것을 말한다. 따라서 요구사항 분석은 앞으로 만들 시스템의 목표를 수립하는 중요한 과정이라 할 수 있다.

컴퓨터 기술이 급속히 일반 소비자 제품에 적용되기 시작하면서 사용자의 사용편의성(usability)이 중요하게 되었다. 복잡해지고 스마트화 되어가는 제품은 이제 일방적으로 존재하는 제품이 아니라 사용자와 대화를 하는 상호작용의 대상이 되어 정보를 인지하고 처리하는 과정이 포함되는 제품으로 진화하고 있다. 또한 소프트웨어 개발 환경이 점차 대형화되고 분산화 됨에 따라 다양한 이해 관계자들이 함께 참여하게 되고 이들로부터 제시되는 요구사항도 많아지고 다양해지고 있다. 이에 따라 요구사항에 대한 참여자들 간에 공통의 이해와 관리가 필요하게 되었다. 또한 명확하게 잘 정의된 요구사항 도출해내기 위해서 체계적인 요구사항 개발이 요구되고 있다.

사용자가 만족하는 완벽한 제품을 개발하기 위해서는 우선적으로 요구사항을 완벽하게 이해해야 한다. 제품이 기능과 성능이 뛰어나다 하더라도 고객이 초기에 요구했던 기능이나 요구사항이 반영되지 않았다면 고객 입장에서는 의미 없는 제품이 개발된 것이다. 또한 개발자는 앞으로 만들 시스템에 대한 해박한 지식을 보유하고 있어야 한다. 그리고 사용자 요구사항 분석단계에서 개발에 성공할 가능성이 높은지, 개발 비용은 적절한지, 개발 일정은 충분한지, 목표 시스템 개발에 성공할 가능성이 높은지 등에 대한 타당성 조사도 이루어져야 한다.

3.2 요구사항 분석의 중요성

요구사항 분석은 프로젝트가 성공하느냐 실패하느냐를 결정하는 매우 중요한 요소로 작용한다. Standish Group의 보고서에 따르면 개발 중인 프로젝트의 31%가 완성 전에 취소되었고, 58%는 처음에 설정된 기능이 변경되었다. 그리고 개발 완료된 프로젝트의 40%는 사용되지 못하였다. 이러한 프로젝트의 실패에 따른 경제적 손실은 810억 달러 그리고 변경에 따른 초과 비용 손실은 590억 달러에 달하였고 평균 프로젝트의 비용은 189%, 기간은 222%나 초과한 것으로 나타났다.

실패의 원인을 분석해보면 사용자 입력의 부족, 불완전한 요구사항 및 잦은 요구사항 변경 등으로 대부분의 에러가 생명주기의 요구사항 단계에서 발생하였다. 이에 대한 원인은 제한된 자원과 일정으로 인해 초기 공정에서 요구사항의 본질을 올바로 파악하지 못하였고 참여자들간에 불완전한 소통으로 인해 발생되었다.

소프트웨어 에러는 개발 생명주기의 후반에 발견될 수 록 잘못된 요구사항의 수정에 비용이 더 많이 든다. 따라서 초기에 요구사항을 잘 정의할 경우, 불필요한 프로젝트 비용을 낭비하지 않고 일정의 지연을 막을 수 있다. 예를 들어 요구사항 단계에서 발견된 에러를 처리하는 비용은 시험 단계에서 발견된 에러를 처리하는 비용의 1/50 그리고 유지보수 단계에서 발견된 에러를 처리하는 비용의 1/200에 불과하다. 시스템 개발 생명주기의 초기단계에서 요구사항을 명확하게 정의하면 비용을 초과를 줄일 수 있다. NASA의 조사에 의하면 요구사항 관리단계에서 개발 비용의 10~15%를 투자하면 전체적인 비용 증가를 20% 이내로 줄일 수 있다고 한다.

(그림 3-1)에 나타내었듯이 요구사항 분석의 다음 단계인 시스템 설계, 구현, 시험, 유지보수는 분석된 요구사항에 직접적인 영향을 받는다. 다시 말하면 요구사항이 명확하고 상세하게 정의하여야 만이 소프트웨어 생명주기의 다음 단계들에서 명확한 계획이 세워질 수 있고 개발이 제대로 될 수 있다. 이러한 점을 봤을 때, 요구사항 분석이 매우 중요하다는 것을 알 수 있다.

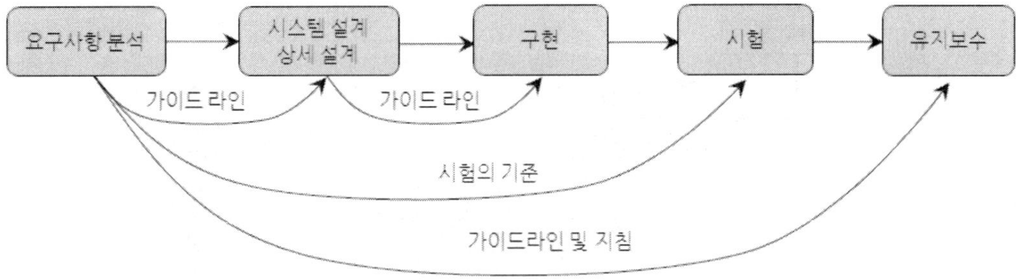

(그림 3-1) 요구사항 분석의 영향

3.3 요구사항 개발 프로세스

요구사항 분석에는 분야에 따라 다양한 프로세스를 적용할 수 있다. 사용자와 제품사이에 인터렉티브하게 상호작용이 있는 컴퓨터 소프트웨어를 대상으로 한 요구사항 분석 프로세스는 크게 시스템 정보수집, 개념 모델링을 포함한 요구사항 분석, 요구사항 명세, 요구사항 검증의 순으로 이루어진다. 그리고 각 단계에 대해서 요구사항 관리가 이루어진다. 각 단계는 순서대로 진행되어야 하며, 요구사항 검증 단계에서 요구사항이 불완전한 것으로 판단되면 그 요구사항을 피드백 시켜 요구사항 명세 단계를 다시 거치도록 해야 한다.

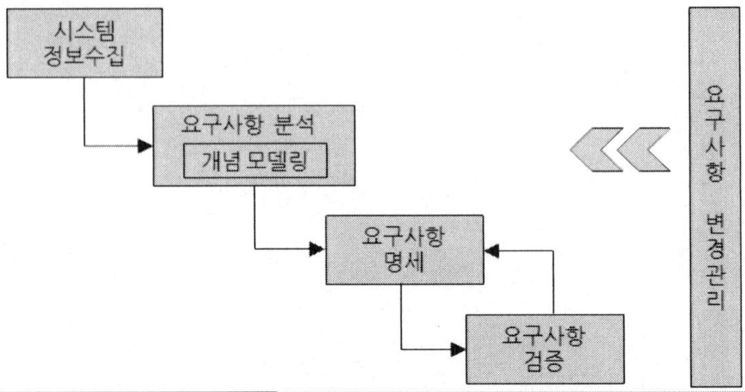

(그림 3-2) 소프트웨어 요구사항 개발 프로세스

- **시스템 정보수집**

  사용자가 어떠한 시스템을 원하고 있는지, 그리고 개발 예정인 시스템의 개요를 최초로 파악하는 단계로서 이를 정보수집 단계라 한다.

- **개념 모델링**

  개발 대상 시스템의 입력과 출력, 동작과정, 성능 등을 사전에 알아보기 위해 간단한 물리적 도형이나 도해를 만드는 단계로 그 시스템의 특징을 개념적인 도형으로 나타내거나 또는 수학적으로 표현한다. 개념 모델링은 아래 요구사항 분석에 포함된다.

- **요구사항 분석**

  분석 기법을 이용하여 수집하고 획득한 최초의 고객의 요구사항을 분석한다. 식별 가능한 문제들을 도출하고 요구사항을 이해하는 단계이다.

- **요구사항 명세**

  분석된 요구사항을 명확하고 완전하게 기록하는 단계이다.

- **요구사항 검증**

  요구사항 명세서에 사용자의 요구사항들이 올바르게 기술되었는지에 대해 검토하는 단계이다.

- **요구사항 변경관리**

  개발 생명주기 전체 기간 동안 지속적으로 요구사항 변경에 대해 제어하고 추적하고 버전을 관리하는 단계이다.

3.4 시스템 정보수집

요구사항 분석에 있어서 첫 번째 단계는 최종 사용자(end user)와 개발비용을 부담하는 계약자(contractor, stakeholder)에 대한 정보수집과 개발 예정인 시스템 및 시스템 개발업무에 관해 관련된 정보를 수집 또는 추출하는 것이다. 사용자와 계약자 분석은 시스템에 의해 영향을 주거나 또는 영향을 받을 수 있는 모든 사용자와 계약자에 대해 정보를 수집하는 것이다. 예를 들어 고객, 최종 사용자, 계약자, 프로젝트 관리자, 시스템 설치자 그리고 유지보수자 등이 해당된다. 이를 통해 시스템에 갖추어야 할 요구사항(니즈)를 알아내는 것이다. 고객의 최초 요구사항은 추상적이기 때문에 개발자는 정확한 요구사항을 파악하는 것이 중요하다.

1) 비즈니스 요구사항 수집

문제 영역을 이해해야 한다. 모든 관련자들 사이에 문제 영역의 개념을 정의하고 공통의 이해를 설정하기 위하여 문제 영역과 관련된 모든 정보, 개념, 특징 및 관계 등을 수집하고 문제 영역에서 발생하는 제약사항을 정의한다. 그리고 현재 시스템의 문제점 및 요구사항을 분석하고 시스템 환경 및 생명주기를 통하여 요구사항이 어떻게 변화할 것인지를 예측한다. 그리고 참여자와 조직의 요구 및 도메인 관련 지식을 이해하여 참여자들로부터 초기에 시스템에 대한 비전과 범위를 설정한다.

2) 제품의 시장분석

제품이 해당하는 분야에 대한 시장 분석 자료, 제품의 시장 범위, 시장 분석서의 센서스 데이터, 최근 시장 동향 등과 같은 공개된 자원을 수집하고 분석한다. 시장 분석의 세 가지 중요 요인은 다음과 같다. 첫째는 실 구매자를 분석한다. 실제적인 구매자를 대상으로 그들의 인구 통계적 특성, 사회 경제적 특성, 정보 입수 경로, 구매의사 결정 요인 등을 조사함으로써 표적 집단의 실체와 개발하려는 제품이 우위를 점유할 수 있는 핵심이 무엇인지 파악한다.

둘째는 잠재 구매자를 분석한다. 잠재적 구매자는 구매 의사 결정보유자 또는 상표 이동이 가능한 경쟁상표 구매자 등으로서 이들을 대상으로 개발하려는 제품의 경쟁력의 취약점이 무엇인지, 상표의 시장점유율을 끌어 올릴 수 있는 방안이 무엇인지를 조사한다. 셋째는 경쟁 제품이나 유사 제품을 분석한다. 치열한 경쟁이 일고 있는 시장 현장에 진출되어 있는 동일 혹은 유사 브랜드들의 시장점유율과 상품력, 가격구조, 유통시스템 판매 및 판촉 방법 등 경쟁 기업의 마케팅 전략의 특성이 무엇인지 파악한다.

3) 제품에 대한 관련 정보분석

제품의 범용성, 접근성, 편의성, 상시 가용성 등이 고려된 고품질의 제품을 제작하기 위해서는 제품에 대해 얼마나 이해도를 높이느냐에 따라 달라진다. ATM의 예를 들면 주간의 경우에는 일반적인 밝기의 조명을, 야간의 경우에는 매우 밝은 조명을 준비한다. 그리고 정상적인 사람과 휠체어를 타는 장애인을 동시에 고려하면 제품의 편의성이 증대된다 할 수 있다. 이와 같이 제품에 대한 여러 가지 상황이나 제품 사용에 대한 전후 관계 등을 수집하는 것은 사용자의 요구사항을 정확히 분석하는데 있어서 매우 중요하다. 최종 사용자와 계약자들과 잦은 회의를 가져 정보를 분석하는 것도 도움이 된다.

4) 사용자 관점에서의 업무분석

제품이 제공하는 업무(타스크)를 분석하기 위해서는 사용자가 해야 하는 동작이나 인지 절차가 무엇인지 분석한다. 타스크는 현존하는 제품에 대한 분석, 그 제품 내에서의 정보 흐름, 사용자의 니즈들로부터 유추해낼 수 있다. 타스크 분석을 위해 일반적으로 많이 사용 되는 방법은 상위 레벨의 타스크를 점차 적은 단위의 타스크나 절차로 분할하는 계층적인 타스크 분석을 들 수 있다. 그리고 시스템의 입력과 출력 그리고 사람이 하는 행동의 순서를 나타내는 플로우 챠트를 이용하는 방법도 많이 사용된다.

5) 수집된 요구사항들을 분류

수집된 최초의 사용자 요구사항들을 분류한다. 시스템의 목표를 수행할 기능적 정보와 기능의 수행이나 품질과 관련된 비기능적 정보, 그리고 시스템 제약사항 등으로 분류한다.

3.5 고객의 최초 요구사항 수집방법

앞에서도 언급했듯이 소프트웨어 개발에 있어서 가장 어렵고도 중요한 문제는 고객의 문제점을 이해하는 일이다. 고객이 현재 가지고 있는 문제점과 고객이 원하는 시스템이 어떤 것인가를 파악해야 한다. 이를 위해 고객과 대화하며 그들의 정보를 추출해 내야하고, 이를 모아 통합해야 한다. 아래는 고객의 최초 요구사항을 수집하는 네 가지 방법들을 비교하였다.

[표 3-1] 고객의 최초 요구사항 수집방법

방법과 기술	내용	장점	단점
시나리오/ 유즈 케이스/ 인터뷰	대상 시스템에서 그들의 타스크를 어떻게 수행하는지에 대해 상세하고 실제적인 예를 조사	사용자 개별적인 요구사항 수집이 가능함	시나리오들에 대한 요구사항 기대치가 높아짐. 대중의 요구가 몇 몇 개인의 요구로 간략화 됨
사용자 설문 조사	사용자 설문조사는 일정 규모의 사용자들을 대상으로 현재 시스템의 문제와 새로운 시스템에 대한 아이디어를 얻을 수 있음	상대적으로 빠르게 다수의 사용자 그룹의 선호도를 파악할 수 있음. 통계적 분석이 가능함	매우 상세한 응답을 얻기가 어려움
포커스 그룹/ 브레인 스토밍	토론 그룹들을 두고 교차로 의견을 토의함. 요구사항들을 도출하는데 있어서 유용한 방법	다양한 사용자 의견을 빠르게 조율할 수 있음	그룹의 내부 의견을 조율하기 어려움. 대표 그룹에 의해 불균형을 이룰 수 있음
기존 시스템 및 경쟁 시스템 분석	기존 시스템에 비해 목표로 하는 시스템을 비교	현 시스템의 문제를 식별하는데 유리하고 새로운 특징을 추가하기 쉽고 기준을 정하기 쉬움	너무 많은 새로운 기능이 포함될 수 있고 경쟁 시스템과 유사성을 가짐

04
개념 모델링

4.1 개념 모델링

모델(model)이란 개발 대상 시스템의 입력과 출력, 동작과정, 성능 등을 사전에 알아보기 위해 간단한 물리적 도형이나 도해를 만들어 그 시스템의 특징을 개념적인 도형이나 수학적으로 표현하는 것이다. 현실 세계를 인간이 이해할 수 있는 정보 구조로 변환하는 과정이라 할 수 있다. 모델링(modeling)이란 모델을 만드는 일 즉, 어떤 것을 만들기 전에 그것을 이해하기 위한 목적으로 추상화(abstraction) 하는 작업이다. 모델링의 목적은 시스템을 원하는 모습으로 단순화하고 가시화하고 시스템의 구조와 행동을 규정한다. 그리고 시스템을 구축하는 기본 형태를 제공하고 시스템을 분석하고 설계한 것을 문서화하는 것이다.

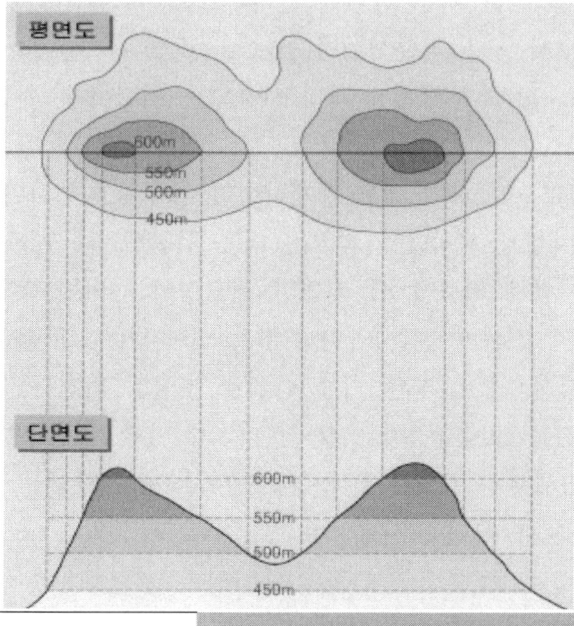

(그림 4-1) 대표적인 모델링 예(지도)

모델링의 예는 우리의 일상에서 쉽게 찾아볼 수 있다. (그림 4-1)의 지도를 예로 들어보자. 지도는 현실의 지형 상태를 2차원 평면에 나타낸 것이므로 현실의 지형 그대로는 아니지만 현실적으로 자신이 위치하고 있는 지점을 주위와의 관련으로 파악하는데 있어서 매우 유용한 정보를 제공해 준다. 즉 실제의 지형이라는 존재에 대해 마치 실제로 보고 있는 것과 같은 정보를 사람에게 제공해 주는 것이다. 이 절에서는 다양한 모델링 기법 중 소프트웨어 개발에 주로 사용되는 모델링 기법들을 소개한다.

4.2 기능 모델링

개발 대상 시스템을 기능 관점에서 바라보고 요구되는 정보의 흐름과 변환을 나타내는 모델로서 구조적 분석기법(structured analysis)이라 한다. 1980년에 소개되어 현재 요구사항 분석에서 널리 사용되는 기법이다. 자료 흐름도(data flow diagram), 자료 사전(data dictionary), 소단위 명세서 등을 이용한다. 장점으로는 매우 간결하고 이해하기 쉽고 체계적이며 검증이 가능하다.

일반적으로 설계의 원칙만 가지고는 더욱 복잡해지는 시스템의 기능들을 제대로 표현하기 어렵기 때문에 이 기법의 필요성이 높아지고 있다. 자료 흐름도를 사용하여 정보의 흐름과 변환을 나타내며, 하향식(top-down) 방식으로 상위 레벨의 기능을 점진적으로 작은 기능 단위로 분할해 나간다. 그리고 각각의 작은 기능들을 수행하는 프로세스들로 분할한다. 각 말단 프로세스들의 기능을 설명하는 프로세스 명세서를 작성하고, 자료 흐름도에서 사용되는 데이터의 정의 등을 기록하여 놓은 자료 사전을 사용한다.

1) 자료 흐름도

자료 흐름도는 정보와 데이터의 흐름과 처리 공정을 도식적으로 나타낸다. 외부 객체로부터 입력된 데이터가 어떻게 가공되고 처리되는지를 쉽게 알 수 있다. 그리고 업무상의 작업 흐름과 처리 공정도 표현할 수 있다. [표 4-1]에 나타내었듯이 자료 흐름도는 네 개의 기본 요소를 사용하여 표현한다.

[표 4-1] 자료 흐름도 요소

요 소	의 미
외부객체	시스템의 외부에서 시스템과 정보를 주고받는 외부 장치나 사용자
프로세스	시스템 내부에서 정보를 처리 및 가공하는 프로세스를 나타내며 버블이라고도 한다. 명칭 사용 시, 처리 공정의 내용과 일치하는 의미 있는 명칭을 사용한다. 한 개 이상의 입력 데이터와 출력 데이터가 표시되어야 한다.
→	정보의 흐름을 표시하는 자료 또는 데이터이며 화살표는 데이터의 흐름을 나타낸다. 처리 공정들간에 자료의 연관관계를 나타낸다.
저장소	오랫동안 보관되는 데이터를 저장해 놓는 파일, 메모리, 데이터 베이스 시스템 등을 말한다.

자료 흐름도의 예를 (그림 4-2)에 나타내었다. 외부 객체로부터 데이터 1을 입력받으며 프로세스 1에서 데이터 1을 가공 및 처리하여 데이터 2와 데이터 3을 생성하여 프로세서 2와 프로세스 3에 각각 입력한다. 프로세스 2는 입력된 데이터 2를 가공 및 처리하여 데이터 3을 출력한다. 프로세스 4는 입력된 데이터 4와 자료 저장소로부터 데이터 5를 입력받아 이들을 가공 및 처리하여 데이터 6을 출력한다.

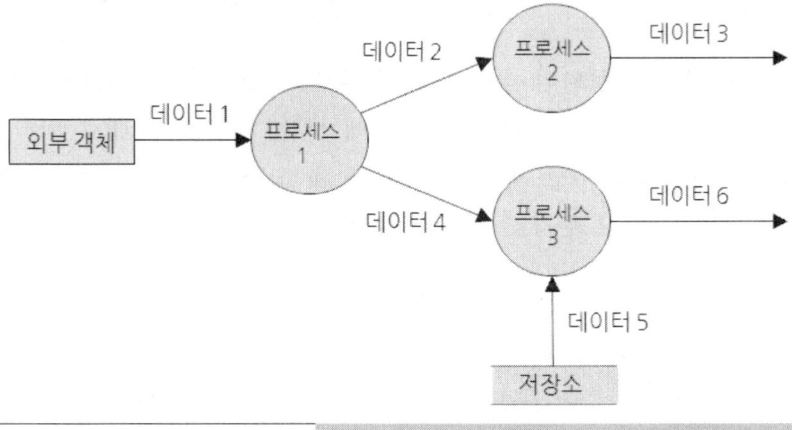

(그림 4-2) 자료 흐름도 예

2) 자료 흐름도의 분할

자료 흐름도를 작성하는데 있어서 가장 어려운 문제는 어디서부터 시작해서 그릴 것인가 이다. 그리고 시스템 전체에 대해서 하나의 자료 흐름도만으로 표현하기 어렵다. 따라서 자료 흐름도도 다수로 분할이 되어 표현되어야 하고 분할 시에는 일정한 원칙을 가져야 한다. 자료 흐름도를 분할하는 방법은 자료 흐름 중심으로 분할하는 방법과 처리 과정 중심으로 분할하는 방법이 있다[김행곤10].

자료 흐름 중심으로 분할하는 방법은 어떤 자료 흐름이 입력되어 어떤 자료 흐름으로 출력되는지를 결정하고 프로세서에서 변환되는 처리 내용이 무엇인지를 파악하여 분할하는 것이다. 즉 처리 공정 내에서 자료 흐름과 처리 공정의 관계를 추적해 나가는 방법이다.

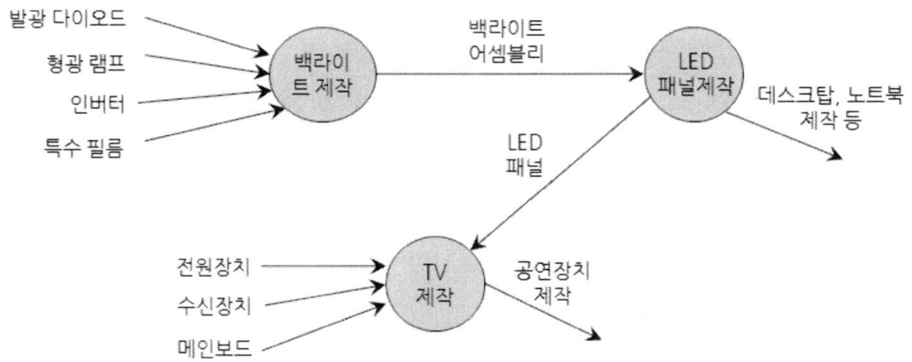

(그림 4-3) 자료 흐름 중심의 분할

자료 흐름 중심의 분할의 특징은 자료 흐름의 관점에 기초하며 자료 요구사항을 기초로 처리순서를 파악한다. 그리고 예상되는 출력을 토대로 입력 자료 파악이 가능하고 불명확한 프로세스를 인지하는데 도움이 된다. 작은 체계일수록 유용성이 증대한다. 작성 절차는 아래와 같다.

- 출력 단자(outer edge)에서 시작하여 모든 순수 입력(net input)과 출력을 연결
- 자료 흐름의 명칭을 부여
- 프로세스의 이름을 부여
- 자료를 보존할 곳에 자료 저장소를 추가

처리 과정 중심의 분할은 체계에 의해 수정되어질 프로세스들을 먼저 인식하여 해당 프로세스를 수행하기 위해 요구되는 자료를 확인하고 공통 자료에 관련된 프로세스들을 함께 연결한다. 절차는 아래와 같다.

- 체계에 의해 수행되어야 할 프로세스를 확인
- 각 프로세스에 대해 원을 그림
- 각 프로세스가 요구되는 자료 흐름 및 자료 저장소를 추가
- 자료 흐름이나 자료 저장소를 공유하는 프로세스들을 서로 연결

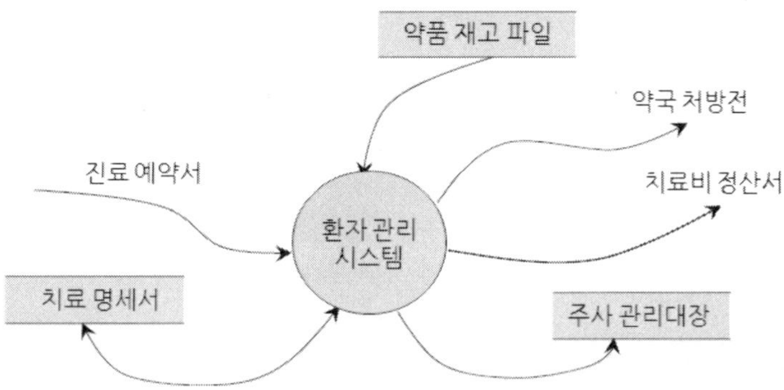

(그림 4-4) 처리 과정 중심의 분할

3) 프로세스 분할

앞에서 언급하였듯이 프로세스를 더욱 세부적으로 묘사하기 위해서 상위 레벨의 프로세스는 하향식으로 그리고 점진적으로 작은 프로세스 단위로 분할한다. (그림 4-5)는 하나의 프로세스가 계속해서 단계적으로 분할되는 예를 보여주고 있다. 프로세스 2와 프로세스 3의 역할을 합하면 프로세스 1의 역할이 되며, 마찬가지로 프로세스 21, 프로세스 22, 프로세스 23의 역할을 합하면 프로세스 2의 역할이 된다. 더 이상 쪼개지지 않는 프로세스를 원시(primitive) 프로세스라 한다. 최종적으로 원시 프로세스들간에 정보 흐름을 표현하면 시스템 전체의 정보흐름을 명확히 알 수 있다.

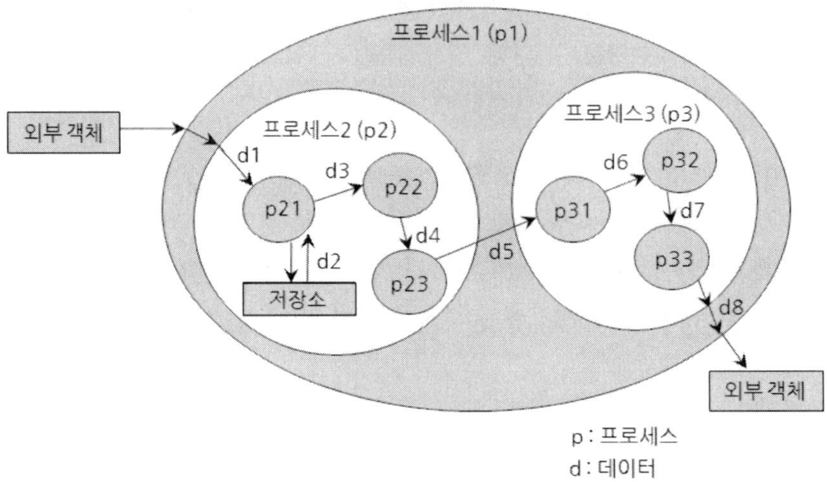

(그림 4-5) 프로세스 분할

4.3 동적 모델링

시스템의 동작이 시간 흐름에 따라 변화하는 것을 묘사하는 것으로서 외부와의 반응이 제한된 시간 안에 이루어져야 하는 실시간 시스템을 표현하는데 적합하다. 이러한 시간과 변화의 관점에서 시스템을 묘사하는 것을 동적 모델링이라 한다. 사용되는 모델링 도구로서 상태변화도(state transition diagram), 페트릿 넷, 상태 차트, SDL(Specification and Description Language), 프로세스 활성표(process activation table), 결정표(decision table), 상태 이벤트 메트릭스(state event matrix)를 들 수 있다. 여기서는 대표적으로 시스템의 제어 흐름, 상호작용, 동작의 순서를 잘 나타낼 수 있는 상태 변화도(state diagram)만을 설명한다.

1) 상태 변화도

상태 변화도는 시스템의 제어 흐름과 동작의 순서를 나타낸다. 여기서 중요한 개념은 시스템이 가지고 있는 값을 표시하는 상태(state)와 상태에 가해지는 외부적인 사건(event)이다. 상태와 사건에 의해 시스템의 제어를 나타내는 유한 오토마타(finite state machine)를 확장하여 도식적으로 표현한 것이 상태 변화도이다. 유한 오토마타는 시스템의 동작을 표시해 주는 추상적인 모델로서, 하드웨어 및 소프트웨어 뿐만 아니라 여러 분야에서 요구되는 공통적인 기본 원리와 개념을 제공하고 있다.

[표 4-2] 상태 변화도 요소

요 소	의 미
상태(state)	시스템이 가지고 있는 속성 값에 의해 구분되어지는 정적인 상태
사건(event)	시스템의 상태를 변화시키는 외부에서 주어지는 자극
동작(action)	사건에 의해 시스템이 특정한 상태에서 반응하는 것
활동(activity)	임의의 상태에서 시간을 가지고 일어나는 작용

상태 변화도는 유한 오토마타와 마찬가지로 사건들에 의해 변화하는 시스템의 동작을 나타낸다. (그림 4-6)에 간단한 프로그램의 상태 변화도를 나타내었다. 초기에 프로그램이 로딩 되어 있으나 사용하지 않는 상태를 휴면(idle) 상태라고 한다. 휴면 상태에서 사용자가 임의의 키를 누르면 일시 중지 상태로 바뀐다. 일시 중지 상태에서 사용자가 해당 프로그램을 선택하면 활성 상태가 된다. 이후에 사용자로부터 아무런 이벤트가 입력되지 않으면, 다시 일시 중지 상태로 바뀌며 사용자가 종료 버튼을 누르면 프로그램이 종료된다. 이와 유사하게 일시 정지 상태에서 사용자가 종료 버튼을 누르면 프로그램이 종료된다. 여기서 휴면, 일시 중지, 활성, 종료는 상태라고 하며 사용자 버튼 클릭이나 시간 초과 등은 이벤트라고 한다.

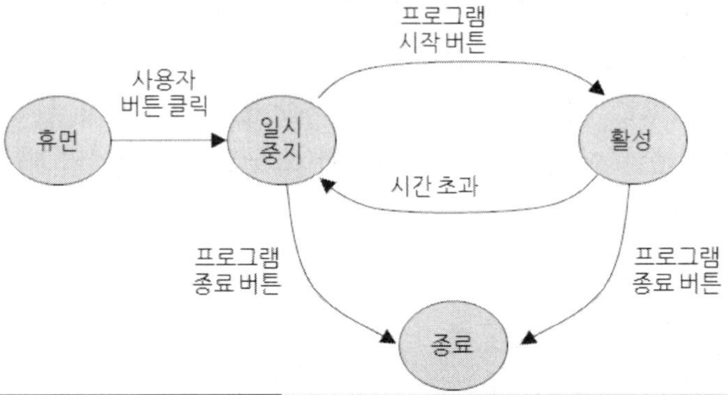

(그림 4-6) 프로그램의 상태 변화도 예

4.4 정보 모델링

정보 모델링의 중요한 목적은 특정 환경이나 시스템 내에서 정보를 구분하고 문서화하기 위해서 이다. 두 가지 목적은 유사하면서도 중요한 점에서 매우 다른데 그 하나는 실세계의 시스템 내에서 정보의 의미와 구조를 표현하는 정보모델을 제공하기 위해서 사용되는데 비하여, 다른 하나는 정보시스템 구축에 있어서 이러한 정보를 효과적으로 저장하고 활용하기 위한 데이터 베이스 설계를 위한 데이터 모델을 제공하기 위하여 사용된다.

이 모델링은 시스템에 사용되는 정보 데이터를 중심으로 시스템의 정적인 구조를 나타낸다. 시스템에 필요한 엔티티(entity)들을 정의하고 이들 엔티티 사이의 연관성을 규명한다. 시스템의 기능이나 동작에 초점을 맞추기 보다는 시스템을 구성하고 있는 객체를 중심으로 객체의 특성을 정의한다. 정보 모델링은 다른 모델링 기법에 비해 나중에 소개되었으나 정보의 중요성이 증가함에 따라 그 중요성과 역할이 증대되고 있다. 정보 모델링은 객체 모델링, 개념적 데이터 모델링, 의미(semantic) 데이터 모델링으로도 불린다.

1) 엔티티와 속성

엔티티는 모델의 범위 내에서 사람, 장소, 사물, 이벤트, 개념 등과 같은 대상에 대하여 유일한 식별자(identifier)로 구분 가능한 관련된 정보의 집합이다. 좀 더 정확하게 표현하자면 엔티티는 엔티티 인스턴스(instance)라고 불리는 것들의 집합이다. 즉, 엔티티 인스턴스는 엔티티를 이루는 고유한 각각의 엔티티 멤버이다. (그림 4-7)에 나타낸 예를 들면 사원이라는 엔티티에서 홍길동이나 김철수와 같은 각각의 사원은 사원 엔티티의 엔티티 인스턴스가 된다.

이러한 맥락에서 기업에 속해있는 부서는 사원과 마찬가지로 판매부서, 인사부서 등의 엔티티 인스턴스로 구성된 엔티티로 나타낼 수 있다. 엔티티들은 속성명(attribute name, 예를 들면 사원정보 엔티티의 경우, 사원번호, 성명, 성별)이나 그것의 속성 값(attribute value, 예를 들면 1234, 홍길동, 남)으로 표현되는 특성과 속성 값들을 가지고 있다. 더욱이 현실적으로 하나의 엔티티는 다른 엔티티들과 여러 가지 의미 있는 연관관계(relationships)들을 가질 수 있는데, 예를 들어 사원들은 부서를 위해 「일」 한다고 할 수도 있고 부서는 한명 이상의 사원들로 「구성」 된다고 할 수 있다.

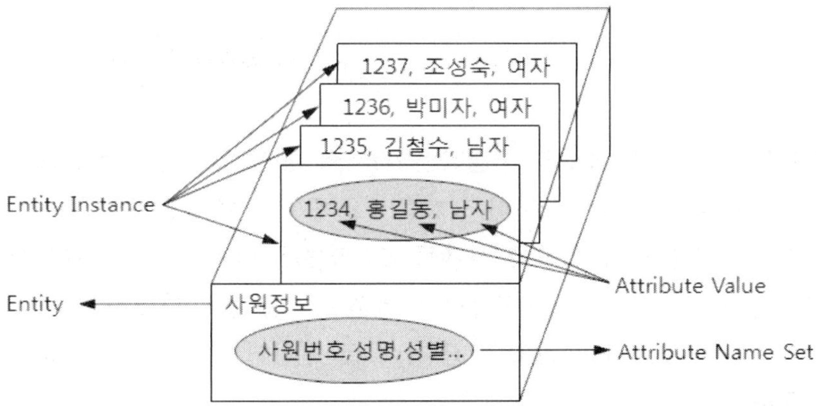

(그림 4-7) 엔티티 예

속성은 사람, 사물, 사건, 상태, 아이디어 등과 같은 현실적 혹은 추상적인 것들과 관련되어 하나의 특성이나 값으로 표현한다. 속성은 속성 명과 속성 값으로 이루어진 이름과 값의 집합이다. 예를 들어 (그림 4-7)에서 서류박스 앞에 사원번호, 성명, 성별로 표시된 속성 명의 집합은 박스 안의 개별적 카드에 1234, 홍길동, 남자로 표시된 속성 값과 하나의 속성 집합(attribute set)을 형성하며 속성 명의 집합은 개별 카드의 정보내용에 대한 템플릿으로 작용한다.

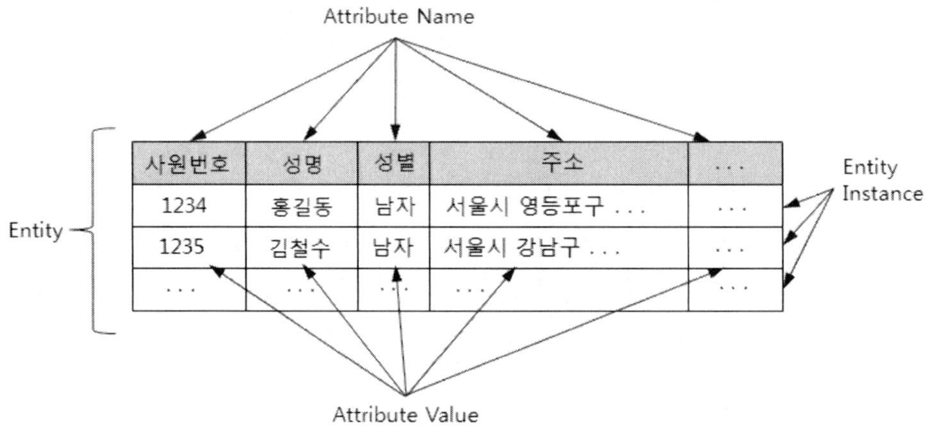

(그림 4-8) 속성 예

이러한 속성 명의 집합을 구성하는 각각의 속성 명 즉, 사원번호, 성명, 성별을 속성 인스턴스라고 표현한다. (그림 4-8)에서 사원번호 속성은 하나의 카드와 다른 카드를 구분하기 위하여 사용될 수 있는데 이와 같이 엔티티 안에서 하나의 엔티티와 다른 엔티티를 구분하기 위하여 사용되는 하나(혹은 여러 개)의 속성을 주 키(primary key)라고 부른다. 모든 엔티티는 적어도 하나의 주 키를 가져야 된다.

2) 연관관계와 카디날리티

하나의 시스템은 일반적으로 다수의 엔티티를 가지며 이들 사이에는 연관관계가 존재한다. 연관관계는 엔티티와 엔티티 간의 관계를 말하는데 현실적 개체 사이의 의미있는 관계를 표현한다. (그림 4-9)의 예를 들면 부서 엔티티와 사원 엔티티간에는 '고용한다' 라는 연관관계가 설정되어 있다. 연관관계 이름은 동사구(혹은 필요에 따라서 전치사나 부사에 의해 수식되는) 형태로 표기되며 연관관계를 나타내는 선 옆에 표시된다. 같은 두 엔티티 사이에 존재하는 연관관계 이름은 항상 유일해야 하나, 모델 안에서 하나의 연관관계 이름이 유일할 필요는 없다.

연관관계는 각 엔티티가 다른 엔티티와 연관될 때 카디날리티(cardinality)라고 불리어지는 값을 갖는데 연관관계로 관련된 엔티티의 인스턴스들 간에 수적으로 어떠한 상관관계가 존재하는지를 표현한다.

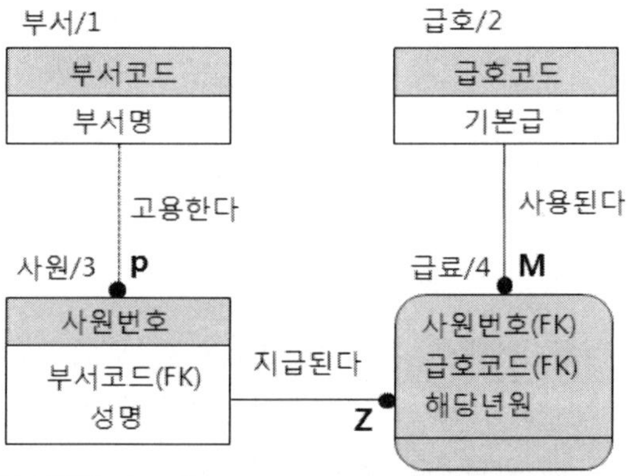

(그림 4-9) 카디날리티의 예

예를 들어 (그림 4-9)는 모 회사에서 사원들의 월별 급료를 계산하기 위한 모델이다. 부서 엔티티와 사원 엔티티를 연결하는 연관관계에서 연관관계 이름을 나타내는 「고용한다」와 사원 엔티티쪽에 표시된 「p」를 발견할 수 있는데 이는 각각 연관관계 이름과 카디날리티를 나타내는 것으로 「p」는 하나 이상의 수 즉, 양수를(positive)를 의미한다. 엔티티와 엔티티들 사이에 연관관계는 아래와 같은 네 가지 종류의 설정 규칙을 따라야 한다.

[표 4-3] 연관관계 설정 규칙

종 류	연관관계 설정 규칙
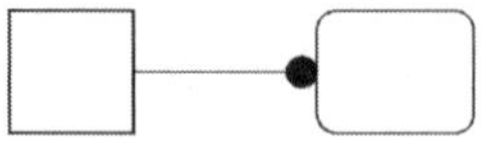 One : Zero or more	각각의 부모(parent) 엔티티 인스턴스는 0, 1, 혹은 그이상의 관련된 자식(child) 엔티티 인스턴스를 가질 수 있다.
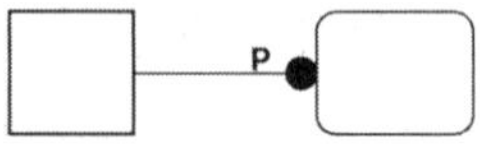 One : One or more	각각의 부모 엔티티 인스턴스는 적어도 하나 혹은 그 이상의 관련된 자식 엔티티 인스턴스를 가질 수 있다.
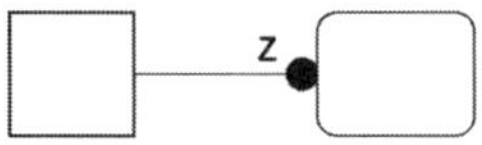 One : Zero or one	각각의 부모 엔티티 인스턴스는 관련된 자식 엔티티 인스턴스를 하나도 가지지 않거나 최대 하나만을 가질 수 있다.
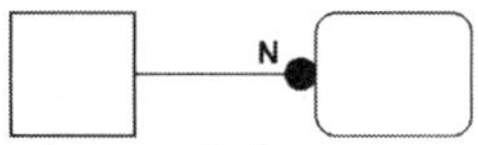 One : exactly-N	각각의 부모 엔티티 인스턴스는 정확하게 특정 숫자의 관련된 자식 엔티티 인스턴스를 가질 수 있다.

3) 정보 모델링의 예

앞에서 알아본 정보 모델링 지식을 바탕으로 모델링한 실제 예를 들어보자. 일반적으로 우리가 쉽게 접할 수 있는 비디오테이프를 고객들에게 대여하는 비디오 대여점의 업무에 관한 모델링이다. (그림 4-10)에 각 엔티티와 연관관계들을 선언하고 있는데 선언되어진 내용을 구성된 정보를 기준으로 살펴보면 다음과 같다.

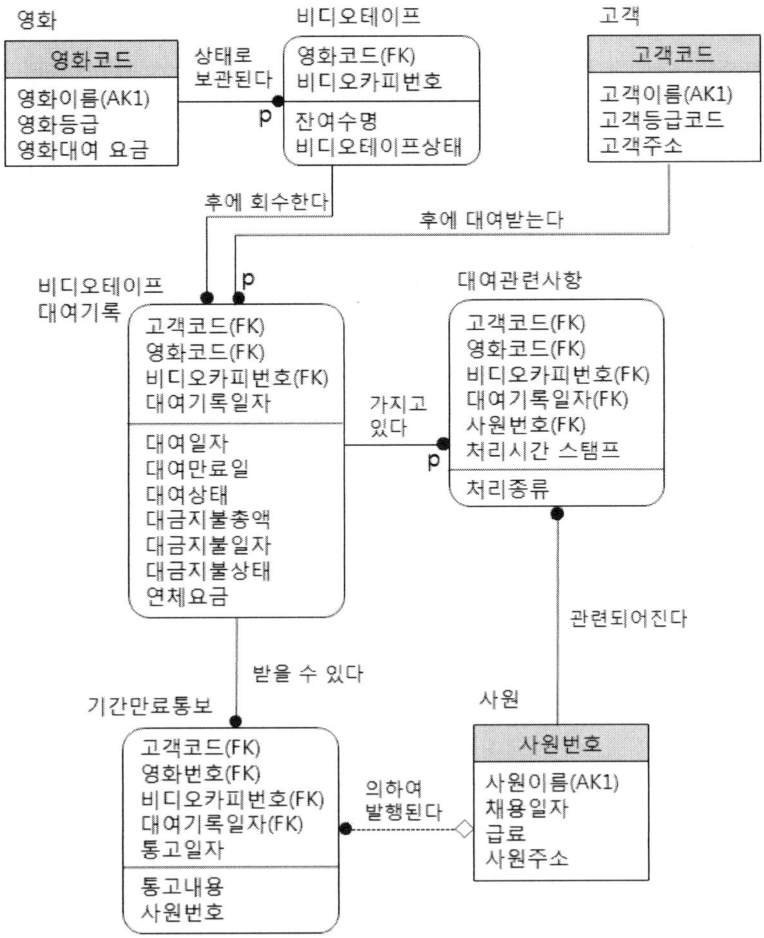

(그림 4-10) 정보 모델링의 예

① 하나의 영화는 한 개 이상의 비디오테이프 상태로 보관된다. 각 영화에 관하여 이름, 등급, 대여요금이 기록된다. 각 비디오테이프에 관하여는 비디오테이프의 상태와 잔여수명이 관리된다.

② 고객은 비디오테이프를 대여 받는다. 비디오테이프 대여점에서는 각 고객에 대한 이름과 주소를 기록 관리한다. 또한 각 고객에 대한 등급코드를 부여하는데 이러한 등급은 이전의 거래실적에 의한 것으로서 외상이나 신용카드 결제, 혹은 오직 현금거래만이 가능한지의 정도를 구분한다.

③ 비디오 대여기록은 고객에 의해서 대여된 비디오테이프에 관한 사항을 기록한다. 같은 비디오테이프는 여러 번에 걸쳐서 많은 고객에게 대여된다. 각 비디오테이프 대여기록은 대여일자, 대여만료일, 그리고 대여기간이 만료 되었가를 나타내는 대여상태를 포함한다.

④ 비디오 대여점의 각 사원들이 수행한 여러 비디오테이프 대여와 관련된 사항은 대여관련 사항을 통하여 기록된다. 여기서 수행한 업무의 종류는 처리 종류로서 구분된다. 각 비디오테이프 대여기록과는 최소한 한명의 사원이 관련된다. 같은 사원이 동일 대여기록과 관련하여 하루에도 여러 번 관련될 수 있으므로 처리시간 스탬프로 구별한다.

⑤ 고객의 대금지불사항은 비디오테이프 대여기록에 등록된다. 연체요금이 가끔씩 발생하기도 한다.

⑥ 고객들에게 비디오테이프가 반환되어야 한다는 것을 알리기 위하여 종종 기간만료 통보가 보내진다. 하나의 기간만료 통보는 한사원에 의해서 발행되고 이를 발행한 사원은 그 결과를 관리한다.

⑦ 비디오 대여점에서는 각각의 사원에 대한 채용일자, 급여, 주소를 기록한다. 고객이나, 사원, 영화에 관한 사항은 고유코드나 번호보다 이름으로 찾기도 한다.

4.5 객체지향 모델링

소프트웨어를 개발하면서 어려운 점 중 하나는 시스템에 대한 사용자 요구사항이 계속 변한다는 것이다. 기존의 모델링 기법들로는 이러한 문제를 해결할 수 있는 유연성과 적응력에 한계에 부딪히게 되었다. 객체지향 개념이 도입된 객체지향 모델링은 이러한 한계를 극복할 수 있는 매우 유용한 기법이다.

객체지향 방법론은 기존에 데이터와 행위를 분리함으로써 발생하는 개발 방법의 복잡성과 통합의 어려움을 극복하기 위해서 데이터와 행위를 하나로 묶어 객체를 정의하고 객체를 추상화 시킨다. 그리고 분석 시 생성된 객체를 재사용하고, 필요 시 새로운 객체를 생성하여 객체 모델을 상세화하고 확장한다. 실제 업무를 모델링할 때 분석가는 객체의 행태, 객체들에게 발생할 수 있는 사건, 그리고 어떤 특정한 방법으로 행동하거나 연산을 통제하는 규칙을 나타내는 연산을 판별해야 한다. 객체지향 기법은 복잡한 시스템의 설계를 단순하게 한다. 시스템은 하나 또는 그 이상의 규정된 상태를 갖는 객체들의 집합으로 시각화될 수 있으며 객체의 상태를 변경시키는 연산은 비교적 쉽게 정의된다.

이 책에서는 오늘날 가장 널리 쓰이고 있는 UML(Unified Modeling Language)이라는 객체지향 모델링 기법에 대해 알아본다. UML의 탄생에 대한 배경을 알아보기 위해 1980년 후반과 1990년대 초반에 출현한 대표적인 세 개의 객체지향적 분석 및 설계 방법에 대해 간단히 소개한다. 람바우에 의해 개발된 OMT(Object Modeling Technique)는 객체지향을 데이터 구조와 행위를 포함하고 있는 분산된 객체들의 집합을 소프트웨어 구성 요소라고 정의하였다. 특징은 객체의 추상화, 캡슐화, 모듈화, 계층화를 근간으로 한다. 추상화와 캡슐화는 클래스, 속성, 연산이 함께 표현된 객체 클래스를 추출할 때 적용된다. 모듈화와 계층화는 추출된 클래스는 시스템내에서 구조를 표현할 때 이용된다. 프로세스는 객체지향 분석, 객체지향 설계, 구현 단계로 구성된다.

Booch에 의해 개발된 OOD(Object-Oriented Design)는 정적 모델과 동적 모델이 있다. 정적 모델링은 논리적 관점을 표현하는 클래스도, 객체도, 물리적 관점을 표현하는 모듈 구조도와 프로세스 구조도로 구성된다. 실세계의 사건 발생에 의해 동작되어야 할 일들을 표현하는 동적 모델링은 상태도와 타이밍도를 이용한다. 프로세스는 클래스와 객체 식별, 클래스와 객체의 의미 식별, 클래스와 객체의 관계 식별, 구현 단계로 구성된다.

Coad와 Yourdon에 의해 개발된 OOAD(Object-Oriented Analysis and Design)는 정보 모델링, 객체지향 프로그램, 지식기반 시스템을 기초로 하는 객체지향 분석의 한 방법이다. 특징은 체계적 방법이 아닌 대화식으로 개발을 진행해 나가는데 있다. 단점으로는 객체 간의 통신 지원 개념이 취약하고 대규모 프로젝트보다는 비교적 규모가 작은 시스템 개발에 적합하다. 프로세스는 클래스와 객체 식별, 클래스와 객체의 의미 식별, 클래스와 객체의 관계 식별, 구현 단계로 구성된다.

위와 같이 객체지향방법의 초기에는 「클래스 구조를 나타내는 다이어그램」을 위한 표기법이 다양하게 존재하였으나 유즈 케이스(use case)라는 개념을 통합하는 작업을 시작하였고, 이의 결과물로 탄생한 것이 UML이다. 개발 커뮤니티에 안정적이고 일반적으로 사용할 수 있는 통합된 표준 모델링 표기법인 UML을 탄생된 것이다. UML의 표준화 작업은 지속적으로 진행되어 현재 UML 2.1 버전이 사용되고 있다.

1) 객체지향 개발 프로세스

객체지향 개발 프로세스는 (그림 4-11)과 같이 객체지향 분석, 객체지향 설계, 객체지향 프로그래밍으로 구성된다. 분석은 실세계의 문제 정의, 객체 모형화, 동적 모형화, 기능 모형화를 하는 것을 말한다. 이를 토대로 설계 단계에서는 객체와 시스템을 설계하는 것이다. 프로그래밍 단계에서는 객체지향 언어와 객체지향 DBMS 등을 이용하여 구현을 하는 것이다.

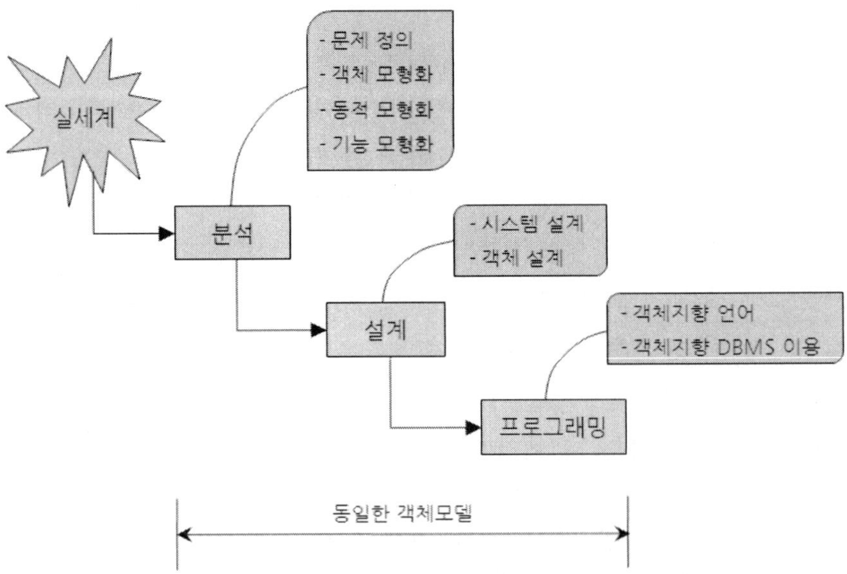

(그림 4-11) 객체지향 개발 프로세스

객체지향 분석 단계는 문제를 정의하고, 이 정의로부터 객체 모델, 동적 모델,

기능 모델을 정의함으로써 실세계를 모형화한다. 시스템의 무엇(객체 모델)에서 언제(동적 모델), 무슨 일(기능)이 일어나는가를 분석한다.

- **문제 정의(problem definition)**

  문제를 정의한다.

- **객체 모형화(object modelling)**

  객체들과 그 특성을 식별하여 객체들의 정적구조(static structure)와 그들 간의 관계를 보여주는 객체 다이어그램(object diagram)을 작성한다.

- **동적 모형화(dynamic modelling)**

  시간 흐름에 따른 시스템(객체)의 변화를 보여주는 상태 다이어그램을 작성하며, 실시간 시스템의 경우 필수적이다.

- **기능 모형화(function modelling)**

  시스템에서 데이터 값이 변하는 과정 즉, 입력 값으로부터 출력 값으로 변환하는 것을 보여주는 데이터 흐름 다이어그램을 작성한다.

객체지향분석 단계에서 정의된 객체 모델들을 구현이 가능하도록 상세 설계하는 과정에서 구체적인 자료구조와 알고리즘이 정의된다. 객체지향 설계 단계는 시스템 설계와 객체 설계로 나눌 수 있다. 시스템 설계는 시스템의 전체 구조를 결정하며 시스템을 구성하는 데 필요한 의사를 결정한다. 그리고 객체 모델을 기초로 하여 시스템을 이루는 서브시스템을 파악하며 병행 처리 될 수 있는 객체들을 파악한다. 이 때, 프로세스 간의 통신과 자료 저장 등의 동적 모델의 구현방법이 결정된다. 시스템이 큰 경우, 객체 설계에 앞서 시스템을 서브시스템들로 분해하는 시스템 설계과정을 거친다. 설계 단계에서의 설계 모형은 바로 구현 가능하도록 충분히 구체적이어야 하며, 클래스(객체)들 사이의 관계와 클래스(객체)의 행위에 대한 구현방법을 결정한다.

구조적 방법론에서는 분석, 설계, 구현 각각의 단계에서 개념적 모델링을 서로 달리한다. 분석가는 자료 흐름도나 객체 관계도를 이용하여 시스템을 분석하고, 설계자는 별도의 표기법을 가진 구조도나 모듈 명세서를 사용하여 설계하고, 시스템을 구현하는 프로그래머는 사용하는 언어의 구성 개념을 사용한다. 이처럼 분석, 설계, 구현 각 단계의 연계성이 약하기 때문에 전단계의 결과물이 다음 단계에 완전하게 전달될 수 없다는 문제점을 갖는다.

이에 반해 객체지향 방법론에서는 분석, 설계, 구현단계에서 모두 같은 개념 모델을 사용한다. 동일한 객체타입과 객체모델에 대하여 분석, 설계, 구현이 이루어지기 때문에 생산성 향상, 오류의 감소, 사용자와 분석가 및 설계자간의 원활한 의사소통, 품질향상, 높은 유연성 등과 같은 장점을 갖는다.

2) UML

UML은 객체지향 방법론에 의한 개발 과정중의 결과물을 기술하고 시각화하며 문서화하는 방법이다. 객체지향 방법론을 위해서는 소프트웨어 객체 모델화 과정이 필요하며 이를 위한 모델 표기법이 요구된다. UML은 다음의 개념들을 목표로 하고 있다.

- 객체지향 개념을 이용한 시스템 모델
- 실질적이고 개념적으로 기술들의 완벽한 결합 설정
- 복잡하고 심각한 시스템의 계층적 크기 조절 문제 해결
- 사람과 기계 모두에게 이용 가능한 방법으로 수작업이나 자동화 모두 가능

UML은 배우기 쉽고 확장하기도 쉬우며 다양한 표기법을 지니고 있어서 여러 객체지향 방법론의 특징을 잘 표현할 수 있다. 또한 분석 단계에 만들어진 모형은 구현과정까지 연속성을 가지기 때문에 설계나 구현과정에서의 변경은 곧 분석의 변경사항이 되어 반복적인 방법을 통해 시스템 개발이 가능하다. UML은 유즈케이스를 중심으로 모든 모형이 정의되고 분석되어 테스트되는 일관성이 제공된다. UML은 탄생 배경부터가 객체지향 방법론보다는 객체 모형화를 위한 표준화된 표기법을 제공하여 다른 방법론과의 호환성을 유지하기 위해 만들어졌다. UML은 소프트웨어 청사진을 작성하는 표준 언어로서 소프트웨어 중심으로 한 시스템의 산출물을 가시화, 명세화, 구축, 문서화하는데 사용된다.

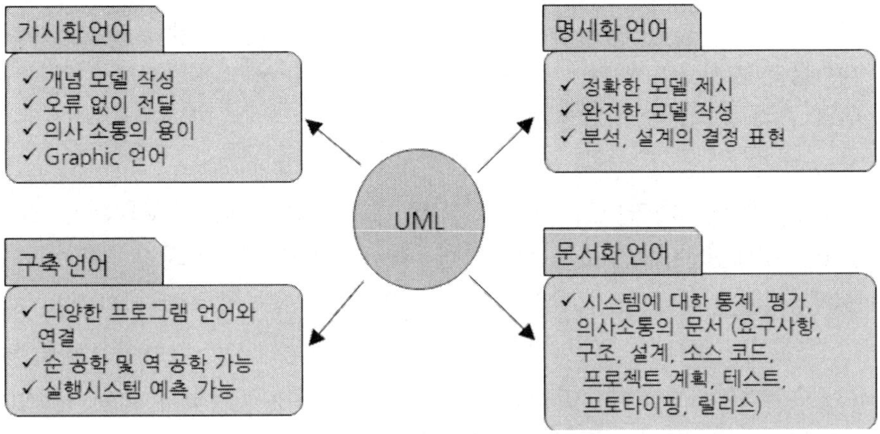

(그림 4-12) UML의 개념

객체지향 프로젝트 개발에 있어서 UML 도입을 도입하는 장점으로는 첫째, 프로젝트에서 모델에 관한 공통 언어를 사용할 수 있다는 것이다. UML을 도입하기 전에는 프로젝트 내 모델의 표기법에 관한 공통적인 규칙이 없기 때문에 모델을 설명하기 위해 모델 표기법에 대한 설명을 먼저 해야 하는 문제가 발생하여 정보 교환에 대한 커뮤니케이션 비용이 발생할 수 있다. 둘째, 객체지향 개발 기법이 활성화되고 두루 이용됨에 따라서 사실상 UML이 전 세계 표준 표기법으로 사용되고 있다는 점이다. 객체지향과 관련된 대부분의 모델이 UML로 그려져 있기 때문에 UML을 잘 알게 되면 전 세계에 존재하는 아키텍처 패턴이나 설계 패턴에 대한 노하우를 많이 습득할 수 있다.

3) UML의 특징

- 사용 사례 분석 기법을 사용하여 사용자 관점에서의 업무 과정을 포착할 수 있다.
- 업무 객체와 업무 논리를 포착할 수 있도록 하는 커뮤니케이션 도구로서 업무 객체와 업무 논리로부터 응용 시스템을 분석하고 설계할 수 있다.
- 시스템의 복잡성을 관리할 수 있도록 한다. 참고로 사람은 보통 한번에 7개에서 ±2개만을 효과적으로 다룰 수 있다.
- 소프트웨어의 아키텍처를 정의할 수 있도록 한다. 프로그래밍 언어 등 시스템 구현 환경과 독립적으로 시스템을 모델링 할 수 있다. 예를 들어 3계층 소프트웨어 아키

텍처에 따라 사용자 인터페이스는 비주얼 베이직 혹은 자바, 업무 논리는 C++ 혹은 자바, 데이터 베이스 서버는 C++와 SQL로 구현이 가능하다.

- 재사용을 촉진시킨다. 즉, 재사용 가능한 시스템 구성 컴포넌트를 모델링 함으로서 이를 여러 시스템에서 사용할 수 있다.

UML은 방법론이 아니기 때문에 어떤 형식적인 작업 생성물들이 필요 없다. 그렇지만 정해진 방법론만을 사용하면, 어플리케이션을 개발할 때 어플리케이션을 쉽게 이해할 수 있도록 도와주는 여러 가지 유형의 다이어그램을 제공한다. 사용 중인 방법론에서 생긴 작업 생산품들에 표준 UML 다이어그램을 배치하여 UML에 능숙한 사람들이 프로젝트에 쉽게 참여하여 생산성을 높일 수 있도록 한다. 가장 유용한 표준 UML 다이어그램은 유즈 케이스 다이어그램, 클래스 다이어그램, 순서 다이어그램, 상태 차트 다이어그램, 활동 다이어그램, 컴포넌트 다이어그램, 전개 다이어그램 등이 있다.

4) UML의 뷰

하나의 소프트웨어 시스템은 많은 이해 관계자가 존재한다. 각 관계자는 자신만의 관점에서 시스템을 바라보며 자신에게 해당하는 요구사항을 제시한다. 따라서 이해 관계자마다 시스템을 바라보는 관점이 다르다. 이를 위해 UML에서는 시스템을 바라보는 관점에 따라 4+1 뷰(view)를 정의하였다. 여기서 5 뷰라고 하지 않고 4+1 뷰라고 표현하는 이유는 중심이 되는 유즈 케이스 뷰가 모든 다른 뷰의 기준이 되기 때문이다.

[표 4-4] UML의 4+1 뷰

아키텍처 명	용 도	정적 도해	동적 도해
유즈 케이스 뷰	요구사항을 분석해 시스템의 기능을 명세화 하는데 사용	유즈 케이스도	교류도 상태도 활동도
설계 뷰	유즈 케이스 뷰에 표현된 요구사항들을 시스템의 구조와 행동으로 명세화 하는데 사용	클래스도 객체도	
프로세스 뷰	쓰레드와 프로세스에 의한 동작을 중점적으로 표현하는데 사용	클래스도 객체도 활성 클래스도	
구현 뷰	설계 뷰와 프로세스 뷰에서 설계한 UML 모델 요소인 클래스와 인터페이스들을 물리적인 SW 모듈로 표현하는데 사용	컴포넌트도	
배치 뷰	구현 뷰에서 정의한 UML 모델 요소인 컴포넌트와 인터페이스를 배치할 하드웨어로 표현하는데 사용	배치도	

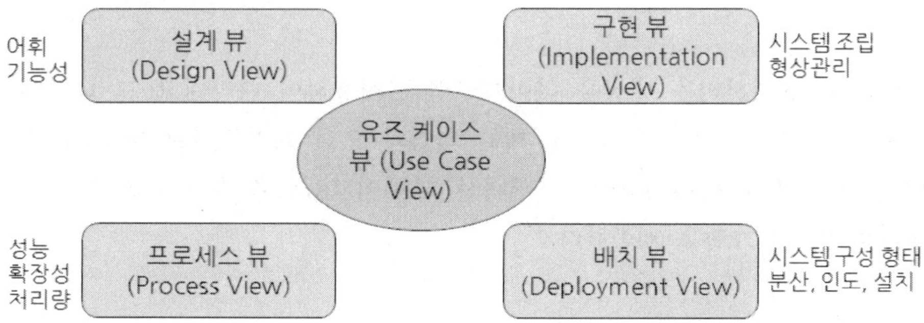

(그림 4-13) UML의 구조

5) UML 다이어그램

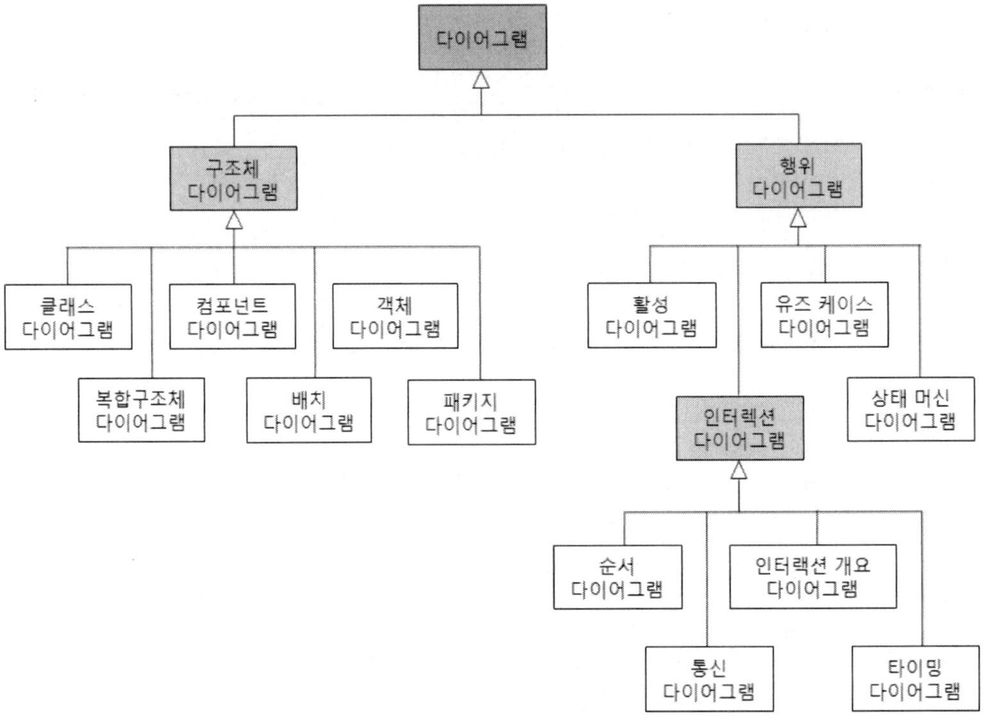

(그림 4-14) UML 2.1 다이어그램

UML은 표기하려는 대상을 다이어그램을 사용하여 나타내고 그 대상에 의미를 부여한다. UML 2.1은 객체지향 개발 기법의 모델 표기를 위하여 크게 구조체 다이어그램, 행위 다이어그램, 인터랙션 다이어그램으로 분류하고 전체적으로 14 종류의 다이어그램을 제공한다.

[표 4-5] UML 다이어그램

다이어그램 명	설명
클래스	클래스의 구조를 나타냄
복합 구조체	시스템을 실행할 때의 구조를 나타내는 복합 구조
컴포넌트	시스템을 구성할 컴포넌트들의 구조를 나타냄
배치	시스템의 물리적인 하드웨어 구성을 나타냄
순서	객체 사이의 메시지 교환을 나타냄
객체	클래스의 인스턴스 즉, 객체 구조를 나타냄
패키지	내부에 모델요소를 포함할 수 있는 패키지 구성을 나타냄
액티비티	액티비티의 실행순서, 실행조건, 실행자의 관계를 나타냄
유즈 케이스	시스템의 기능적인 요구사항을 설명하기 위한 도구로 시스템의 동작을 사용자 관점에서 나타냄
상태 머신	상태 전이와 상태 전이에 따른 액션을 나타냄
순서	객체들의 동적인 제어 흐름을 메시지 발생 시간에 따라 순차적으로 표현
통신	객체 사이의 메시지 교환을 나타냄
인터랙션 개요	객체간의 메시지 교환을 액티비티 다이어그램과 같은 형태로 나타냄
타이밍	한 상태에서의 시간 지체 현황을 나타냄

6) UML 기호

UML 다이어그램을 살펴보기 전에 다이어그램에 사용되는 표기법들을 먼저 알아보자. UML 표기법에는 핵심 기호, 확장 기호, 스테레오 타입이 있다. 스테레오 타입이란 모델의 의미를 사용자가 확장하고 정의하여 사용하는 것을 말한다. 클래스, 상태 그리고 유즈 케이스 등이 모델 요소이고 연관(association)이나 의존(dependency)등은 관계이다.

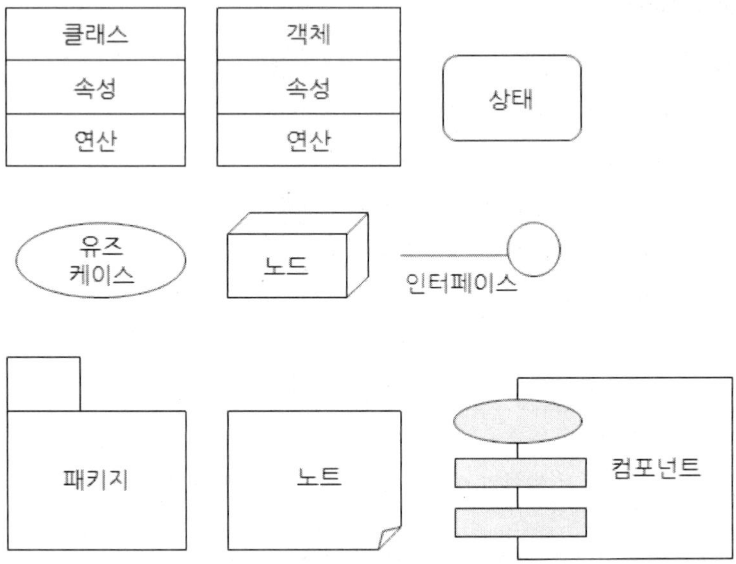

(그림 4-15) UML 모델링 기호

7) UML 도구

UML 모델링을 하기 위해서는 자동화된 도구를 사용하는 것이 편리하다. 다양한 상용 도구와 공개용 도구들이 사용되고 있다. StarUML은 UML/MDA(Model Driven Architecture) 플랫폼을 개발하기 위한 오픈 소스 프로젝트로 빠르고 유연하고 확장가능하며 풍부한 기능을 제공한다. 상용 제품인 Rational Rose와 Together 보다 기능이 적지만 소규모의 프로젝트나 학습을 위한 용도로 사용하기에 적합하다. StarUML은 http://staruml.sourceforge.net/에서 다운로드 할 수 있으며, 다운로드 파일 뿐만 아니라 사용자 가이드 및 개발자 가이드를 제공하기 때문에 쉽게 사용할 수 있다. 이 툴은 클래스 다이어그램을 그릴 수 있으며 다양한 기능들을 통해 작성한 클래스 다이어그램에 대한 자바 코드로 바로 생성할 수 있다.

8) 클래스 다이어그램 표기법(유즈 케이스)

UML 2.1에서 정의한 클래스 다이어그램 표기법을 알아보기 위해 대표적으로 사용되는 유즈 케이스 다이어그램에 대해 먼저 설명한다. 유즈 케이스 다이어그램은 엑터(사용자)와 시스템간의 대화라고 할 수 있는데 시스템에 의해 제공되는 기능을 나타낸다. 즉 엑터는 업무를 수행함에 있어서 어떠한 목적을 가지고 시스템을 사용한다.

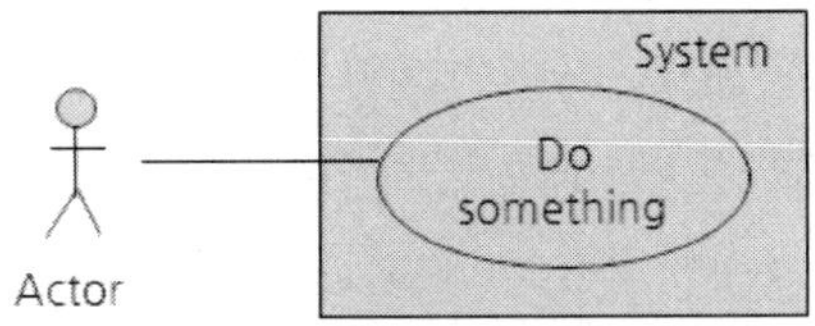

(그림 4-16) 유즈 케이스 다이어그램

엑터는 사용자의 종류로서 시스템의 외부에 존재하면서 시스템과 직접 상호작용하는 누구 혹은 어떤 것을 가리킨다. 「시스템과 상호작용 한다」는 의미는 엑터가 시스템으로부터 메시지를 받거나 시스템에게 메시지를 보내는 또는, 시스템과 정보 교환하는 것을 말한다. 유즈 케이스는 엑터의 목적을 위해 제공해주어야 하는 시스템의 기능을 의미하며 타원형 안에 기능을 간단하게 표기한다.

(그림 4-17)은 ATM 시스템의 유즈 케이스 다이어그램으로 엑터인 고객과 시스템사이의 상호작용을 표시하고 있다. ATM 시스템의 유즈 케이스에는 입금, 출금, 통장정리, 계좌이체 기능이 있으며, 계정시스템의 경우도 하나의 시스템이지만 함수 처리를 위해 ATM 시스템과 상호작용을 하고 있으므로 엑터로 표현하였다.

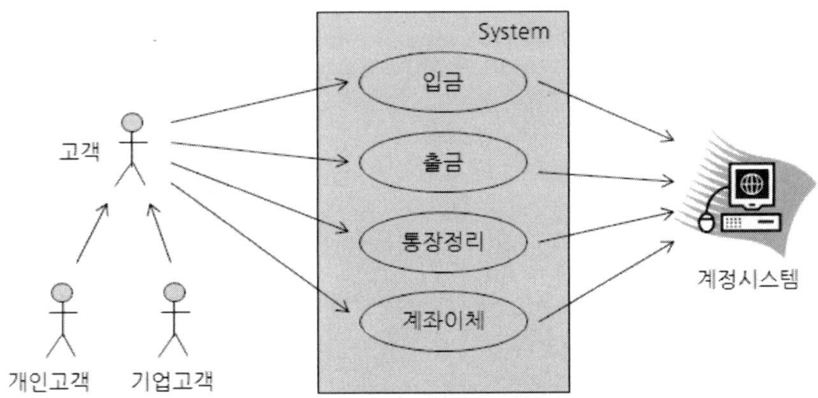

(그림 4-17) 유즈 케이스 다이어그램 예(ATM)

유즈 케이스는 항상 엑터에 의해 시작되며 유즈 케이스를 초기화하는 엑터의 입장에서 서술형으로 명명된다.

9) 클래스 다이어그램 표기법(순차)

UML 2.1에서 정의한 순차 다이어그램에 대해 설명한다. 유즈 케이스 다이어그램이나 시스템 시나리오를 기초로 순차 다이어그램이나 클래스 다이어그램을 작성할 수 있다. 순차 다이어그램은 객체들이 어떻게 상호작용하는지를 메시지 순서에 초점을 맞추어 보여준다. 이 다이어그램은 시간이 지남에 따라 메시지들이 컴포넌트 사이에서 어떻게 전달되었는지, 그리고 엑터에서 시스템 컴포넌트로 어떻게 전달되었는지를 보여준다.

클래스 다이어그램이 시간적인 정보를 전혀 고려하지 않는 반면, 순차 다이어그램은 시간적인 순서로 객체들 사이에 보내지는 메시지의 상호작용을 보여준다. 순차 다이어그램은 흐름에서 객체의 역할을 명확하게 해주고 클래스의 기능과 인터페이스를 결정하기 위한 기본적인 자료를 제공한다. 순차 다이어그램의 구성요소는 (그림 4-18)과 같이 객체, 메시지, 활성구간(activation), 생명선(lifeline)으로 이루어진다.

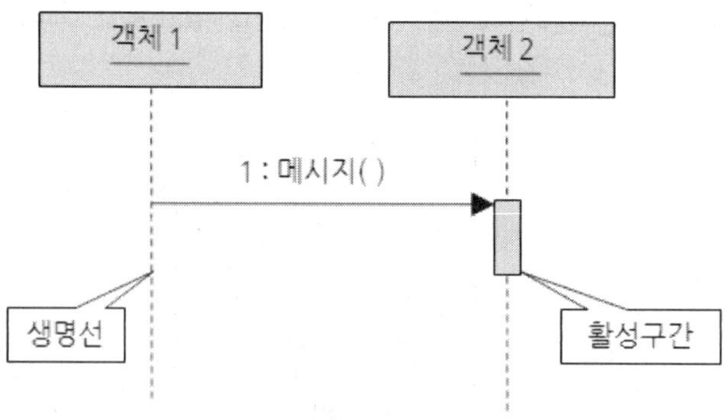

(그림 4-18) 순차 다이어그램

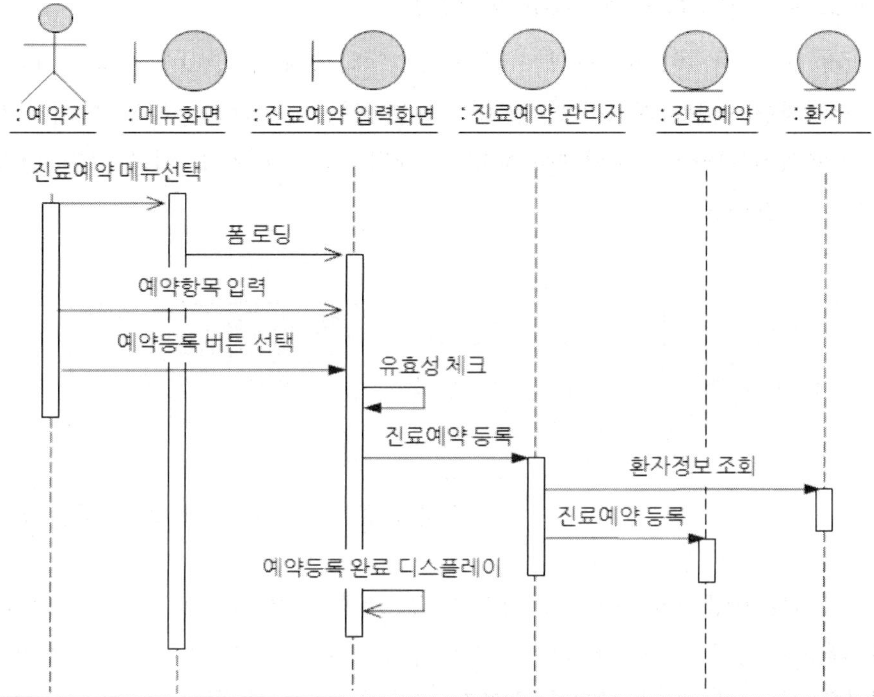

(그림 4-19) 순차 다이어그램의 예(진료 예약시스템)

(그림 4-19)는 진료예약 시스템의 동작 과정을 순차 다이어그램으로 나타내었다. UML에서 객체의 표기는 클래스의 표기와 유사하지만 객체의 이름을 기술할 때에 「객체의 이름: 클래스의 이름」 형태로 작성한다. 객체는 다이어그램의 상부 왼쪽부터 순서대로 배치하며, 객체로부터 뻗어 나온 점선은 객체의 생존기간을 나타내는 생명선이고, 생명선상에 존재하는 직사각형 아이콘은 그 객체가 실행하고 있는 것을 나타내는 활성구간이다.

메시지는 객체에 어떤 행위를 하도록 지시하는 명령으로 한쪽 객체의 생명선에서 다른 객체의 생명선을 향한 화살표로 나타낸다. 그 라인 위에 메시지/메소드 이름을 적는다. 객체가 자기 자신에게 메시지를 송신하는 경우는 화살표 방향을 원래의 생명선을 향하도록 한다. 중요한 메시지의 경우는 원래의 클래스 인스턴스를 다시 향하도록 점선 화살표를 그릴 수 있다. 점선 위에 리턴 값을 적는다. 순차적 다이어그램을 읽기는 매우 간단하다. 시퀀스를 시작하는 왼쪽 상단 코너부터 시작한다. 그런 다음, 다이어그램 아래쪽을 각 메시지가 따라간다.

10) 클래스 다이어그램 표기법(클래스)

UML 2.1에서 정의한 클래스 다이어그램에 대해 설명한다. 클래스 다이어그램은 객체지향 어플리케이션을 분석하고 설계하는데 핵심이 되는 다이어그램이다. 분석 단계에서는 요구사항에서 나타난 엔티티를 가리키게 되고 구현 단계에서는 클래스로 전환된다.

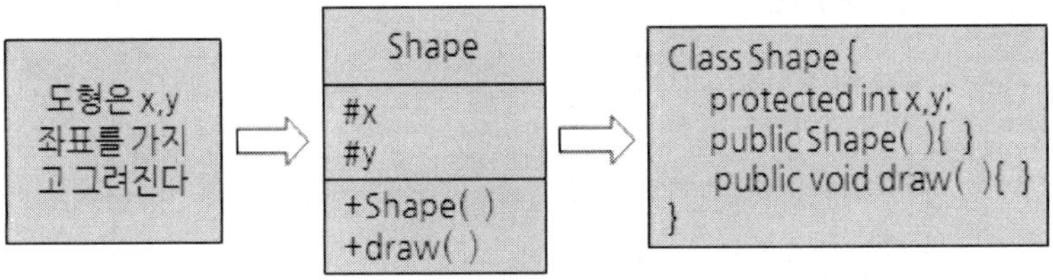

(그림 4-20) 분석, 설계, 구현 과정에서의 연계성

객체지향 어플리케이션은 클래스와 각 클래스들의 관계로 기본 골격이 구성되기 때문에 클래스 다이어그램을 통하여 사용자는 쉽게 원하는 시스템의 구조를 정의할 수 있다. 앞서 설명한 순차적 다이어그램이 객체를 중심으로 동적인 구성요소들을 표기했다면, 클래스 다이어그램은 클래스와 그 클래스들간의 정적인 관계를 표현한다. 클래스 자체가 본질적으로 시간과 조건이 개입되지 않은 정적인 요소이기 때문에 가능하다. 객체의 경우는 클래스에서 파생된 것이며, 상태와 행위가 구체적인 조건에 따라 변화하고, 다른 객체와 동적으로 상호작용하는 것이기 때문이다.

클래스 다이어그램은 모델 안에서 클래스들을 표현한다. 객체지향 어플리케이션에서 클래스는 속성(멤버 변수)와 오퍼레이션(멤버 메소드) 그리고 다른 클래스와의 관계를 가지고 있다. UML 클래스 다이어그램은 이 세 가지 모두를 간단하게 표현할 수 있으며, 클래스 다이어그램의 구성요소는 클래스, 관계, 다형성이다.

(1) 클래스 아이콘

클래스 아이콘은 (그림 4-21)과 같이 3개의 구획으로 나누어진 사각형이다. 상단은 클래스 이름을, 중간은 속성 이름을, 하단은 오퍼레이션을 기록한다. 속성 이름과 오퍼레이션은 생략 가능하다. 속성은 클래스의 객체가 가지는 일련의 데이터들을 추상화한 개념이다. 속성 이름과 함께 속성 값의 형태를 지정할 수 도 있다.

오퍼레이션의 ( )안에는 파라미터들을, 오퍼레이션( ) 뒤에는 반환형을 지정할 수 있다. 속성과 오퍼레이션 앞에 붙어 있는 기호들은 접근제어를 나타낸다.

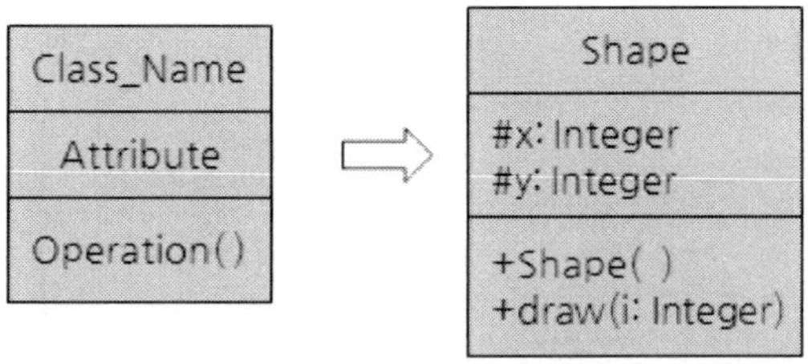

(그림 4-21) 클래스 아이콘

클래스 대신에 패키지라는 구성요소를 사용할 수 있다. 패키지는 모델 요소들을 의미상 관련 있는 그룹으로 묶는 일반적인 메커니즘으로 커다란 범위의 패키지에 또 다른 패키지를 정의할 수 있다. 패키지는 탭 폴더 아이콘으로 표시한다.

클래스 다이어그램을 작성할 때 여러 클래스로 구성되어 복잡해지는 경우에는 클래스 아이콘에서 속성과 오퍼레이션을 생략할 수 있다. 클래스 아이콘의 오퍼레이션 영역에는 클래스의 책무(responsibility)를 표시할 수 있다. 클래스의 책무란 그 클래스에 할당된 의무이다. 클래스의 책무를 기술함으로써 클래스에 관한 정보를 더욱 명확하게 한다. 이 밖에 클래스에 대한 기타 정보가 필요한 경우 노트를 사용할 수 있으며 노트는 코멘트 등의 텍스트 형식 정보를 포함한다.

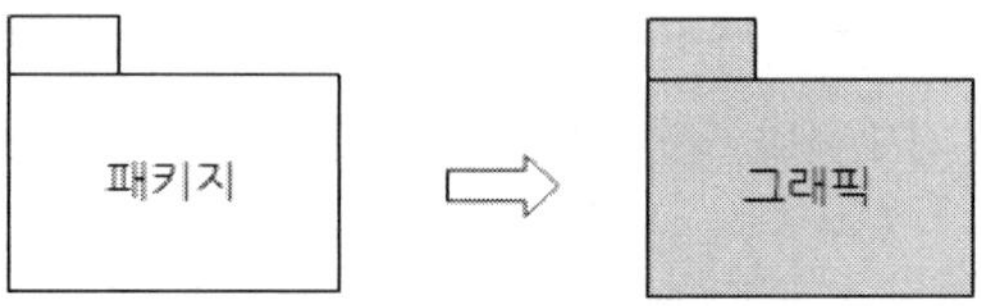

(그림 4-22) 클래스 다이어그램의 패키지

(2) 인터페이스

클래스 중 순수 가상 함수를 가진 클래스가 있다. 자바에서는 이를 인터페이스라고 한다. UML에서 인터페이스를 표현하기 위해서는 UML의 스테레오 타입 형식에 따라 기술해야 한다. UML의 스테레오 타입은 사용자가 신규로 작성하여 사용할 수 있으며 어플리케이션이나 문제영역의 의미를 알기 쉽게 모델로 표현하기 위해서 부가하는 문자열이다. 인터페이스를 사용하기 위해서는 《interface》라는 타입을 사용하여 기술할 수 있다.

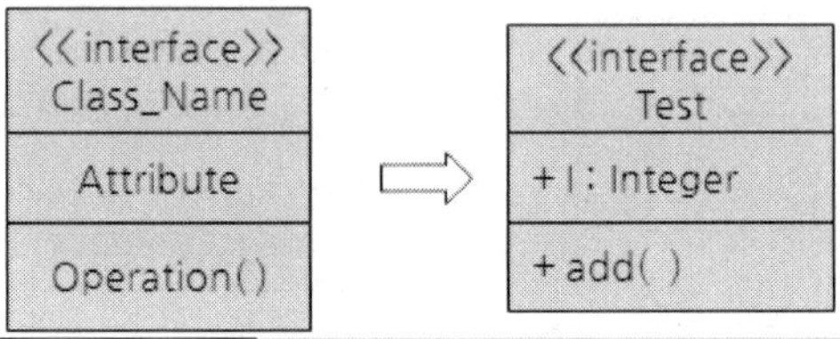

(그림 4-23) 인터페이스 스테레오 타입

(3) 관계

클래스 다이어그램에서 관계는 각 클래스의 연결방법에 적용될 제한 조건에 대해서 기술한다. 연결 관계는 의존관계(dependancy), 연관(association), 일반화(generaliza- tion), 정제(refinement)로 구분되며 연관은 다시 컴포지션(composition)과 집단화(aggregation)로 나뉜다.

- **연관**

  두 클래스간 일반적인 협력 관계가 있을 경우에 정의된다. 두 클래스가 서로 연관의 관계가 있다면 한쪽 객체에서 다른 객체를 참조할 수 있음을 의미한다. 화살표가 없는 실선은 양방향 관계를 의미하며, 한쪽 화살표를 가진 실선은 단방향 관계를 의미하며, 화살표가 향하는 쪽의 객체를 다른 쪽에서 참조할 수 있음을 의미한다. 연관은 두 클래스를 연결하는 선위에 관계명, 역할명, 관계 수를 작성할 수 있다.

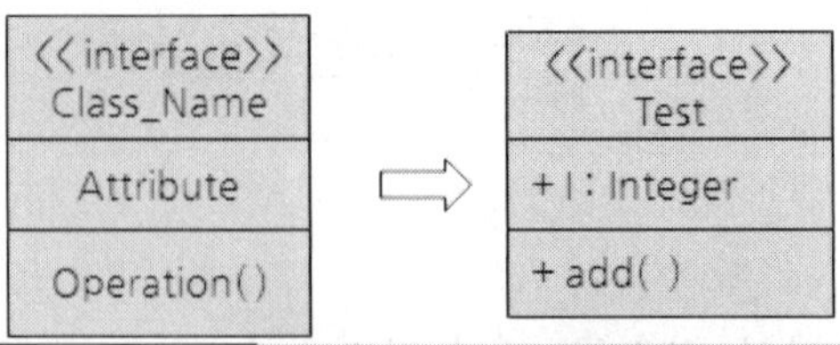

(그림 4-23) 인터페이스 스테레오 타입

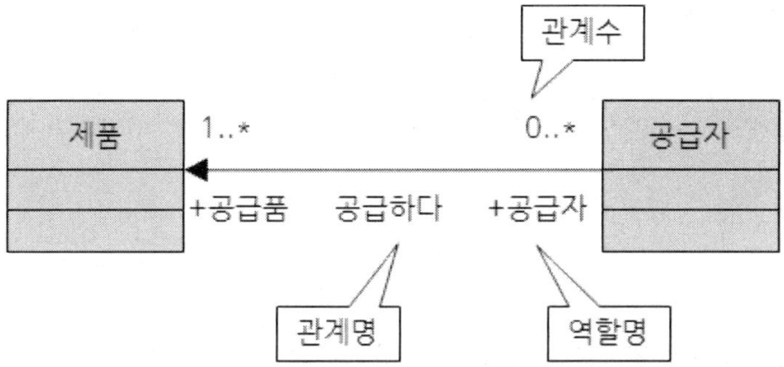

(그림 4-24) 연관 관계

- **관계 수**

  관계 수는 클래스와 클래스가 인스턴스화되어 연결 관계를 맺을 때, 관계에 참여하는 객체의 개수를 정의한 것이다. 특정 클래스의 인스턴스에 대하여 연관화 관계에 있는 다른 클래스의 인스턴스가 몇 개 관련되어 있는가를 의미한다.

(그림 4-24)의 연관 관계에서 공급자는 제품과의 관계에 있어서 인스턴스가 없거나 여러 개일 수 있으며, 제품은 공급자와 관계에 있어서 인스턴스 한개 이상이어야 한다. 공급자는 제품을 하나 이상 가져야 하며 어떤 제품은 공급자가 정해지지 않을 수도 있다는 뜻이다.

[표 4-6] 관계 수의 유형

유형	의미
* 또는 n	클래스 A의 인스턴스 하나에 클래스 B의 인스턴스가 여러개 관계되었을 경우 
0..*	클래스 A의 인스턴스 하나에 연관된 클래스 B의 인스턴스가 없거나, 여러개 
1..*	클래스 A의 인스턴스 하나에 연관된 클래스 B의 인스턴스가 1개 이상일 경우 
1 또는 다른 정수 값	클래스 A의 인스턴스 하나에 연관된 클래스 B의 인스턴스가 1개 또는 특정한 정수개일 경우 
0..1	클래스 A의 인스턴스 하나에 연관된 클래스 B의 인스턴스가 없거나 1개인 경우 

● **집단화**

집단화는 연관의 일종으로 두 클래스간에 전체-부분의 관계가 있을 경우에 정의되며 클래스 각각은 독립적인 생명주기를 갖는다. 자동차의 예를 들면, 자동차 클래스가 소멸되어도 부분에 해당하는 엔진, 변속기, 바퀴는 소멸되지 않는다. 표기는 속이 빈 마름모가 붙은 실선으로 표현하며 마름모가 붙은 쪽이 전체 클래스 그리고 반대쪽이 부분 클래스에 해당한다.

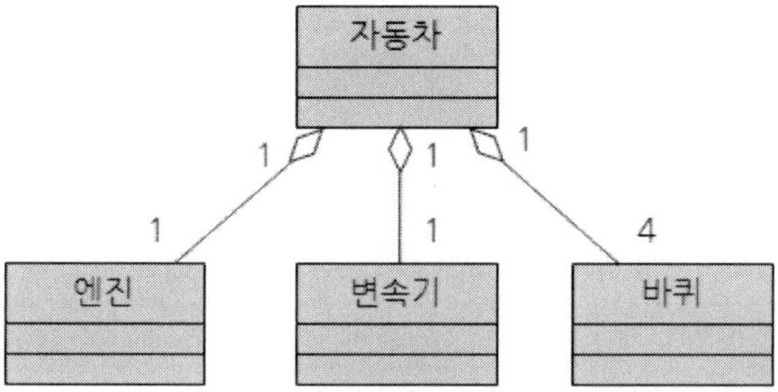

(그림 4-25) Aggregation 관계

- **컴포지션**

컴포지션 역시 연관의 일종이며 집단화와 유사하게 전체-부분의 관계가 있을 경우에 정의된다. 다만 컴포지션은 부분 클래스가 전체 클래스에 종속적인 관계이며, 전체 클래스가 생성될 때 부분 클래스가 생성되고, 전체 클래스가 소멸되면 부분 클래스도 소멸된다. 표기는 속이 찬 마름모가 붙은 실선으로 표현한다.

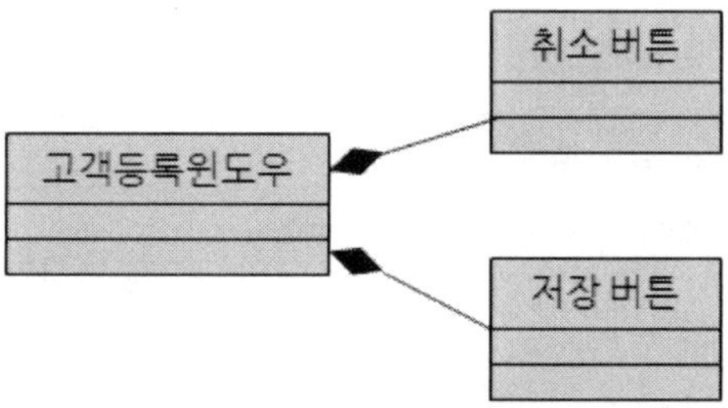

(그림 4-26) 인터페이스 스테레오 타입

- **일반화**

일반화 관계는 두 클래스가 일반화-특수화의 관계가 있을 경우에 정의한다. 즉 일반화의 관계는 상속(inheritance)의 특성을 가진다. 클래스 다이어그램에서 상속관계를 표현할 때 일반화를 사용할 수 있다. 표기는 속이 빈 삼각형

화살표를 이용해서 표기되며, 부모 클래스 쪽에 화살표가 나타난다.

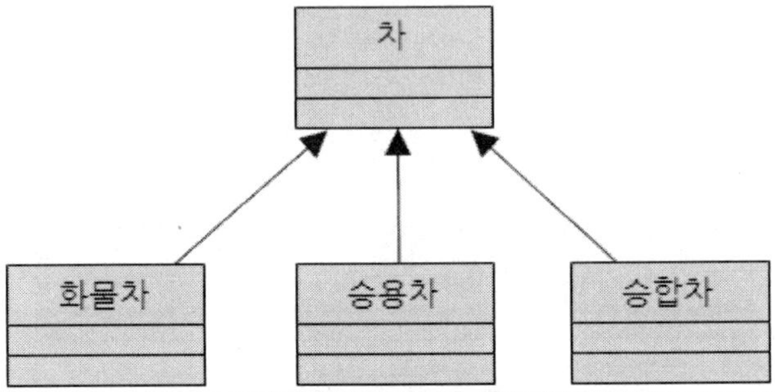

(그림 4-27) 일반화 관계

- **의존관계**

의존관계는 한쪽 클래스가 실행 도중 다른 쪽 클래스의 실행을 요청하는 경우에 정의하며 클래스간의 사용 관계를 표현한다. 연관 관계 역시 사용 관계를 표현하며 단순히 다른 객체를 참조하고 실행을 의뢰하지만, 의존관계는 다른 객체를 생성시키고 소멸시키는 등 보다 종속적인 관계에 대해 정의한다.

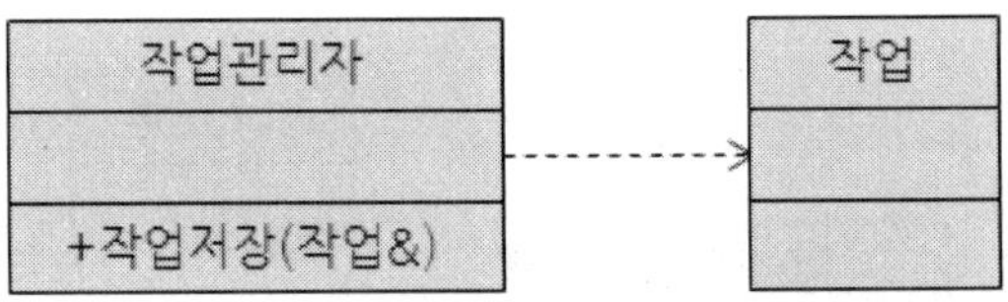

(그림 4-28) 의존 관계

- **실체화**

실체화는 명세(specification) 요소와 그것을 구현하는 요소의 실체화 관계를 정의한다. 주로 인터페이스와 그것을 구현하는 요소(클래스, 컴포넌트 등)를 연결하는데 사용한다.

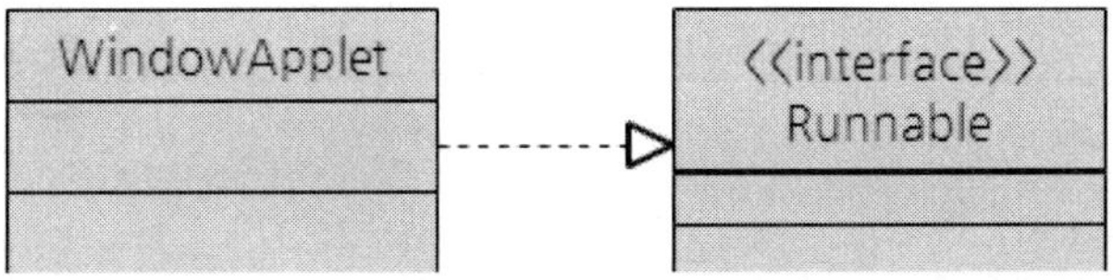

(그림 4-29) 실체화 관계

참고문헌

1. Federal Information Processing Standards Publication 184, "Integration Definition for Information Modeling(IDEF1X)", December, 1993
2. Laplante, "What Every Engineer Should Know about Software Engineering", CRC Press, 2007
3. Tedre, Matti, "Computing as Engineering", Journal of Universal Computer Science, 2009
4. [김행곤10] 김행곤, 한은주, "객체 및 컴포넌트 기반 소프트웨어 공학", 도서출판 그린, 2010년
5. 한혁수, "소프트웨어 공학의 소개", 홍릉과학출판사, 2008년
6. 최은만, "객체지향 소프트웨어 공학", 사이텍미디어, 2005년
7. 송영재 외, "객체지향 모델링과 CBD 중심의 소프트웨어 공학", 이한 출판사, 2004년
8. 고석하, 홍정유, "소프트웨어 프로젝트 관리", 생능출판사, 2008년

05

요구사항 분석

"정보 모델링이 이루어지면 이를 바탕으로 고객의 요구사항과 시스템에서 제공되어야 요구사항들을 구체화시키고 정의한다. 그리고 요구사항 분석단계에서 합의되어 정의된 요구사항을 정형화하고 명확하게 문서화한다. 이후에 작성된 요구사항 명세서에 최초의 사용자 요구사항을 잘 반영되어 있는지 올바르게 기술되었는지에 대한 검증이 실시된다.

이 장에서는 요구사항 분석, 문서화, 검증 등에 대해 알아본다.

5.1 요구사항 분석

요구사항 분석은 시스템 정보수집 단계에서 추출된 불완전하고 추상적인 고객 요구사항들에 대해 충돌, 중복, 누락 등에 대한 분석을 통하여 완전성과 일관성을 가진 요구사항들로 구체화하고 정의하는 것이다. 시스템 개발에 있어 가장 중요한 것은 무엇을 개발할 것인지를 명확히 결정하는 것으로 시스템을 만족시킬 요구사항을 완벽하게 이해하는 것이 개발에 성공하는데 필수적인 요건이 된다. 따라서 요구사항 분석은 완전한 시스템을 구현하는 것보다는 개발과정에서 발생할 수 있는 오류를 최소한으로 축소하고 목표 시스템에 접근할 수 있는 기반을 마련하는 것이다.

1) 요구사항 분석의 문제점

일반적으로 고객과 개발자들은 해결될 문제에 대해 서로 다른 기술과 배경을 가지고 있다. 이로 인해 개인의 요구와 목적 및 우선순위를 반영한 자신의 요구사항에만 관심을 가지기 때문에 다른 사용자와의 충돌이 발생할 수 있다. 특히 개발자들은 사용자 관점에서 문제를 해결하기보다는 미리 문제 해결에 대해 예상하고, 사용자들은 자신의 요구를 명확하게 표현하지 못하고 개발자가 기술적인 해결을 제시하기를 기대한다. 개발자는 최초 요구사항들을 분석할 때 아래 사항들을 가정해야 한다.

- 제삼자는 그들이 원하는 것이 무엇인지를 모른다.
- 제삼자는 요구사항을 자신들의 용어로 표현한다.
- 제삼자 사이에 요구사항의 충돌이 생길 수 있다.
- 조직적 및 정치적 요소가 시스템 요구사항에 영향을 미칠 수 있다.
- 요구사항을 분석하는 도중에 요구사항이 변경될 수 있다.
- 새로운 제삼자가 나타나서 비즈니스 환경을 변경시킬 수 있다.

2) 요구사항 우선순위 부여

제한된 자원과 비용 내에서 먼저 처리해야 할 중요한 요구사항을 선택하고, 요구사항 추가에 대한 위험관리와 요구사항에 대한 관점 차이로 인한 충돌을 해결하기 위해서 개별 요구사항에 우선순위를 부여한다.

3) 해당 릴리즈에 수행될 요구사항 선정

하드웨어나 소프트웨어가 개발된 다음 릴리즈에 포함될 요구사항을 우선순위와 비용, 일정, 위험 및 마켓, 투자 수익률 등에 기반을 두어 균형적인 요구사항을 선정해야 한다.

4) 요구사항 검토 및 협의

충돌이 발생하는 요구사항들을 명확하게 하기 위해서 참여자들간에 요구사항 협의가 이루어져야 한다. 이를 위해 요구사항 정의가 확정될 때까지 정기적인 검토를 하고, 검토 시에는 고객과 계약자가 모두 참여하여야 한다. 검토는 형식적 또는 비형식적으로 이루어질 수 있다. 검토와 협의를 하는 과정에서 개발자, 고객, 사용자간에 대화를 통해 초기 단계에서 문제가 되는 요소를 쉽게 제거할 수 있다.

5.2 요구사항 구체화 방법

정보 모델링이 이루어진 이후, 이를 바탕으로 고객의 요구사항과 시스템에서 제공되어야 요구사항들을 구체화하고 정의하기 위해 아래의 방법들을 사용한다.

1) 브레인 스토밍

브레인 스토밍(brain storming)은 요구사항 구체화에 있어서 창조적인 아이디어를 도출하기 위하여 상호간에 도움을 주는 토의 방법이다. 설계 초기단계에서 광범위하게 사용되는 방법으로서, 자유스럽게 새로운 아이디어를 제시하고 아이디어 각각에 대해 논의가 이루어진다. 브레인 스토밍에서 도출된 좋은 아이디어는 사용자 요구사항을 만족시키는데 도움이 된다.

2) 카드 정렬

아이템들을 카드에 적고 그룹핑하기 위해서 사용자들에게 문의하고 수집된 개념들 집합을 계층적 구조로 만든다. 대표적인 예로서 웹 사이트의 페이지를 정렬하는데 매우 유용하게 사용된다. 사용자들에게는 정해진 사이트 상의 웹 페이지 이름을 주고 관련된 범주로 그룹핑 하도록 한다. 설계자는 사용자로부터 그룹핑된 페이지들을 모아 전체 아키텍처를 설계한다.

3) 친화도 작성

동일 주제에 대한 다양한 아이디어나 전망 자료를 종합하여 유사성이나 연관성에 따라 재분류하고 친화도(affinity diagram)를 그려 문제에 대한 해결안을 제시하는 방법이다 브레인 스토밍 등을 통해 많은 아이디어나 생각들이 도출 되었으나 정돈되지 않아 전체적인 파악이 어려울 때, 이 방법을 이용하면 다양한 아이디어나 정보를 몇 개의 연관성 높은 그룹으로 분류하고 파악할 수 있다.

4) 스토리 보드

스토리 보드(story board)는 「발표 시나리오」라고도 하며 사용자 행위와 시스템 입출력간의 관계를 보여주는 연속된 그림이다. 스토리 보드는 일반적으로 메뉴, 다이아로그 박스, 윈도우와 같이 묘사되는 이미지들로 만들어진다.

5) 프로토타이핑

프로토타이핑(prototyping)은 소프트웨어 시스템이나 컴퓨터 하드웨어 시스템을 본격적으로 생산하기 전에 타당성의 검증이나 성능 평가를 위해 미리 시험삼아 만들어 보는 모형제작 방법이다. 설계자가 정적으로 또는 동적으로 사용자 인터페이스 요소(메뉴, 버튼, 아이콘, 윈도우, 다이아로그 순서 등)를 종이에 표현하거나 또는 하드웨어나 소프트웨어 시뮬레이터 형태로 만든다. 프로토타이핑의 목표는 완벽한 구현을 하는 것이 아니라 사용자가 주요 기능을 확인할 수 있도록 사전에 간략한 제품을 만들어보는 것이다.

다른 관점에서 보면 프로토타이핑이란 개발자들과 사용자들의 의사소통 효과를 증진시키기 위하여 취하는 시스템 개발 기법이다. 프로토타이핑 기법을 수행할 때, 중요한 점은 개발자와 사용자간의 상호이해와 지식교환을 위한 작업이라는 점을 명심해야 한다. 일반적인 분석방법을 취할 경우 양자간에 서로 다른 이해를 가져올 수 있으므로 프로토타입이라는 의사소통 도구를 만들자는 것이다.

6) 기능 할당

기능 할당은 시스템의 경계를 명쾌하게 정의하기 위해서 사람에 의해 수행되는 기능과 머신에 의해 수행되는 기능으로 분류하고 할당하는 것을 말한다.

7) 투자 수익률 분석

주어진 예산을 최대한 효과적으로 투자하기 위한 의사결정을 지원활 목적으로 한 분석이 실시한다. 이를 위해 프로젝트 범위 및 기간, 소요 자원 및 사업 추진 방식 등을 분석한다. 그리고 조직 내 과거 이력 데이터, 현재의 시스템 비용, 시장 조사 등의 비용 데이터를 수집한다. 그리고 문제에 대처하기 위한 대안을 작성한다.

5.3 요구사항 문서화

요구사항 분석이 완료되면 「요구사항 명세서(requirements specification)」라는 문서를 작성한다. 때로는 「요구사항 정의서」라고도 한다. 이 문서는 고객과 개발자 사이에 그리고 시스템 개발에 관련된 이해 관계자간에 이행을 약속하는 계약서에 해당된다. 따라서 문제가 발생할 시 법적 효력을 갖는 문서가 되기 때문에 그 중요도가 매우 높다고 할 수 있다. 예를 들어 개인 아파트를 거래한다고 하자. 수요자와 공급자가 매매에 필요한 내용을 「아파트 매매 계약서」에 작성하고 체결함으로써 매매 계약이 이루어진다. 이와 동일하게 요구사항 명세서를 통해 고객과 개발자 사이에 시스템 개발에 대한 계약을 체결하는 것이다.

잘 정의된 요구사항 명세서의 특징은 고객과 개발자가 모두 이해하기 쉽고 개발 계약의 완전한 기초 문서의 역할을 한다. 그리고 이후에 진행되는 절차인 시스템 설계나 상세 요소 설계에 직접적인 가이드 라인의 역할을 한다. 요구사항 명세서는 개발된 시스템의 정확성을 평가하는 수단으로 사용되며, 시스템 개발에 성공했는지 실패했는지를 판단하는데 있어서 중요한 잣대로 활용된다.

요구사항을 작성하는 최적의 방법은 없다. 그것은 조직의 특징과 요구사항을 작성하고 읽는 사람들에 의해 사용되는 표현에 따른다. 요구사항 명세서는 일반적으로 자연어를 사용하지만 자연어는 의미가 모호하고 추상화 수준이 낮기 때문에 주어진 상황에 적합한 정보 표현 방법을 사용해야 한다.

5.4 요구사항 명세서 작성

기본적인 요구사항 정보와 인터페이스 요구사항, 기능적 요구사항, 비기능적 요구사항 그리고 관련 제약사항이나 법규 등을 문서화 한다. [EIA-632] 표준에 의하면 대상에 따라 작성되어야 할 내용은 아래와 같다.

1. 최종 사용자 및 계약자 요구사항 내용

- 시스템 또는 시스템의 일부분에 대해 할당된 요구사항, 고객의 요구사항, 사용자 요구사항 또는 운용자 요구사항을 식별하고 수집하고 우선 순위를 정한다.
- 이 때의 요구사항은 시스템의 제품에 대한 개발, 생산, 시험, 배치 및 설치, 훈련, 운용, 지원 및 유지보수 그리고 폐기와 관련된 모든 요구사항을 포함한다.
- 최종적으로 정리된 요구사항이 최종 사용자와 계약자의 요구와 기대에 부합되도록 작성한다.

2. 관련 당사자 요구사항 내용

- 시스템의 최종 제품을 제약할 수 있는 관련 당사자의 요구사항을 식별하고 수집한다.
- 시스템의 최종 제품 제품의 개발, 생산, 시험, 배치 및 설치, 훈련, 지원 및 유지보수 그리고 폐기를 제약할 수 있는 관련 이해 당사자의의 요구사항을 식별하고 수집한다.
- 법규, 기술 기반, 표준과 규격서, 경쟁사의 상품력과 추세, 그 밖에도 변화하고 있는 시스템이나 플랫폼과의 인터페이스 같은 관련 이해 관계자의 제약사항을 식별하고 수집한다.

3. 시스템 기술 요구사항 내용

- 각각의 시스템 제품에 적절하게끔 필요한 전환 규칙, 우선 순위, 입력, 출력, 상태(state), 모드와 형상(configuration)을 정의한다.
- 운용 프로파일을 포함하는 운용 요구사항을 정의한다. 이 때 각 운용 프로파일에 대한 사용 환경, 시스템 최종 제품이 반응해야 할 이벤트, 사용 빈도, 물리적·기능적 인터페이스 그리고 시스템 기능 요구사항(시스템 최종 제품이 수행해야 할 일)도 정의한다.
- 주요 성능 파라미터의 식별을 포함하여 성능 요구사항(각각의 기능 요구사항이 얼마나 잘 정의 정의되어야 하는가)을 정의한다.
- 다음과 같은 목적을 위해 최종 사용자 및 계약자 그리고 관련 이해 당사자의 요구사항을 분석한다.
    - 안전 요인의 영향과 유의사항(관계) 정의
    - 능력(capabilities) 및 시점 설정
    - 기술과 제품 설계 제약사항 정의
    - 지원 제품 요구사항 정의
    - 모순점 식별
    - 모순점을 해결하기 위한 절충 분석의 기준 결정
- 유용성이 의심스럽거나 만족시키기에는 수용하기 힘든 리스크를 가지고 있는 요구사항을 식별하고 해결한다.
- 최종 사용자 및 계약자 요구사항과 관련 이해당사자 요구사항 사이에 식별된 모순을 해결한다.
- 검증된 잘 구성된 시스템 기술 요구사항을 준비한다.
- 시스템 기술 요구사항이 검증 기준과 일치하는지 확인한다.

[표 5-1] 요구사항 명세서 양식 예[IEEE 830]

요구사항 명세서

1. 소개
  1.1 요구사항 명세의 목차
  1.2 산출물의 범위
  1.3 정의, 두문자어, 약어
  1.4 참조문서
  1.5 소프트웨어 요구사항 명세의 개요
2. 일반적인 기술 사항
  2.1 제품의 관점
  2.2 제품의 기능
  2.3 사용자 특성
  2.4 제약 사항
  2.5 가정 및 의존성
3. 상세한 요구사항
  3.1 기능적 요구사항
    3.1.1 기능적 요구사항
      3.1.1.1 개요
      3.1.1.2 입력물
      3.1.1.3 프로세싱
      3.1.1.4 산출물
      3.1.1.5 수행 요구사항
      3.1.1.6 디자인 제약 사항
      3.1.1.7 속성
      3.1.1.8 기타 요구사항
  3.2 외부적인 인터페이스 요구사항
    3.2.1 사용자 인터페이스
    3.2.2 하드웨어 인터페이스
    3.2.3 소프트웨어 인터페이스
    3.2.4 커뮤니케이션 인터페이스
 부록 및 인덱스

5.5 요구사항 명세서의 오류

요구사항 명세서에 에러가 발생하는 주요 요인으로는 개발을 빨리 진행하기 위해서 요구사항 분석을 소홀히 하거나, 전체를 고려하지 않고 부분적인 분석만을 수행 한다든지, 요구사항을 불명확하게 정의하거나, 시스템과 무관한 요구사항을 정의하거나, 틀린 요구사항을 정의하는 등을 들 수 있다. 일반적으로 소프트웨어 요구사항을 정의하는데 있어서 오류가 발생하는 비율은 아래와 같다.

[표 5-2] 요구사항 명세의 오류

요구사항 명세의 오류	
□ 불명확하거나 애매모호한 요구	10%
□ 누락되거나 불완전한 요구	20%
□ 부정확한 요구, 테스트 불가능한 요구, 과도한 제약조건을 가진 요구	35%
□ 추적 불가능한 요구, 대상 범위 외의 요구	15%
□ 모순된 요구, 호환성이 없는 요구	10%
□ 타이핑 에러	10%

5.6 요구사항 검증

요구사항 분석 단계에서 오류가 발생하면 불필요한 개발 비용이 높아지게 되므로 작성된 요구사항들을 반드시 검증해야 한다. 제품을 전달한 후에 요구사항의 오류를 수정하는데 드는 비용은 구현시의 오류를 고치는 것보다 100배나 많이 든다는 통계가 있다.

요구사항 검증(verification)은 작성된 요구사항 명세서에 고객이 실제로 원하는 것을 명확하고 구체적으로 정의하였는지 확인하는 것이다. 명세된 요구사항의 구현 가능성 검증, 명세 표현의 정확성 및 완전성 검증, 표준과의 일치성 검증, 요구사항 간의 충돌 검증, 기술적 결함에 대한 검증을 실시한다. 또한 시스템 요구사항이 설계 기준에 따라 하드웨어 형상 항목, 소프트웨어 형상 항목 등에 적절하게 할당되었는지, 그리고 안전, 보안, 위험성과 관련된 소프트웨어 요구사항이 정확한지 검증한다.

1) 요구사항 용어 및 문장 검증

올바른 요구사항을 작성하고 개발하기 위해서는 요구사항 명세서에 사용된 용어와 문장이 검증되어야 한다[EIA-632]. 검증 기준은 아래와 같다.

- **경쟁 능력(competitiveness)**
  경쟁력을 유지할 수 있는 능력이다. 요구사항이 경쟁력 있는 위치를 점할 수 있도록 해야 하며 요구사항에 따라 주어지는 이익에 의해 경쟁력이 있다는 것을 알 수 있도록 작성되어야 한다.
- **명확성(clarity)**
  요구사항 명세서에 사용된 단어 또는 용어에 대한 분석이 없어도 이해가 가능하도록 작성되어야 한다.
- **정확성(correctness)**
  요구사항 명세서에 사실에 대한 오류가 포함되어 있지 않아야 한다.
- **타당성(feasibility)**
  요구사항 명세서에 자연의 물리적 제약이 규정되어 있는지, 최신 기술이 프로젝트에 적용되었는지, 프로젝트에 적용되는 제약사항들이 현실적인지 등에 대한 내용들이 타당성이 있어야 한다.
- **설계 독립성(focus)**
  요구사항 명세서에 「무엇(what)」, 「왜(why)」 또는 형태, 적합성, 기능 등으로 표현되어 있어야 하며, 제품을 개발하는 방법이나 사용될 재료 등으로 표현되어 있지 않아야 한다.
- **완전성(completeness)**
  요구사항 정의서가 요구사항을 구현하는데 필요한 정보를 포함해야 한다.
- **수정 가능성(modifiability)**
  요구사항에 대한 필수적인 수정이 완벽하고 일관성 있게 수행될 수 있어야 한다.

- **명료성(unambiguous)**

  요구사항의 의미에 대한 단 하나의 해석만을 할 수 있도록 해야 한다. 예를 들어 「초과」, 「충분한」, 「~에 강한」과 같이 측정할 수 없는 용어를 사용하지 않아야 한다.

- **유일성(singularity)**

  요구사항 명세서가가 상식적으로 서로 다른 행위자, 행동, 대상물 또는 기구 등을 갖는 두 개 이상의 요구사항으로 작성되지 않아야 한다.

- **시험 가능성(testability)**

  요구사항이 만족되었음을 검증할 유한하고 객관적인 프로세스가 존재해야 한다.

- **검증성(verifiable)**

  기술되어 있는 시스템의 계층구조 수준 내에서 검증이 가능해야 한다.

- **중복성(no redundancy)**

  요구사항들 간에 중복되는 부분이 없어야 하며 각 요구사항은 단 한번만 기술되어야 한다.

- **연결성(connectivity)**

  요구사항의 모든 용어가 다른 요구사항 및 단어·용어 정의와 연결되어 있어서 개별 요구사항이 다른 요구사항과 적절히 연관되어야 한다.

- **상충(no conflicts)**

  요구사항이 자체적으로 그리고 다른 요구사항과 충돌되지 않아야 한다.

5.7 요구사항 변경 관리

요구사항 변경 관리는 요구사항 분석 단계에만 국한되지 않고 시스템 개발 생명주기 전체에 대해 이루어지며, 요구사항의 변경을 관리하는 프로세스이다. 요구사항은 필연적으로 불완전하고 일관성이 없기 마련이다. 예를 들면 비즈니스의 요구가 변하고 시스템에 대한 이해가 나아짐에 따라 새로운 요구사항이 생긴다.

또한 서로 다른 관점은 서로 다른 요구사항을 가지며 서로가 모순될 수 있다. 따라서 프로젝트 진행과정에서 발생하는 이러한 요구사항 변경에 대하여 일치성과 무결성을 제공하기 위하여 변경 제어, 변경 추적, 요구사항 버전 관리가 이루어져야 한다.

참고문헌

1. [EIA-632] EIA 632, "Processes for Engineering a System", January 1999
2. [IEEE 830] IEEE Standard 830-1998, "Recommended Practice for Software Requirements Specification", 1998
3. Karl E. Wiegers, 김도균 역, “실용적인 소프트웨어 요구사항(More About Software Requirements)”, 정보문화사, 2006년 06월
4. 류성열, “시스템 분석과 요구공학”, 한티미디어 2009년 9월
5. 박수용, 홍만수, “요구사항 관리(Requirement Management) 체계적 접근 방법(요구사항 관리 개요 및 중요성)”, IT TREND, 2007년 1월
6. 박수용, 홍만수, “요구사항 관리(Requirement Management) 체계적 접근 방법(요구사항 관리 공정)”, IT TREND, 2007년 3월
7. 박수용, 홍만수, “요구사항 관리(Requirement Management) 체계적 접근 방법(요구사항 관리 사례)”, IT TREND, 2007년 5월
8. 박수용, 홍만수, “요구사항 관리(Requirement Management) 체계적 접근 방법(요구사항 관리 원칙)”, IT TREND, 2007년 7월

06
시스템 설계

정보통신과 컴퓨터 분야 공학인증을 위한 종합 설계

"설계는 요구사항 분석 과정에 도출된 사용
- 요구사항을 어떻게 하드웨어와 소프트웨어로
.습으로 나타낼 것인지에 대해 중점을 둔다.
이 장에서는 시스템 설계와 관련된 소프트웨어
계 이론, 설계 품질, 설계 프로세스에 대해 알아
.고, 시스템 설계에서 이루어지는 시스템 구조 설
, 시스템 기능 명세, 인터페이스 설계 방법 등을
아본다.

6.1 시스템 설계 개요

설계란 도출된 요구사항(what)을 새로 개발하는 시스템에서 어떻게 충족시킬 것인가의 해결 방안(how to)을 찾고, 이를 구체화하는 단계로 사용자 요구사항에 대한 분석 결과와 실제 프로그래밍 언어로 구현하는 단계를 연결해주는 역할을 담당한다. 설계 단계에서는 고객이 관여하지 않는다. 따라서 설계 명세서는 하드웨어 또는 소프트웨어의 관점과 엔지니어의 관점에서 기술한다. 요구사항 분석은 시스템의 목표를 확립하는 과정으로 개념적인 반면, 설계는 확립된 목표를 달성하기 위해 물리적으로 가장 이상적인 길을 선택하는 과정이다.

시스템 설계(system design)란 시스템을 구현하기 위해 시스템을 여러 서브시스템으로 나누고, 각 서브시스템의 요소를 하드웨어와 소프트웨어로 할당하는 것을 말한다. 설계를 하기 위해서 설계자는 만들고자 하는 시스템에 대해 충분히 연구하고, 이를 이해하고 있어야 한다. 하드웨어나 소프트웨어는 변화를 수용할 수 있도록 설계해야 하고 설계 활동의 복잡도를 해결하기 위해 모듈화, 추상화 개념을 적용해야 한다. 시스템 설계의 산출물은 요구사항을 어떻게 구현할 것인가를 기술하여 놓은 문서이며, 이를 「시스템 설계 명세서(system design specification)」 또는 간단히 「시스템 설계서」라 한다.

시스템 설계에 있어서 반드시 숙지해야 할 개념으로는 추상화, 정보 은닉, 단계적 분해, 구조화, 모듈화를 들 수 있다. 이 개념들은 독립적으로 작용하지 않고 상호작용을 한다.

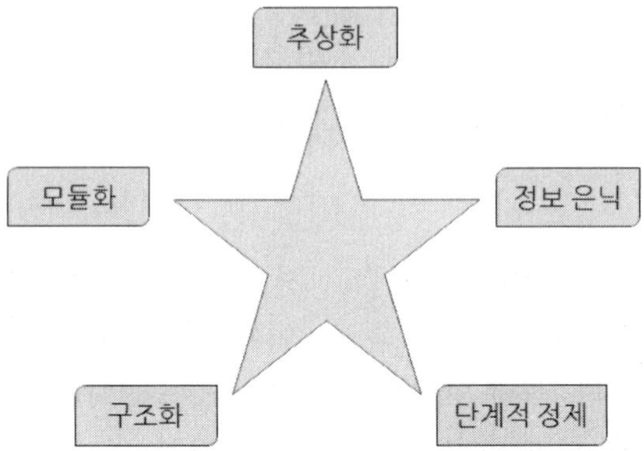

(그림 6-1) 시스템 설계의 개념

1) 추상화

추상화(abstraction)는 우리의 관심 분야가 아니거나 필수적이 아닌 것에 대해서는 생략해 주기 때문에 다루기 쉽고 필수적인 것만을 표현할 수 있게 해준다. 추상화의 최상위 단계는 제안서 또는 문제 설명서를 만드는 단계라 할 수 있다. 그 다음 추상화 단계는 요구사항 분석 과정이며, 이 단계에서 정의는 응용 분야의 언어를 사용하여 사용자가 무엇을 얻을 것인가를 정의한다. 그리고 현 단계인 설계 단계에서 하드웨어나 소프트웨어에 대한 추상화가 이루어지며 추상화의 수준이 더 낮아진다. 최하위 단계에서의 추상화는 원시 코드가 생성되는 수준까지 낮아진다.

추상화의 예를 들어보자. 현실 세계를 표현하는 가장 단순한 언어적 표현은 바로 명사와 동사이다. 예를 들어 「자동차를 사다」와 「과자를 먹다」를 추상화 한다고 하자. 위와 같이 어떤 명사적(정적) 사물(객체)이 존재하고, 명사적 사물에 대해서 동사(동적 또는 기능적)가 사용될 수 있다. 현실 세계의 존재(사물, 객체, 데이터)를 컴퓨터에서 사용하기 위해서는 해당되는 수많은 정적 또는 동적인 개념들 중에서 내가 컴퓨터에서 사용해야 할 것만 추출하여 정리하는 것이 추상화이다. 추상화의 결과는 대게 프로그래밍에서 구조체와 클래스로 표현된다.

설계 단계에서 흔히 쓰는 추상화들은 과정(procedure) 추상화, 자료 추상화(data), 제어(control) 추상화가 있다. 원하는 날짜를 입력으로 받아 요일을 알려주는 만년 달력 프로그램을 예로 들어보자.

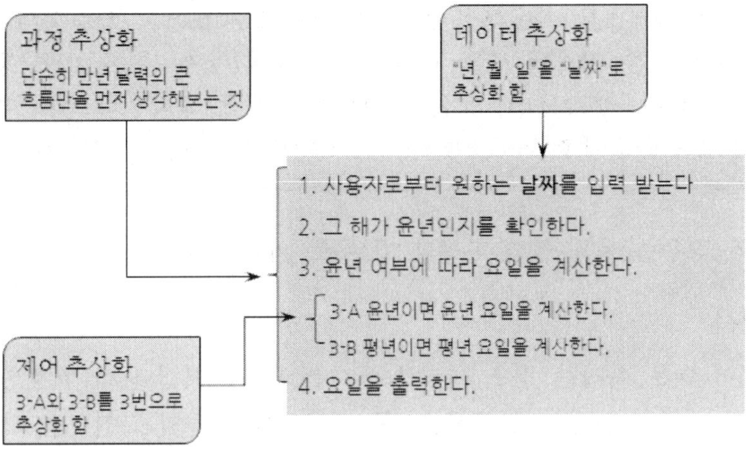

(그림 6-2) 추상화 개념

- **과정 추상화**

  수행과정의 자세한 단계를 고려하지 않고 상위수준에서 수행 흐름만 설계

- **자료 추상화**

  데이터 구조를 대표할 수 있는 표현으로 대체하는 것

- **제어 추상화**

  프로그래밍에서 쓰이는 제어 구조를 추상화하는 것

2) 정보 은닉

정보 은닉(information hiding)이란 필요하지 않는 정보는 접근할 수 없도록 하여, 한 모듈 또는 하부 시스템이 다른 모듈의 구현에 영향을 받지 않게 설계하는 것을 의미한다. 정보 은닉은 외부에 감추어야 하는 비밀에 따라 시스템을 분할하는 모듈 분할의 원리이다. 모듈은 변경될 가능성이 있는 비밀을 내부로 감추고, 잘 정의되고 쉽게 변경되지 않을 공용 인터페이스를 외부에 제공하여 내부의 비밀에 함부로 접근하지 못하도록 한다.

> 시스템의 모듈을 분할하기 위한 설계 원리인 정보 은닉은 변경 가능한 측면을 추상화하는 인터페이스를 사용하여 변경에 대한 세부 내용을 캡슐화하거나 감추고 사용자(이 경우 다른 시스템 모듈 내의 소프트웨어)에게 일반적이고 통합된 서비스 집합을 제공한다. 이것은 각 모듈이 자신만의 작은 도메인(small domain)으로 구성되어 있음을 의미한다.(Len Bass, Paul Clements, Rick Kazman).

모듈의 경우를 예를 들면 아래와 같은 두 가지 정보를 은닉해야 한다.

- **복잡성**

  모듈이 너무 복잡한 경우 이해하고 사용하기가 어렵다. 외부에 모듈을 추상화 시킬 수 있는 간단한 인터페이스를 제공해서 모듈의 복잡도를 낮춘다.

- **변경 가능성**

  변경 가능한 설계 과정이 외부에 노출될 경우 실제로 변경이 발생할 경우에 파급 효과가 커진다. 변경 발생 시, 하나의 모듈만 수정하면 되도록 변경 가능한 설계 결정을 모듈 내부로 감추고 외부에는 쉽게 변경되지 않을 인터페이스를 제공하도록 한다.

즉 모듈 내부의 자료구조나 수행 방법 등에 변화가 일어났을 때, 외부 모듈들이 영향을 받지 않도록 설계할 수 있도록 지원하는 개념이 정보 은닉이다. 이 개념은 시스템 설계에 있어서 구성 요소간의 독립성을 유지시켜 준다. 모듈 서로간의 내부 구조를 감추어 주고, 서로의 내부 구조를 알 필요가 없이 오직 정해진 인터페이스만을 통해 서로 소통한다. 만약 한 모듈에 수정이 요구되는 경우, 모듈 내부의 자료 구조와 이에 접근하는 동작들에게만 수정을 국한시킴으로써 변화에 쉽게 적응할 수 있고 유지보수를 용이하게 해나갈 수 있게 해준다.

3) 단계적 분해

단계적 분해(stepwise refinement)란 정교하게 만들어 가는 절차를 의미한다. 하향식 설계 전략으로서 프로그램 구조를 점차적으로 구체화시키는 방법이다. 추상화의 상위 수준에서 하위 수준으로 분해가 이루어지며, 프로그램 언어의 문장으로 표현될 때까지 기능의 거시적인 문장으로 분해되어 진행된다. 각 단계에서 주어진 프로그램의 하나 혹은 그 이상의 명령들은 보다 자세한 명령들로 분해되며, 모든 명령들이 프로그램 언어의 형태로 표현될 때 종료된다.

단계적 분해는 하향식 설계 방법에 주로 사용되며 전체 시스템 구조에서 점진적으로 서브시스템, 모듈, 유니트 등으로 내려가면서 구체화해야 한다. 정제 과정에서 추상화의 수준이 낮아지며 각 기능은 단계적으로 분해된다. 기본 설계에서 상세 설계로 진행된다는 것은 높은 추상화 단계에서 낮은 추상화 단계로 가는 단계적 분해 과정이다. 한편 큰 시스템을 상세화하면서 계층적인 배열을 두어 서로의 종속관계를 표시하는 것을 레벨화 또는 계층화라 한다. 단계적 분해에서는 이러한 계층화 단계별로 정제화를 하는 것이다.

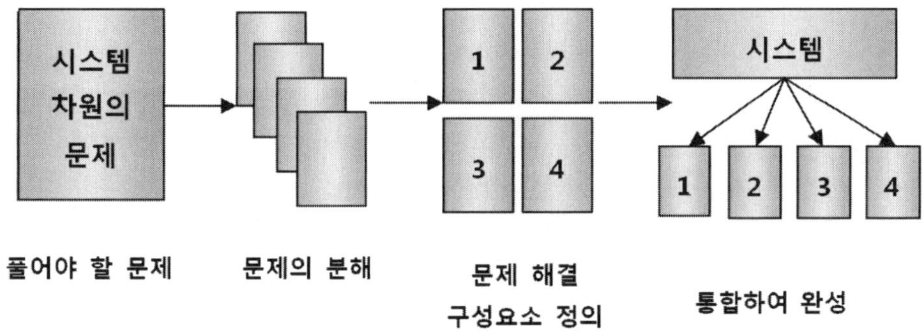

(그림 6-3) 단계적 분해의 개념도

4) 모듈화

모듈화(modularity)란 하드웨어나 소프트웨어를 목적 단위로 또는 기능 단위로 분류하는 것이다. 시스템을 분해하고 추상화하여 시스템의 품질과 성능을 향상시키고 시스템의 디버깅, 시험, 통합 및 수정을 용이하게 하는 것이다. 모듈화의 기준은 추상화 수준, 정보 은닉, 모듈의 독립성(응집도와 결합도)의 정도로 판단한다. 모듈화의 장점은 시스템을 기능 단위로 분해가 가능하고, 기능 활용에 따르는 계층적 순서를 제시할 수 있고, 자료 추상화를 구현할 수 있고, 하부 시스템들이 독립적으로 개발될 수 있도록 하며, 하드웨어나 소프트웨어의 성능을 향상시키고 시험과 수정을 용이하게 해준다.

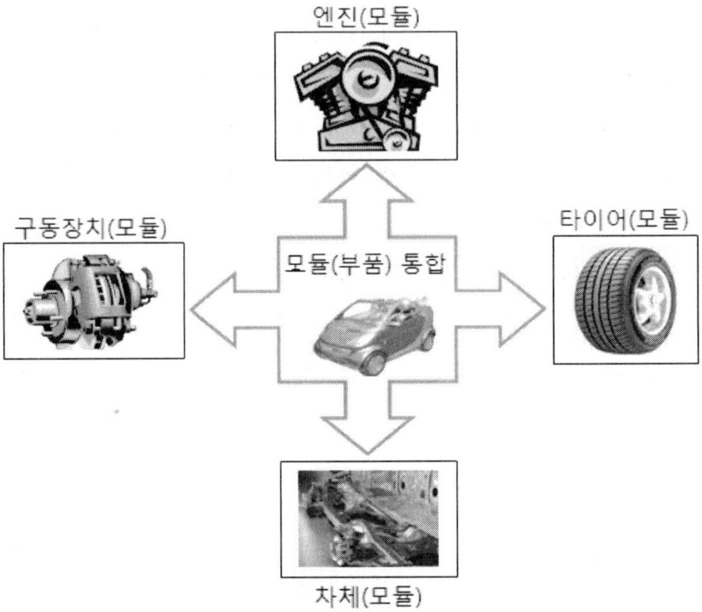

(그림 6-4) 모듈화의 개념도

자동차를 만드는 예를 들면 (그림 6-4)와 같이 자동차를 구성하고 있는 각각의 독립적인 모듈(부품)들로 분해해서 설계하고, 각각의 모듈을 완성시킨 다음, 이들을 통합시켜 자동차를 완성한다. 이처럼 하나의 시스템을 각각의 독립적인 모듈들로 부품화시켜 제작하게 되면 설계와 개발이 용이해지고 재사용과 유지보수가 용이해진다. 소프트웨어에서 모듈의 예는 아래와 같다.

- 프로시듀어, 서브루틴, 함수, 쓰레드
- 관련 프로시듀어, 서브루틴, 함수 쓰레드들의 기능별 그룹
- 병행처리 프로세스

모듈화는 복잡도 문제를 해결해 준다. 즉 크고 복잡한 문제를 해결하기 위해 문제를 작은 단위인 모듈로 분할시킴으로써 문제가 단순화지고 해결하기가 쉬어진다. 그러나 모듈의 수가 증가하면 상대적으로 각 모듈의 크기는 감소하며, 모듈들 사이의 상호 교류가 증가하여 시스템의 성능이 떨어지고 과부하 현상이 나타난다. 소프트웨어 모듈은 아래의 특징을 가지고 있다.

- 모듈은 명령어, 처리 논리, 자료구조를 갖는다.
- 모듈은 개별적으로 컴파일 할 수 있으며 라이브러리 내에 저장할 수 있다.
- 모듈은 하나의 프로그램 내에 저장될 수 있다.
- 모듈 세그먼트는 하나의 명칭 및 여러 개의 매개변수를 호출함으로써 사용할 수 있다.
- 모듈은 다른 모듈을 사용할 수 있다.

5) 프로그램 구조화

대형 시스템을 작은 시스템들로 분해하기 위해서는 프로그램 구조화(program structure)가 필요하다. 계층적 구조는 이해하기 쉽고 프로그램과 자료를 설명하기 용이하다. 프로그램 구조화란 문제의 영역들을 각각의 기능 모듈 단위로 세분화하여 모듈간의 관계를 구조적으로 설계하는 과정이다. (그림 6-5)는 계층적 구조를 갖는 프로그램 구조화의 한 예를 보여준다.

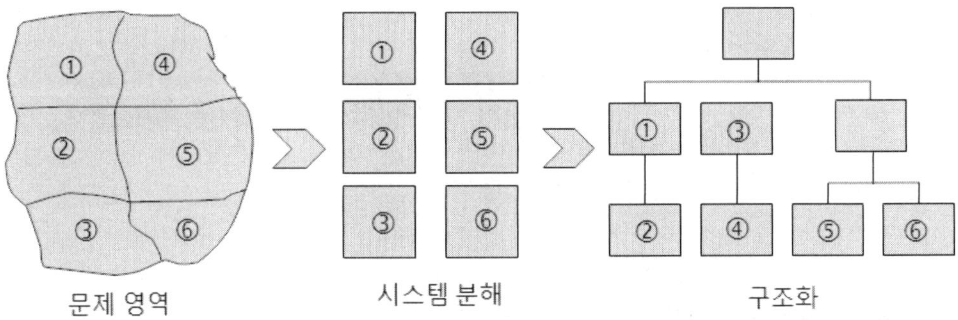

(그림 6-5) 프로그램 구조화

(그림 6-6)은 데이터 베이스 설계 구조를 보여주고 있으며, 계층형 구조, 네트워크 구조, 관계형 구조, 객체-관계형 구조를 보여주고 있다.

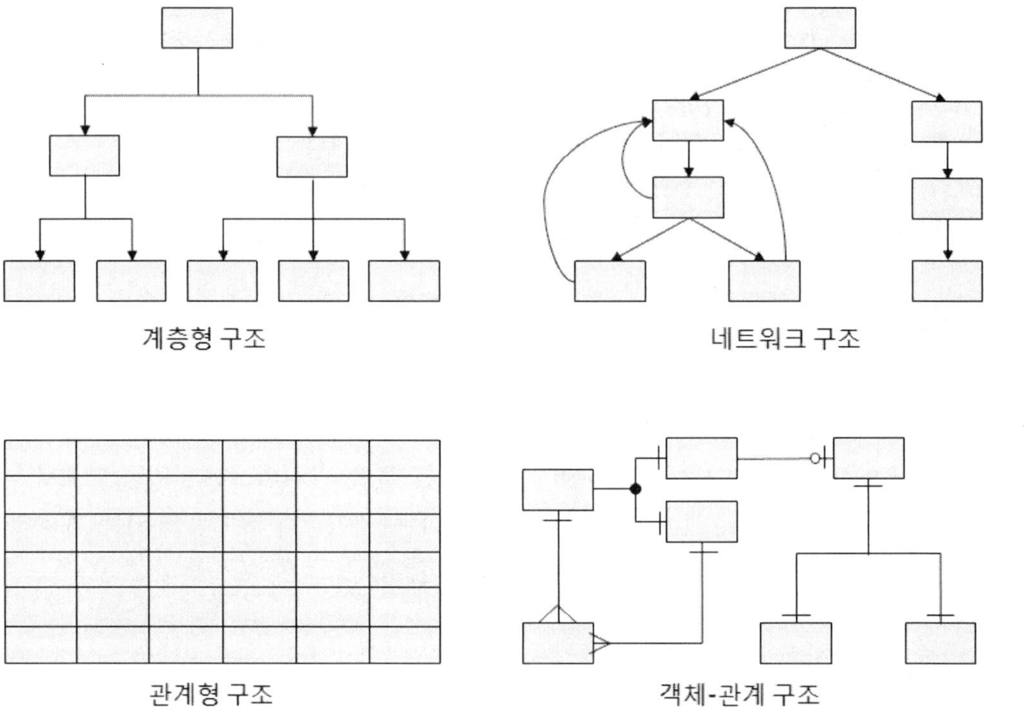

(그림 6-6) 데이터 베이스 설계 구조

6.2 설계 품질 요소

좋은 설계라는 의미를 정의하기란 쉽지가 않다. 먼저 좋은 설계를 위해서 설계 품질을 결정짓는 요소에 대한 알아볼 필요가 있다. 설계 품질에 영향을 미치는 요소들은 모듈 독립성(module independence), 응집도(cohesion), 결합도(coupling), 이해도(understandability), 적응도(adaptability)를 들 수 있다.

1) 모듈 독립성

모듈화를 하게 되면 각 모듈의 구조가 간단하고 복잡성이 낮아지기 때문에 설계를 쉽게 할 수 있다. 그러나 각 모듈을 쉽게 설계하였다고 해서 소프트웨어를 쉽게 설계한다고 할 수 없다. 모듈화를 하게 되면 모듈간에 상호 연동하여 정해진 기능을 수행해야 하기 때문에 모듈간의 관계가 고려되어야 한다. 만약 모듈간의 관계가 많고 복잡하면 더불어 하드웨어나 소프트웨어가 복잡해지고 비용도 증가한다. 또한 하드웨어나 소프트웨어가 이해하기 어렵게 되고 잦은 설계 변경이 발생할 경우, 많은 모듈에 영향을 주어 유지보수가 어려워진다.

모듈간의 관계가 최소화되고 단순화된 경우, 독립성이 높다고 한다. 설계 품질을 향상시키기 위해서는 이해하기 쉽고 수정이 용이하도록 하드웨어나 소프트웨어를 제작해야 하며, 높은 독립성을 갖고 있는 모듈들을 설계하여야 한다. 모듈의 독립성은 결합도와 응집도를 사용하여 측정한다. 모듈의 독립성을 높이려면 모듈간의 결합도는 낮아야 하고 모듈의 응집도는 높아야 한다.

모듈의 크기가 지나치게 크면 이해하기 어렵고 응집도가 너무 높아진다. 반대로 지나치게 작으면 너무 작은 단위의 기능만을 수행하므로 응집도가 너무 낮아진다. 한편, 모듈의 크기는 개발 비용과도 직접적인 관련이 있다. 모듈의 크기가 커질수록 개발 비용이 증가하게 된다. (그림 6-7)에 모듈의 크기와 개발 비용과의 관계를 나타내었다.

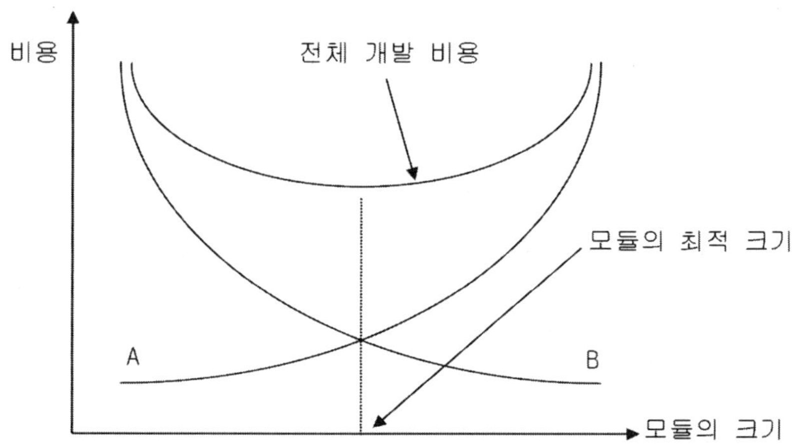

(그림 6-7) 모듈의 크기와 개발 비용과의 관계

2) 결합도

한 모듈과 다른 모듈 사이의 상호 의존도 또는 두 모듈 사이에 연관되는 정도를 말한다. 모듈들 상호간에는 낮은 결합도를 가지는 것이 바람직하다. 모듈의 결합도가 낮다는 것은 체계가 잘 분할되어 서로 관계없는 모듈은 분리되어 존재한다는 의미가 된다. 낮은 결합도의 장점은 한 모듈내에 에러가 다른 모듈에 영합을 미치는 파급효과를 최소화 시킬 수 있으며, 한 모듈의 변경이 다른 모듈에 큰 영향을 미치지 않고 모듈의 유지보수와 변경이 가능하다. 또한 특정 모듈의 내부 사항을 자세히 알지 못해도 그와 관련된 다른 모듈을 효과적으로 취급할 수 있다.

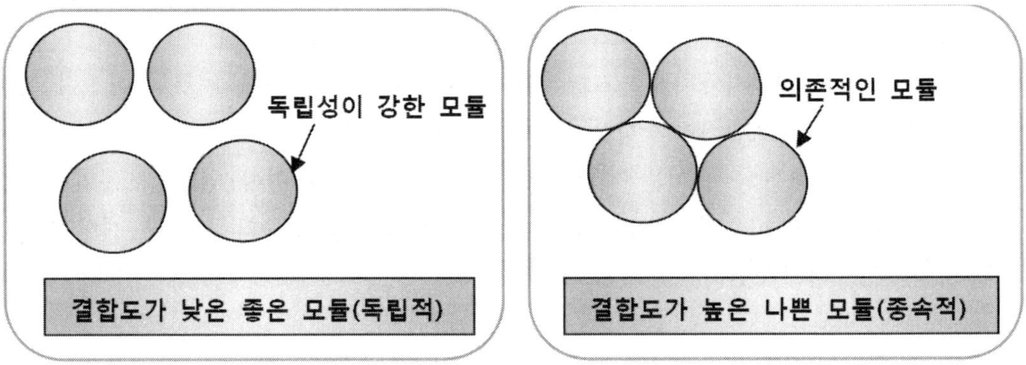

(그림 6-8) 모듈의 결합도

결합도에 영향을 미치는 요소는 네 가지이다. 결합도를 관점에 따라 분류하고 각 결합도에 대한 상대적인 결합력을 [표 6-1]에 나타내었다.

- **모듈들 사이의 연결 유형**

  한 모듈 안에 있는 요소가 다른 모듈에 의해 참조될 때

- **인터페이스 복잡도**

  인터페이스의 복잡도가 높을수록 모듈들 사이의 결합도는 증가

- **정보 흐름의 유형**

  데이터를 교류하고 있는 모듈들 사이의 결합도는 제어 신호를 교류하고 있는 모듈들 사이의 결합도보다 약함

- **바인딩 시간**

  모듈 사이의 연결을 묶을 때(예; 컴파일, 로딩, 실행 시)

[표 6-1] 결합도 분류

결합력	유형	내용
강함 ↕ 약함	내용 결합 (content)	어느 한 모듈이 국부적인(local) 자료 값을 수정하거나 타 모듈의 내부를 수정하는 경우
	공통 결합도 (common)	광의의 자료구조에 의해 모듈들이 서로 묶여 있는 경우
	외부 결합도 (external)	소프트웨어의 외부 환경에 모듈이 관련되어 있는 경우
	제어 결합도 (control)	모듈의 기능을 제어하기 위해 제어용 신호를 주고 받는 경우
	스템프 결합도 (stamp)	광역의 공통자료를 필요로 하는 모듈 사이에서만 선별적으로 레코드를 공유하는 경우
	자료 결합도 (data)	모듈간의 대화를 위해 변수 목록이나 테이블을 주고 받는 경우

3) 응집도

한 모듈 내부의 처리 요소들간에 기능적으로 연관되는 정도를 나타낸다. 모듈 내부 요소는 명령어, 명령어의 모임, 호출문, 특정 작업 수행 코드 등 체계를 모듈 단위로 얼마나 잘 분할되었는지를 알려주는 지침이 된다. 모듈간의 결합도를 최소화함으로써 시스템내의 모든 모듈의 양호한 응집도를 얻을 수 있다.

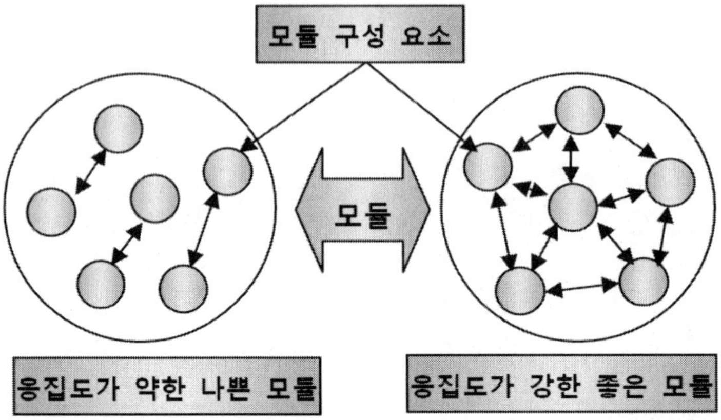

(그림 6-9) 모듈의 응집도

응집도를 관점에 따라 분류하고 각 응집도에 대한 상대적인 응집력을 아래에 나타내었다.

[표 6-2] 응집도 분류

응집력	유형	내용
강함 ↕ 약함	함수적 응집도 (informational)	모듈내의 모든 요소들이 단일 기능을 발휘하는 경우
	순차적 응집도 (sequential)	한 요소의 입력이 다른 요소의 출력이 되는 경우
	통신 응집도 (communication)	모든 요소들이 동일 입출력 자료를 이용하는 경우
	절차적 응집도 (procedural)	모듈의 수행 요소들이 관련되어 반드시 특정한 순서로 실행되어야 하는 경우
	시간적 응집도 (temporal)	같은 시간 내에 모두 실행되어야 할 것들과 관련된 타스크를 포함하는 경우
	논리적 응집도 (logical)	논리적으로 유사한 기능을 발휘하지만 서로간의 관계가 밀접하지 않는 경우
	우연적 응집도 (coincidental)	요소들이 뚜렷한 관계없이 한 모듈내에 존재하는 경우

6.3 구체적인 시스템 설계 프로세스

설계는 구조(architecture) 설계, 기능 명세, 인터페이스 설계, 컴포넌트 설계, 자료구조 설계, 알고리즘 설계 순으로 진행된다. 각 단계별로 임무가 완성되면 산출물이 도출되며, 각 단계에서 도출되는 산출물은 다음 단계에서 필요한 기본 자료로 활용된다.

구조 설계는 상위 설계(high-level design) 또는 예비 설계라고 부른다. 이 단계에서는 시스템의 전체 구조, 구성 요소 및 동적 행위 등을 결정하고 기능 명세와 인터페이스를 설계한다. 상세 설계는 하위 설계(low-level design) 또는 모듈 설계라고 부르며 시스템의 각 구성 요소들을 식별하고 자료구조와 알고리즘, 동적 행위 등이 설계된다.

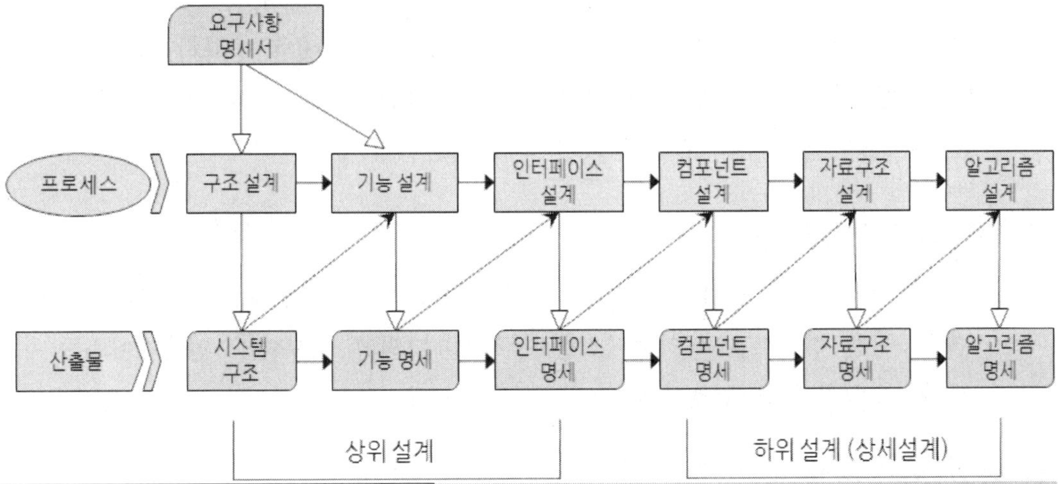

(그림 6-10) 구체적인 시스템 설계 프로세스

(그림 6-10)에 구체적인 시스템 설계 프로세스와 산출물에 대해 나타내었다. 여기서 전체적인 하드웨어와 소프트웨어 구조가 나타나는 구조 설계, 기능 명세, 인터페이스 설계까지가 상위 설계에 해당되고, 나머지 단계들은 하위 설계에 해당된다.

1) 구조 설계

시스템 전체에 대해서 상위 레벨의 하드웨어와 소프트웨어 구조를 설계한다. 시스템 구조는 반드시 하드웨어를 고려해야 한다. 그리고 시스템을 단계적 분해 개념을 도입하여 시스템을 서브시스템으로 분해할 것인지를 결정하고 만약, 서브시스템으로 분해한다면 이들 간의 상호 의존성을 정의한다. 즉 시스템을 구성하는 서브시스템을 규명하고 이들 서브시스템 간의 연결 방법을 정의하는 것이다. 시스템이 정상적으로 작동하기 위해서 필요한 외부 장치도 식별되어야 한다. 구조 설계가 완성되면 결과물로서 시스템 구조가 도출된다.

2) 기능 명세

구조 설계에서 정의한 서브시스템 각각에 대해 기능을 명세화한다. 즉 구조 설계가 완성되면 서브시스템 별로 만족해야 할 사항을 기능 위주로 기술한다. 이 단계에서는 앞선 구조 설계 단계에서 정의한 시스템과 서브시스템 관점으로 개발 기능들을 정의한다. 즉 시스템에서 실현할 기능들을 추출하여 정의하고, 각 개발 기능이 무엇을 행하는지가 시스템과 서브시스템 관점에서 명확히 서술되어야 한다. 대형 시스템의 경우 이를 기능 규격서 문서로 별도로 작성하지만 중·소 규모 시스템의 경우 시스템 설계서에 포함하는 것이 일반적이다.

3) 인터페이스 설계

서브시스템간의 인터페이스들을 설계한다. 서브시스템간에 연결 관계가 성립할 경우, 어떤 방식으로 인터페이스할 것인지, 그리고 외부와의 인터페이스는 어떻게 할 것인지 등을 결정한다.

4) 컴포넌트 설계

서브시스템들을 더 작은 단위 요소들로 분할하고 설계한다. 서브시스템과 이들 간의 인터페이스에 대한 설계를 완료되었으므로 하나의 모듈을 어떻게 개발할 것인지를 고민해야 하는데, 모듈을 좀 더 작은 단위인 유니트로 분할할 수 있는지를 살펴보고 세분화된 유니트 단위 요소로 분할한다. 즉, 서브시스템은 하위 단위인 소프트웨어 모듈로 분할한다. 그리고 필요하다면 모듈도 그 보다 더 하위 단위 요소인 소프트웨어 유니트들로 분할한다.

5) 자료구조 설계

단위 요소가 사용하는 데이터를 관리하기 위해 필요한 자료 구조를 설계한다.

6) 알고리즘 설계

단위 요소가 해결해야 할 기능에 대한 알고리즘을 설계한다.

6.4 시스템의 계층적 구조

시스템의 계층적 구조란 하나의 시스템이 점진적으로 서브시스템, 모듈, 유니트 단위로 분해되고 이들이 계층적으로 표현되는 것을 말한다. 높은 추상화 단계에서 낮은 추상화 단계로 가는 단계적 분해 과정을 거쳐 시스템이 구조화되는 것이다. 시스템을 계층적으로 구조화 하기 위해서는 사용자 관점에서 도출된 요구사항들을 시스템 개발 관점에서 독립적인 설계 단위인 서브시스템, 블록, 유니트로 매핑한다. 따라서 사용자 요구사항들은 계층적으로 구조화된 후, 점진적으로 서브시스템, 모듈, 유니트 단위에 매핑되고 분해되어 소프트웨어로 실체화된다.

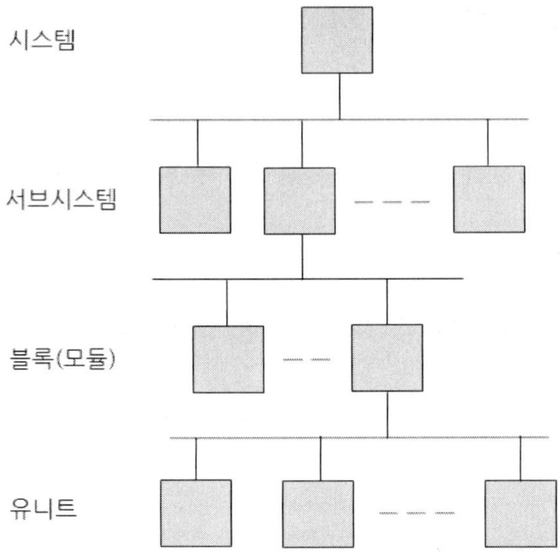

(그림 6-11) 시스템의 계층적 구조

일반적으로 많이 사용하는 시스템의 계층적 구조를 (그림 6-11)에 나타내었다. 시스템은 여러 개의 서브시스템으로 분해되고, 서브시스템은 다시 다수의 블록으로 분해되고, 블록은 다시 하드웨어나 소프트웨어의 최소단위인 유니트로 분해된다. 그러나 계층적 구조는 시스템의 규모와 형태에 따라 달라질 수 있다. 예를 들어 규모가 작은 시스템의 경우에는 서브시스템을 별도로 두지 않는다. 그리고 유니트를 별도로 두지 않아 블록이 소프트웨어 최소단위가 되는 경우도 있다. 이와는 반대로 규모가 큰 시스템의 경우에는 시스템 그 하위에 다시 시스템을 둘 수 있고, 마찬가지로 서브시스템, 모듈, 유니트는 그 하위에 각각 서브시스템, 모듈, 유니트를 더 둘 수 있다.

1) 시스템

시스템(system)이란 컴퓨터 등 정보기기들을 이용하여 효율적인 업무처리를 돕기 위한 장치이다. 아주 단순한 시스템의 구조를 (그림 6-12)에 나타내었다. 시스템은 입력과 처리 그리고 출력을 갖는 하나의 장치로 표현된다. 컴퓨터에 의해 처리가 가능한 형태로 자료가 변환되어 입력되고, 컴퓨터에 의해 그 자료가 저장, 처리, 가공되어, 필요한 시점에 컴퓨터를 통해, 그 자료(정보)가 출력될 수 있도록 설계되고 구현된 정보 체계이다.

(그림 6-12) 시스템의 개념

다르게 표현하면 시스템이란 개발하려는 범주에 속하는 단위 장비이다. 시스템은 그 하위에 다수의 서브시스템들로 구성될 수 있으며, 각 서브시스템은 독립적으로 설계가 가능하다. 일반적으로 하나의 시스템은 독립적으로 존재하나 별도의 다른 외부 시스템과도 인터페이스를 가질 수 있다.

2) 서브시스템

하드웨어나 소프트웨어의 복잡성을 줄이는 것이 핵심 과제 중 하나이다. 시스템의 규모가 커짐에 따라 하드웨어나 소프트웨어의 복잡성은 더욱 더 커진다. 규모가 크고 복잡한 시스템의 경우, 복잡성을 줄이고 개발을 용이하게 하기 위해서 하나의 시스템을 다수의 서브시스템(sub-system)으로 분해하고, 각 서브시스템을 독립적으로 개발한 후, 마지막으로 서브시스템들을 통합하여 전체 시스템을 개발하는 완성하는 방법을 사용한다.

서브시스템들은 시스템의 부분집합이다. 시스템의 기능을 공통의 속성, 하드웨어의 물리적 분리 등의 관점에서 그룹화 한 것으로 독립적으로 설계가 가능한 시스템의 일부이다. 서브시스템은 독립적인 물리적 구조와 기능 및 형상을 갖는다. 경우에 따라서 서브시스템은 독립적인 하나의 제품이 될 수 있다. 시스템을 서브시스템으로 분해하여 설계하면 구현하는 과정이 단순화될 뿐만 아니라, 문서화가 쉽고 시험과 유지보수가 용이하게 된다. 이렇게 시스템을 분해하는 과정은 설계 단계에서 반드시 거쳐야 하며 이어지는 상세 설계, 구현, 시험, 유지보수에 꼭 필요한 과정이다. 시스템을 여러 개의 서브시스템으로 분해하는 기준은 아래와 같다.

- 각 서브시스템은 독립성이 매우 강해야 한다.
- 타 서브시스템에 영향이 최소화 되도록 한다.
- 구현 완료 후, 독립적인 시험이 가능해야 한다.

3) 블록

일반적으로 컴퓨터 분야에서 사용되고 있는 블록(block)과 모듈(module)이라는 용어는 독립되어 있는 하나의 하드웨어 또는 소프트웨어 단위를 지칭한다. 개발자에 따라 블록의 하위 단위를 모듈이라고 정의하기도 하지만, 이 책에서는 블록과 모듈을 동일한 용어로 사용한다. 블록이란 서브시스템의 기능을 공통의 속성, 하드웨어의 물리적 위치 등의 관점에서 그룹화 한 것으로 독립적으로 설계가 가능한 서브시스템의 부분집합이다. 블록의 분해 기준은 아래와 같다.

- 블록은 응집도를 최대화 하여야 한다.
- 블록간의 결합도를 최소화 하여야 한다.
- 설계 시, 다른 블록에 영향이 최소화되도록 해야 한다.
- 블록이 완성되면 독립적인 시험이 가능해야 한다.

4) 유니트

유니트(unit)란 계층적 구조에서 블록을 형성하는 기본 단위이다. 가장 기본적이고 독립적인 최하위 설계 단위이다. 일반적으로 하드웨어 유니트는 PBA(Printed Board Assembly)를 말하며 소프트웨어 유니트는 소스 파일 레벨을 말한다. 유니트의 분해 기준은 아래와 같다.

- 유니트는 응집도를 최대화 하여야 한다.
- 유니트간의 결합도를 최소화 하여야 한다.
- 가능하면 독립적으로 동작할 수 있도록 하고 쉽게 교체할 수 있도록 한다.
- 오류 발견 시, 다른 부분에 영향을 미치지 않도록 격리시킬 수 있어야 한다.
- 유니트가 완성되면 독립적인 시험이 가능해야 한다.

6.5 시스템 설계

시스템 설계에서는 사용자 관점에서 도출된 요구사항들을 시스템 개발 관점에서 독립적인 설계 단위인 서브시스템 또는 모듈로 분해하여 계층적으로 구조화하고, 시스템에서 지원하는 기능적 요소, 비기능적 요소, 내·외부 인터페이스 등을 설계한다. 이 절에서는 시스템의 규모가 작아서 서브시스템을 별도로 두지 않는 경우를 설명한다. 시스템 하위에 서브시스템을 두는 경우에는 「6.6절 서브시스템 설계」를 읽기 바란다. 시스템을 계층적으로 분해하는 원칙은 아래와 같다.

- **절차 기반 분해**
  시스템에서 요구하는 기능, 자료 처리 과정, 알고리즘 등을 중심으로 시스템을 분해하는 방법
- **자료 위주 분해**
  시스템에서 저장 및 처리되어야 할 자료의 구조들을 중심으로 시스템을 분해하는 방법
- **객체지향 분해**
  자료와 자료에 요구되는 오퍼레이션들을 분리하지 않고 하나의 모듈 단위로 보고 시스템을 분해하는 방법

1) 시스템 구조 설계

시스템 구조 설계에서는 하나의 시스템을 여러 개의 모듈로 분해하여 하위 계층을 완성하고 이들 간의 연관 관계를 나타내는 인터페이스를 설계한다. 즉 시스템 전체의 상위 구조가 완성되는 단계로서, 모듈이 처음으로 정의(식별)되고, 각 모듈이 제공해야 할 기능과 모듈들간의 인터페이스가 설계된다. 유니트는 블록설계에서 다루므로 이 단계에서는 고려하지 않는다. 하나의 시스템은 다수의 소프트웨어 블록으로 구성된다. 앞에서 언급했듯이 대게는 블록 아래에 유니트를 두지만 소규모 시스템에서는 유니트를 별도로 두지 않을 수도 있다. 유니트를 두지

않으면 블록 그 자체가 하드웨어나 소프트웨어 개발의 최소 단위가 된다.

시스템의 논리적인 구조 예를 (그림 6-13)에 나타내었으며, 이해를 돕기 위해 계층적 구조를 평면으로 표현하였다. 예에서 시스템은 하나의 하드웨어를 가지며, 네트워크를 통해 별도의 통신을 하지 않으며, 소프트웨어는 응용 레벨에서 수행된다. 시스템은 세 개의 블록으로 구성된다. 블록 1은 하드웨어 및 운영체제, 블록 2, 블록 3과 각각 인터페이스가 있으며, 블록 2와 블록 3은 각각 블록 1과 인터페이스가 있으며, 블록 2와 블록 3 사이에는 상호작용이 없어서 인터페이스가 정의되지 않았다.

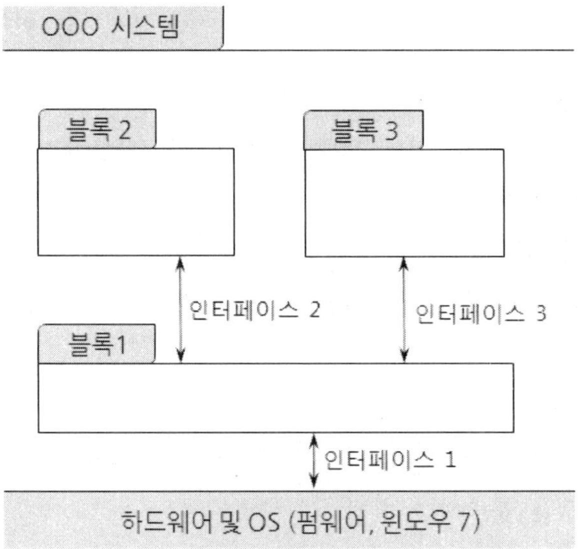

(그림 6-13) 시스템의 논리적인 구조 1

또 다른 시스템의 논리적 구조 예를 (그림 6-14)에 나타내었다. 예에서 시스템은 서버와 클라이언트 각각이 별도의 하드웨어로 구성되며, 네트워크를 통해 TCP/IP 통신을 하며, 소프트웨어는 응용 레벨에서 수행된다. 물론 서버와 클라이언트를 각각 별도의 서브시스템들로 둘 수도 있으나, 이 예에서는 규모가 작은 시스템임을 고려하여 별도로 분해하지 않았다. 시스템은 다섯 개의 블록으로 구성된다. 블록들 사이에는 다섯 개의 인터페이스가 있다. 인터페이스 1과 인터페이스 4와 그리고 인터페이스 2와 인터페이스 5는 동일한 상호작용을 한다.

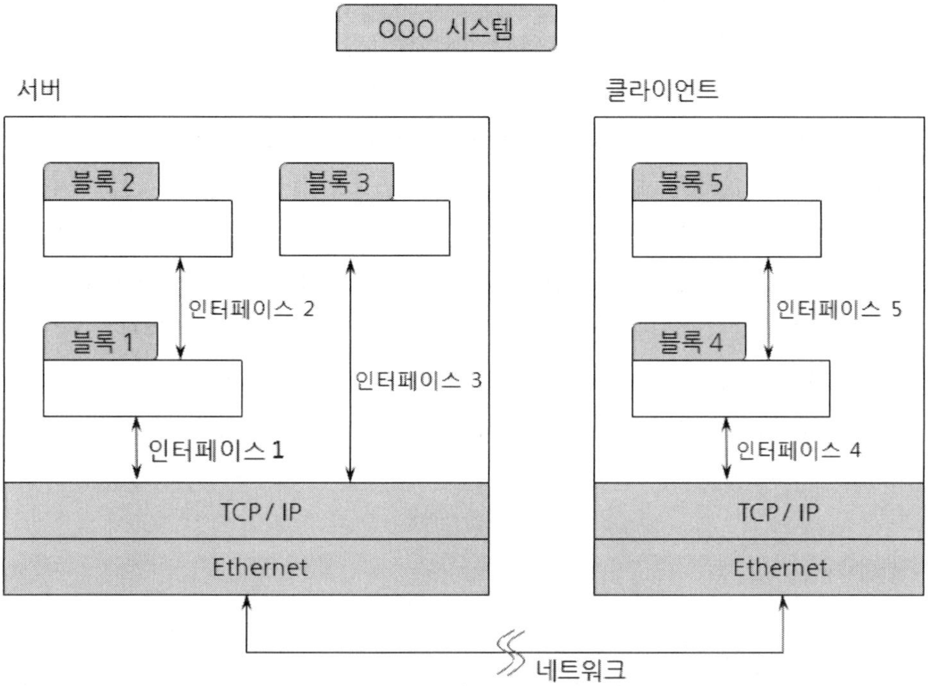

(그림 6-14) 시스템의 논리적인 구조 2

2) 기능 명세

기능 명세에서는 앞의 구조 설계에서 정의한 시스템 관점에서 개발 기능들을 정의한다. 즉 시스템에서 실현할 기능들을 추출하여 정의하고, 각 개발 기능이 무엇을 행하는가를 시스템 관점에서 명확하게 나타낸다. 이 단계에서 시스템의 기능 명세가 완성되고 정의한 개발 기능들이 모듈 단위로 분해되고 할당된다. 대규모 시스템의 경우, 기능 명세를 「기능 규격서」 라는 문서로 별도로 작성하지만 중 · 소 규모 시스템의 경우에는 「시스템 설계서」 에 포함하는 것이 일반적이다.

기능 명세라는 용어와 기술 명세라는 용어가 혼용되어 사용되고 있으나 엄밀히 말하면 다르다. 기능 명세란 사용자의 관점에서 최종 제품이 어떤 모습이며 어떻게 동작할 것인지를 기술한 것이다. 따라서 기능 명세란 어디까지나 최종 사용자의 입장에서 기술한 문서이기 때문에 내부 구현이나 설계 이슈를 포함하지 않는다. 또한 최종 제품에 대해서 말하기 때문에 각 하드웨어나 소프트웨어 컴포넌트들이 어떻게 상호작용하는지도 중요하지 않다. 그저 이 프로젝트가 끝나면 나오는 최종 산출물이 어떤 모습이며 어떤 일을 수행하는지를 기능적으로 자세히 기술하는 것이다. 기술 명세는 프로그램 내부 구현에 대한 기술이며, 데이터 구조, 관계형 데이터 베이스 모델, 프로그래밍 언어, 알고리즘, 플랫폼 등을 기술하는 것이 일반적이다. 기술 명세는 설계 및 구현에 직접적인 도움을 주기 위한 것이며 사용자의 관점에서 시스템을 기술한 기능 명세와는 다르다.

기능 명세는 추후 시스템 시험 단계에서 무엇을 테스트 해야 할지에 대한 단서를 제공한다는 측면에서 소프트웨어 시험에 중요한 기준이 된다. 최종 제품이 원래 요구사항에 기술된 요소를 모두 충족시켰는지를 판단하는 중요한 근거가 되기 때문이다.

3) 인터페이스 설계

모듈 사이의 인터페이스를 설계한다. 대표적인 인터페이스는 GUI와 같은 사용자 인터페이스, 하드웨어 인터페이스, 소프트웨어 인터페이스를 들 수 있다. 모듈 사이에 연결 관계가 성립하고 상호작용이 있을 경우, 어떤 방식으로 상호작용(interaction) 할 것인지, 또 외부와 어떻게 인터페이스 할 것인지 등을 설계한다.

인터페이스에 대해 더 자세히 알아보자. 사용자 인터페이스란 사람과 객체(컴퓨터, 장치, 하드웨어 모듈, 소프트웨어 모듈 등) 사이에 의사소통을 한다는 것을 의미한다. 이를 대표적으로 사용자 인터페이스(user interface)라고 한다. 예를 들어 다이얼이나, 조이스틱, 컴퓨터나 프로그램에 의해 제공되는 운영체계의 명령어, 그래픽 표현형식 등 사용자가 컴퓨터나 프로그램과 의사소통을 하고 사용할 수 있도록 해주는 것이 사용자 인터페이스이다. 사용자 인터페이스 중에 사용자와 장치간에 그래픽 표현형식을 따르고 화면 장치를 통해 소통이 이루어지는 것을 그래픽 사용자 인터페이스(GUI)라 한다.

인터페이스는 사람과 무관하게 하드웨어나 소프트웨어에서도 동일하게 정의된다. 하드웨어 장치간에 인터페이스 한다는 것은 두 장치(예; 보드, PCB, PBA 등)가 효과적으로 교신하거나 함께 일할 수 있도록 적절한 연결을 하는 것을 말한다. 소프트웨어 인터페이스는 두 소프트웨어 객체(모듈, 유니트 등)

사이에 데이터를 주고 받는 절차나 형식을 정의하고 정해진 절차에 따라 서로 상호작용하거나 함께 타스크를 처리하는 것을 말한다. 소프트웨어 인터페이스를 프로그래밍 인터페이스라고도 한다.

(1) 사용자 인터페이스 설계

사용자 인터페이스는 컴퓨터가 사용자에 대하여 정보를 표시하는 방식이나 반대로 사용자가 정보를 입력하기 위한 방식을 정한 것으로, 전통적으로 문자를 기반으로 한 수법이 오랫동안 쓰여져 왔으나 컴퓨터 성능의 향상과 대중화가 반영되어 그래픽 표시나 마우스 조작 등을 이용한 GUI가 널리 쓰여지게 되었다. [표 6-3]에 다양한 사용자 인터페이스 유형과 각각의 장단점을 나타내었다. 편리한 사용자 인터페이스를 설계하기 위해서는 아래의 원칙을 따라야 한다.

- 사용자와 작업 중심의 설계
- 기능성 중심의 설계
- 사용자의 사용 편리성 관점에서의 설계
- 사용자가 작업 수행을 간단 명료하게 진행하도록 설계
- 배우기 쉬운 인터페이스 설계
- 단순 데이터가 아닌 정보를 전달하는 인터페이스 설계
- 적절한 피드백을 제공하는 인터페이스 설계
- 사용자 테스트를 통한 설계 보완

[표 6-3] 사용자 인터페이스 유형

유형	내용
명령어 방식	- 컴퓨터에 명령문을 직접 입력, 전문 사용자에게 적합 - 장점은 유연성이 높고 반복적인 작업에 유용 - 단점은 명령어 암기, 작업 지시에 도움이 되는 정보 없음
메뉴 방식	- 기억보다 인식에 의존하는 방식 - 메뉴 아이템의 집합과 명칭이 사용자에게 유용한 암시를 충분히 제공해야 함
자연어 이용방식	- 자연 언어의 모호성이 혼동을 가져올 수 있음 - 이용 가능한 영역이 제한되어 있음
질의 응답 및 대화방식	- 질문과 응답으로 구성된 단계별 상호작용 - 배우고 이용하기 쉬우나 기능상 제한이 따름
스프레드 시트	- 데이터 입력과 검색에 효과적으로 이용 - 데이터 값을 자유로이 조작할 수 있으나 유연성 있는 데이터 입력과 출력이 요구됨
윔프(WIMP)	- 윈도우를 이용하는 시스템 - 윈도우, 아이콘, 메뉴, 포인터를 말하기도 하고, 윈도우, 아이콘, 마우스 풀 다운 메뉴를 지칭하기도 함 - 아이콘은 임의로 정한 기호이므로 사용자가 이해하기 어려운 경우가 있음
포인터와 클릭	- 하이퍼텍스트 개념과 밀접한 관련이 있음 - 터치스크린 환경에서 사용될 수 있음
삼차원 공간 이용	- 공간적인 여유를 제공하고 자연스러운 입체감을 연출할 수 있음

GUI 설계에서 이용되고 있는 노만(Donald A. Norman)이 주장하는 굿 디자인의 원리는 아래와 같다.

- **굿 디자인은 이해하기 쉬우며 해석하기 쉽다.**
- **아래의 네 가지 항목을 만족할 때 굿 디자인이라 할 수 있다.**
  - 디자인은 어떤 순간에도 어떤 작동이 가능한지 쉽게 결정할 수 있게 해야 한다.
  - 시스템의 개념적 모델, 대안적인 작동, 그 작동의 결과가 포함되어 시각화되어야 한다.
  - 시스템의 현재 상태를 쉽게 평가할 수 있어야 한다.
  - 작동 의도와 요구되는 작동, 작동과 결론적 효과, 인식할 수 있는 정보와 시스템 상태의 해석 사이에 자연스러운 매핑이 이루어져야 한다.

- **굿 디자인의 원리는 복잡함을 쉽게 다룰 수 있도록 돕는다.**
- **굿 디자인은 심미성, 경제성, 유용성, 그리고 제조·생산성을 적절히 혼합해야 한다.**
- **굿 디자인은 제한적 요소들을 개발해서 사용자가 마치 이것이 한 가지 명백한 작동을 느끼게 해야 한다.**

(2) 소프트웨어 인터페이스 설계

소프트웨어 인터페이스는 함수, 프로세스간 IPC(Inter Process Communications) 통신, 쓰레드, 두 통신 노드간 TCP 통신 등의 형태를 가진다. 이해를 돕기 위해 인터페이스 설계 예를 통해 알아보자.

(그림 6-15)에 아주 간단한 함수 사이의 인터페이스를 나타내었다. 편의상 메인 모듈과 덧셈 모듈로 표현하였다. 메인 모듈에서는 덧셈 함수를 호출하고 리턴값을 받아 화면에 출력하는 기능을 수행하고, 덧셈 모듈은 입력받은 두 개의 인자를 받아 덧셈을 하여 리턴하는 기능을 수행한다. 전체적으로는 두 모듈간 소프트웨어 인터페이스를 통해 상호작용이 이루어지고 이를 통해 덧셈결과가 출력된다.

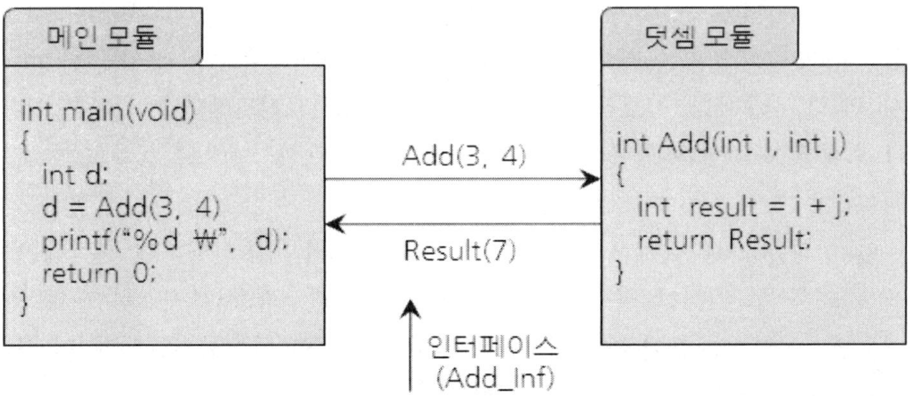

(그림 6-15) 인터페이스 설계 예(함수)

인터페이스 설계 결과를 [표 6-4]에 나타내었다. 인터페이스명은 개발자가 읽기 쉽게 명명하여야 하며 오퍼레이션명은 함수명이 된다. 이 예에서는 간단한 함수를 대상으로 하였지만 쓰레드, 프로세스간 IPC 통신, TCP/IP 등의 인터페이스에도 동일한 개념을 적용하여 인터페이스를 설계하면 된다.

[표 6-4] 간단한 인터페이스 예(함수)

인터페이스	인터페이스명	오퍼레이션명	입력 매개변수	출력 매개변수
인터페이스 1 (메인블록 ↔ 덧셈블록)	Add_Inf	Add	3,4	-
	Add_inf	-	-	7

6.6 서브시스템 설계

시스템 구조 설계에서 시스템을 서브시스템으로 분해 할 경우에 한하여 서브시스템 설계가 이루어진다. 만약 서브시스템을 분해하는데 있어서 하나의 서브시스템만 존재한다면 굳이 서브시스템을 둘 필요가 없다. 서브시스템으로 분해한 경우, 하나의 시스템은 최소한 두 개 이상의 서브시스템으로 구성된다. 규모가 큰 시스템의 경우에는 서브시스템 하위에 별도의 서브시스템들을 둘 수 있다. 그러나 대규모 시스템은 하나의 시스템에 다수의 서브시스템으로 분류하는 것이 일반적이다.

앞 절의 시스템 설계에서 서브시스템을 두는 경우를 설명하면 복잡해지고 혼동을 가져올 수 있어서 설명되지 않은 부분이 있다. 즉 서브시스템을 둘 경우에는 시스템 구조 설계단계에서 서브시스템이 정의되고 서브시스템간의 인터페이스가 설계되어야 한다. 그리고 현재의 서브시스템 설계 단계에서 블록이 최초로 정의되고 블록간의 인터페이스가 설계된다. 서브시스템 설계에서는 시스템에서 정의한 기능들을 개발 관점에서 독립적인 설계 단위인 모듈로 분해하여 계층적으로 구조화하고, 서브시스템에서 지원하는 기능적 요소, 비기능적 요소, 내·외부 인터페이스 등을 설계한다.

1) 서브시스템 구조 설계

서브시스템 구조 설계에서는 시스템 구조 설계와 마찬가지로 하나의 시스템을 여러 개의 모듈로 분해하여 하위 계층을 완성하고 이들 간의 연관 관계를 나타내는 인터페이스를 설계한다. 즉 모듈이 처음으로 정의(식별)되고, 각 모듈이 제공해야 할 기능과 모듈들간의 인터페이스가 설계된다. 유니트는 블록설계에서 다루므로 이 단계에서는 고려하지 않는다. 하나의 시스템은 다수의 블록으로 하드웨어나 소프트웨어로 구성된다. 대게는 블록 아래에 유니트를 두지만 소규모 시스템에서는 유니트를 별도로 두지 않을 수도 있다. 유니트를 두지 않으면 블록 그 자체가 하드웨어나 소프트웨어 개발의 최소 단위가 된다.

두 개의 서브시스템으로 구성된 시스템의 논리적인 구조 예를 (그림 6-16)에 나타내었다. 예에서 시스템은 두 개의 하드웨어로 구성되며, 각각은 별도의 독립된 서브시스템으로 개발되며, 네트워크를 통해 TCP/IP 통신을 하며, 소프트웨어는 응용 레벨에서 수행된다. 이 예에서는 시스템의 규모가 크고, 각 장치들이 물리적으로 원거리에 위치하고 있고, 서브시스템으로 분해할 경우 개발이 용이하다는 점을 고려하여 시스템을 두 개의 서브시스템으로 분해하였다. 서브시스템 1은 네 개의 블록으로 그리고, 서브시스템 2는 세 개의 블록과 하나의 DBMS로 구성된다. 서브시스템 1은 블록들간에 네 개의 인터페이스를 가지며 서브시스템 2는 여섯 개의 인터페이스를 갖는다.

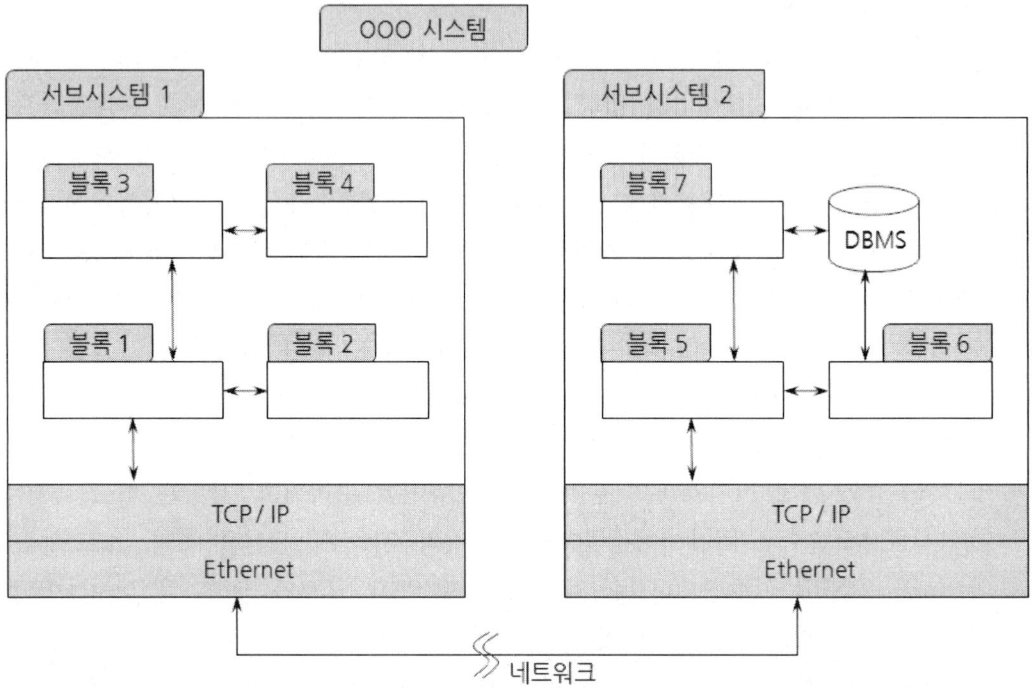

(그림 6-12) 서브시스템으로 구성된 시스템의 논리적인 구조 예

2) 기능 명세

기능 명세에서는 먼저 앞의 시스템 설계 단계에서 정의한 기능들을 서브시스템의 기능으로 분해한다. 그리고 각 서브시스템 단위별로 블록에서 실현할 기능들을 추출하여 정의하고, 각 개발 기능이 무엇을 행하는가를 블록 관점에서 명확하게 서술한다. 대규모 시스템의 경우에는 이를 「서브시스템 설계서」라는 문서로 별도로 작성하지만, 중·소 규모 시스템의 경우에는 「시스템 설계서」에 포함하는 것이 일반적이다. 시스템의 기능 명세와 마찬가지로 서브시스템의 기능 명세는 추후 서브시스템 시험 단계에서 무엇을 테스트해야할지 단서를 제공한다는 측면에서 소프트웨어 시험에 중요한 기준이 된다.

3) 인터페이스 설계

블록들간의 인터페이스들을 정의한다. 블록들이 다수 존재하고 블록들간에 연결 관계가 성립하고 상호작용이 있는 경우, 어떤 방식으로 상호작용시킬 것인지를 정의하는 것이다. 인터페이스 설계 방법은 시스템 설계와 동일하다.

6.7 시스템과 서브시스템 설계서 작성

1) 시스템 설계서 작성

시스템 설계에서 설계된 내용들을 「시스템 명세서」 또는 「시스템 설계서」로 문서화한다. 문서는 정의된 시스템의 구조, 기능, 인터페이스, 성능 등이 개발자가 쉽게 이해할 수 있도록 쉽고 명확하게 작성되어야 한다.

시스템 명세서는 추후 시스템 시험단계에서 구체적인 시험이 가능한 수준으로 작성되어야 한다. 예를 들어 시스템 설계 시, 시스템 통합시험에서 사용될 시험 시나리오를 수립하는 경우가 있다. 이 단계에서의 시험 시나리오란 각 설계 항목을 어떤 시험방법을 통해 검증하고 유효성을 확인할 것인지를 나타낸다.

작성된 시스템 설계서는 개발자 팀 전체가 검토하고 수정하는 작업을 거쳐야 한다. 특히 사용자 관점에서 요구사항이 시스템 설계서에 명확히 반영되었는지를 검토하는 것이 매우 중요하다. 만약에 검토 단계에서 문제점이 발견되었다면, 문제점을 해결하기 위하여 요구사항 분석 단계로 피드백 시켜 요구사항 분석에 대한 재검토가 이루어져야 한다.

[표 6-5]에 나타낸 시스템 명세서 양식을 따라 시스템 설계서를 작성하는 방법에 대해서 설명한다. 1장 서론에서 「목적」은 문서의 목적 및 문서의 대상에 대해 작성한다. 「범위 및 구성」은 문서가 기술하는 범위 및 문서의 구성에 대하여 작성한다. 「용어 및 약어」는 문서에서 사용하는 용어 및 약어에 대한 정의를 작성한다. 「참조문서」는 이 문서와 관련된 참고 문서 및 문헌을 작성한다. 따라서 상위 문서인 「요구사항 명세서」가 반드시 참고 문서로 작성되어야 한다.

2장에서 「설계 개념」은 설계 시, 고려하고 있는 사항이나 설계의 특징 등을 작성한다. 「설계 목표」는 개발하는 시스템에서 설계하려는 구체적인 목표 즉, 표준화 지침 준수 여부, 성능 목표 수준 등 개발자 관점에서의 목표를 작성한다.

[표 6-5] 시스템 설계서 양식 예

시스템 설계서

1. 서론
   - 1.1 목적 (문서의 목적 및 문서의 대상에 대하여 작성)
   - 1.2 범위 및 구성 (문서의 범위 및 구성에 대하여 작성)
   - 1.3 용어 및 약어 (문서에서 사용하는 용어 및 약어에 대한 정의)
   - 1.4 참조문서 (시스템 명세와 관련된 참고문서 및 문헌을 작성) (상위의 요구사항 명세서를 기재)
2. 시스템 설계 개념
   - 2.1 설계 개념
   - 2.2 설계 목표
3. 시스템 구조 및 기능
   - 3.1 시스템 개요
   - 3.2 시스템 구조 (서브시스템 레벨까지만 표현)
   - 3.3 서브시스템 주요 기능 명세
   - 3.4 상세 기능 명세
     - 3.4.1 기능 1 (상세 기능별로 작성)
     - 3.4.2 기능 2 (상세 기능별로 작성)
   - - - - - - -
4. 인터페이스
   - 4.1 사용자 인터페이스
   - 4.2 하드웨어 인터페이스
5. 기타
   - 5.1 성능 (응답속도, 자원사용량)
   - 5.2 구조 (확장성, 유연성)
   - 5.3 안전성 (장애대응, 서비스 연속성, 이중화 등)
   - 5.4 시험 계획 (시스템 시험 계획)

3장에서 「시스템 개요」는 개발하려는 시스템에 대해 개념을 작성한다. 「시스템 구조」는 하드웨어와 소프트웨어를 포함한 전체 시스템 구조를 나타낸다. 여기서 개발하려는 시스템이 운영되기 위해서 필요한 외부 장치도 포함시켜 나타내야 한다. 시스템 설계 단계에서는 서브시스템만이 식별되고 모듈 단위는 식별되지 않으므로 모듈은 표현되지 않고 서브시스템 레벨까지만 표현된다. 「상세 기능 명세」는 시스템 레벨 즉, 상위 레벨에서 제공해야 할 기능들을 단위 요소로 분해하여 작성한다.

4장 인터페이스에서 「사용자 인터페이스」는 사람과 시스템간에 이루어지는 상호작용을 작성한다. 「하드웨어 인터페이스」는 두 가지를 고려한다. 하나는 시스템이 별도의 하드웨어와 상호작용을 할 경우에 인터페이스를 정의해야 한다. 둘째는 두 개 이상의 서브시스템이 물리적인 별도의 장치로 존재할 경우, 서브시스템간 인터페이스를 정의해야 한다.

5장에서 「성능」은 사용자 관점의 응답 속도, 시스템 내부 장치들의 응답속도, 또는 알고리즘의 성능 속도 등을 작성한다. 「구조」는 확장성과 유연성을, 「안전성」은 장애 대응, 서비스 연속성, 이중화 등을 작성한다. 「시험계획」은 시스템 시험 계획을 작성한다.

2) 서브시스템 설계서 작성

서브시스템 설계에서 설계된 내용들을 「서브시스템 명세서」 또는 「서브시스템 설계서」로 문서화 한다. 문서 정의된 시스템의 구조, 기능, 인터페이스, 성능 등이 개발자가 쉽게 이해할 수 있도록 쉽고 명확하게 작성되어야 한다. 분해한 서브시스템이 여러 개라면 서브시스템 개수만큼 서브시스템 설계서가 작성 되어야 한다. 즉 서브시스템이 여러 개 분해한 만큼 작성해야 할 문서의 개수가 많아지므로 개발자의 업무가 늘어나게 된다.

서브시스템 명세서는 추후 서브시스템 시험단계에서 구체적인 시험이 가능한 수준으로 작성되어야 한다. 예를 들어 서브시스템 설계 시, 서브시스템 통합시험에서 사용될 시험 시나리오를 수립하는 경우가 있다. 이 단계에서의 시험 시나리오란 각 설계 항목을 어떤 시험방법을 통해 검증하고 유효성을 확인할 것인지를 나타낸다.

작성된 서브시스템 설계서는 개발자 팀 전체가 검토하고 수정하는 작업을 거쳐야 한다. 특히 시스템 설계서에 정의된 기능들이 각 서브시스템으로 명확히 분해되고 반영되었는지를 검토하는 것이 매우 중요하다. 만약에 검토 단계에서 문제점이 발견되었다면, 문제점을 해결하기 위하여 시스템 설계 단계로 피드백 시켜서 재검토가 이루어져야 한다.

[표 6-6]에 나타낸 서브시스템 명세서 양식을 따라 서브시스템 설계서를 작성하는 방법에 대해서 설명한다. 1장 서론에서 「목적」은 문서의 목적 및 문서의 대상에 대해 작성한다. 「범위 및 구성」은 문서가 기술하는 범위 및 문서의 구성에

대하여 작성한다. 「용어 및 약어」는 문서에서 사용하는 용어 및 약어에 대한 정의를 작성한다. 「참조문서」는 이 문서와 관련된 참고 문서 및 문헌을 작성한다. 따라서 상위 문서인 「요구사항 분석서」와 「시스템 설계서」가 반드시 참고 문서로 작성되어야 한다.

2장에서 「설계 개념」은 설계 시 고려하고 있는 사항이나 설계의 특징 등을 작성한다. 「설계 목표」는 개발하는 서브시스템에서 설계하려는 구체적인 목표 즉, 표준화 지침 준수 여부, 성능 목표 수준 등 개발자 관점에서의 목표를 작성한다.

3장에서 「서브시스템 개요」는 개발하려는 서브시스템에 대해 개념을 작성한다. '서브시스템 구조'는 주로 소프트웨어 위주의 서브시스템 구조를 나타낸다. 서브시스템 설계 단계에서는 모듈 단위가 도출되므로 모듈을 개략적으로 표현한다. 「상세 기능 명세」는 서브시스템 레벨에서 제공해야 할 기능들을 단위 요소로 분해하여 작성한다.

4장 「인터페이스」는 소프트웨어 인터페이스로서 블록간 인터페이스를 작성한다.

5장에서 「성능」은 사용자 관점의 응답 속도, 시스템 내부 장치들의 응답속도, 또는 알고리즘의 성능 속도 등을 작성한다. 「구조」는 확장성과 유연성을, 「안전성」은 장애 대응, 서비스 연속성, 이중화 등을 작성한다. 「시험계획」은 서브시스템 시험 계획을 작성한다.

[표 6-6] 서브시스템 설계서 양식 예

서브시스템 설계서

1. 서론
   1.1 목적
   1.2 범위 및 구성
   1.3 용어 및 약어
   1.4 참조문서

2. 서브시스템 설계 개념
   2.1 설계 개념
   2.2 설계 목표

3. 서브시스템 구조 및 기능
   3.1 서브시스템 개요
   3.2 서브시스템 구조
   3.3 블록 주요 기능 명세
   3.4 상세 기능 명세
      3.4.1 기능 1
      3.4.2 기능 2
   - - -

4. 인터페이스
   4.1 블록간 인터페이스

5. 기타
   5.1 성능
   5.2 구조
   5.3 안전성
   5.4 시험 계획

참고문헌

1. Steve McConnell, "Code Complete(Second Edition)", Microsoft Press, 2005
2. Ulrich, Eppinger, “Product Design and Development” , Irwin McGraw-Hill, 2000
3. C. West Churchman, "The Design of Inquiring Systems: Basic Concepts of Systems and Organization", Basic Books, New York, 1971
4. Levin, Mark Sh., "Composite Systems Decisions", Springer, New York, 2006
5. Maier, Mark W., and Rechtin, Eberhardt, "The Art of Systems Architecting", Second Edition, CRC Press, Boca Raton, 2000
6. Saltzer, J.H, et al., “End-to-End Arguments in Systems Design in” , ACM Transactions in Computer Systems, Vol. 2, no. 4, Nov. 1984
7. Ulrich, Karl T. and Eppinger, Steven D., "Product Design and Development", Second Edition, Irwin McGraw-Hill, Boston, 2000
8. http://www.jnd.org/GoodDesign.html

07

상세 설계

"상세 설계는 시스템 설계 다음의 단계로, 시스템 구조 설계의 결과로 식별한 구성 요소를 세분화하고, 구현 가능한 최소 단위의 컴포넌트를 식별하고, 최소 단위들 간의 상호관계를 정의하여 구현 가능하도록 설계하는 것이다.

이 장에서는 블록과 유니트 설계에 대해 자세히 알아본다.

7.1 블록 설계

상세설계에서는 시스템 또는 서브시스템 설계서에 명시된 개발 기능들을 논리적으로 더욱 세분화한다. 즉 분류된 일정한 크기의 기능을 하드웨어나 소프트웨어 단위(프로그램)로 분할하는 것이다. 상세설계 단계에서는 자료구조 정의, 알고리즘 정의, 세부 논리, 하드웨어나 소프트웨어 내에서 수행되어지는 데이터 운용 등이 다루어진다. 만약 설계하려는 블록이 개발의 최소단위이고 하위에 유니트를 포함하지 않을 경우, 상세 설계는 블록 설계로 완료되고 블록 설계서가 최하위 문서가 된다. 대규모 시스템의 경우 블록 아래에 다수의 블록을 구성할 수도 있다. 이 경우에도 계층적 구조와 무관하게 별도의 블록으로 간주하고 블록 설계가 별도로 이루어져야 한다.

1) 블록 구조 설계

블록 구조 설계란 블록 전체를 계층적 구조로 나타내기 위한 유니트를 설계하고 이들 간의 연관 관계를 나타내는 인터페이스를 설계하는 것이다. 따라서 이 단계에서 유니트가 처음으로 정의(식별)되고, 각 유니트가 제공해야 할 기능과 유니트들 사이의 인터페이스가 설계되어야 한다. 유니트에 대한 상세한 설계는 유니트 설계에서 다루며 이 단계에서는 고려하지 않는다.

2) 기능 명세

기능 명세에서는 앞선 시스템 또는 서브시스템 설계 단계에서 정의한 블럭 기능들을 유니트 단위로 분해하고 할당한다. 즉 블록에서 실현할 기능들을 추출하여 정의하고, 각 개발 기능이 무엇을 행하는가를 유니트 관점에서 명확하게 서술하여야 한다. 시스템 설계 단계에서의 기능 명세와 마찬가지로 블록의 기능 명세는 추후 블록 시험 단계에서 무엇을 테스트해야 할지 단서를 제공한다는 측면에서 시험에 중요한 기준이 된다.

3) 인터페이스 설계

유니트간의 인터페이스를 설계한다. 유니트들이 다수 존재하고 유니트들간에 연결 관계가 성립할 경우, 어떤 방식으로 상호작용시킬 것인지를 정의하는 것이다.

7.2 블록 설계서 작성

블록 설계에서 설계된 내용은 「블록 설계서」로 문서화한다. 문서에는 정의된 블록의 구조, 기능, 인터페이스, 성능 등이 개발자가 쉽게 이해할 수 있도록 쉽고 명확하게 작성되어야 한다. 그리고 추후 시스템 시험단계에서 구체적인 시험이 가능한 수준으로 작성되어야 한다. 예를 들어 블록 설계 시 블록시험에서 사용될 시험 시나리오를 수립할 수 있어야 한다. 이 단계에서의 시험 시나리오란 각 설계 항목을 어떤 시험방법을 통해 검증하고 유효성을 확인할 것인지를 나타낸 것이다. 기본적으로 블록 설계서는 시스템에서 정의한 블록의 개수만큼 작성되어야 하나, 중소 규모 시스템의 경우, 블록설계서 문서 하나에 모든 블록 설계내용을 포함시키기도 한다.

작성된 블록 설계서는 개발 팀원 전체가 검토하고 수정하는 작업을 거쳐야 한다. 특히 시스템이나 서브시스템 설계 단계에서 정의한 기능들이 빠짐없이 반영되었는지를 검토하는 것이 매우 중요하다. 만약에 검토 단계에서 문제점이 발견되었다면, 문제점을 해결하기 위하여 시스템 설계나 서브시스템 설계 단계로 피드백시켜 재검토가 이루어져야 한다. [표 7-1]은 블록 설계서 양식 예이다.

[표 7-1] 블록 설계서 양식 예

블록설계서

1. 서론
   1.1 목적
   1.2 범위 및 구성
   1.3 용어 및 약어
   1.4 참조 문서
2. 블록 설계 개념
   2.1 설계 개념
   2.2 설계 목표
3. 블록 구조 및 기능
   3.1 블록 개요
   3.2 블록 구조
   3.3 상세 기능 명세
      3.3.1 기능 1
      3.3.2 기능 2
   - - -
4. 인터페이스
   4.1 유니트간 인터페이스
5. 기타
   5.1 성능
   5.2 구조
   5.3 안전성
   5.4 시험 계획

[표 7-1]에 나타낸 블록 설계서 양식을 따라 블록 설계서를 작성하는 방법에 대해서 설명한다. 1장 서론에서 「목적」은 문서의 목적 및 문서의 대상에 대해 작성한다. 「범위 및 구성」은 문서가 기술하는 범위 및 문서의 구성에 대하여 작성한다. 「용어 및 약어」는 문서에서 사용하는 용어 및 약어에 대한 정의를 작성한다. 「참조문서」는 이 문서와 관련된 참고 문서 및 문헌을 작성한다. 따라서 상위 문서인 「요구사항 분석서」, 「시스템 설계서」, 서브시스템이 있는 경우에는 「서브시스템 설계서」가 반드시 참고 문서로 작성되어야 한다.

2장에서 「설계 개념」은 설계 시 고려하고 있는 사항이나 설계의 특징 등을 작성한다. 「설계 목표」는 개발하는 블록에서 설계하려는 구체적인 목표 즉, 표준화 지침 준수 여부, 성능 목표 수준 등 개발자 관점에서의 목표를 작성한다.

3장에서 「블록 개요」는 개발하려는 블록에 대해 개념을 작성한다. 「블록 구조」는 주로 하드웨어나 소프트웨어의 블록 구조를 나타낸다. 블록 설계 단계에서는 유니트 단위가 도출되므로 유니트를 개략적으로 표현한다. 「상세 기능 명세」는 블록 레벨에서 제공해야 할 기능들을 단위 요소로 분해하여 작성한다.

4장 「인터페이스」에서 소프트웨어 인터페이스로서 유니트간 인터페이스를 작성한다. 만약 유니트가 정의되지 않는다면 인터페이스 설계는 생략된다.

5장의 항목 중 「성능」, 「구조」, 「안전성」은 필요하다고 판단될 경우에만 작성하는 선택사항이다. 단 블록 시험계획은 작성되어야 한다.

7.3 유니트 설계

유니트는 더 이상 분해되지 않는 하드웨어나 소프트웨어의 최소 단위이다. 유니트는 하드웨어인 경우, 보드, PCB, PBA, 펌웨어 등이고 소프트웨어의 경우는 알고리즘, 프로시듀어, 간단한 연산 프로그램 등 그 방식이 다양하다. 따라서 유니트 설계는 어떤 방식을 이용하는지에 따라 다양한 형태로 설계가 될 수 있다. 유니트 설계서는 시스템 전체 구조에 대하여 지식이 없는 개발자가 구현할 수 있도록 그 유니트에 대한 충분한 개발 정보를 나타내야 한다. 예를 들어 상세 회로, 논리구조(detailed logic structure), 내부 데이터의 구조, 라이브러리 루틴 사용의 설명, 각 프로그램에 대한 조건, 기능, 메모리 할당 요구사항, 프로그램명, 기능의 우선순위, 인터페이스 내용, 성능 요구사항 등이 상세히 나타나야 한다.

기본적으로 하나의 유니트에 대해 하나의 유니트 설계서가 작성되어야 한다. 그러나 설계하는 시스템의 규모에 따라 달라지겠지만 모든 유니트에 대해 설계서를 작성하게 되면 문서화 해야 할 대상이 너무 많아지게 된다. 한편, 대학교의 학사과정 학생을 대상으로 하는 캡스톤 디자인 프로젝트의 경우에는 한 학기 또는 두 학기내에 완성되어야 하므로 유니트까지 상세히 설계하기에는 기간이 짧다고 할 수 있다. 또한 어느 정도 개발경력과 지식이 있어야만 유니트에 대해 구체적으로 작성할 수가 있다. 이러한 점을 감안했을 때, 유니트 설계는 개략적으로 하되, 유니트 설계서는 작성하지 않는 것도 한 가지 방법이 될 수 있다.

유니트에 대한 구조는 블록설계 단계에서 완성되었으므로 별도로 하지 않는다.

설계 수준과 관련하여 유니트 설계서만을 보고 개발자가 바로 코딩을 할 수 있도록 유니트는 구체적으로 설계가 되어야 한다. 예를 들면 회로 구조, 자료구조, 알고리즘, 각 유니트가 프로세스 형태로 구현되어야 할지, 프로시듀어로 구현되어야 할지, 유니트간 통신 방식이 필요하다면 어떤 통신 방식을 적용할 것인지 등에 대한 모든 메커니즘이 구체적으로 설계되어야 한다. 블록 단계에서의 기능 명세와 마찬가지로 유니트의 기능 명세는 추후 유니트 시험 단계에서 무엇을 테스트해야 할지 단서를 제공한다는 측면에서 시험에 중요한 기준이 된다.

7.4 유니트 설계서 작성

앞에서 설명하였듯이 유니트 설계는 보드, PBA, 소프트웨어 알고리즘, 프로시듀어, 간단한 연산 프로그램 등 그 방식이 다양하다 할 수 있다. 유니트 설계서는 이러한 유니트의 특성이 구체적이고 명확하게 작성되어 한다. 유니트 설계에서 설계한 내용은 「유니트 설계서」로 문서화 한다. 문서에는 정의된 유니트의 구조, 기능, 성능 등이 개발자가 쉽게 이해할 수 있도록 명확하게 작성되어야 한다. 그리고 추후 시스템 시험단계에서 구체적인 시험이 가능한 수준으로 작성되어야 한다. 예를 들어 유니트 설계 시, 유니트 시험에서 사용될 시험 시나리오를 수립할 수 있어야 한다. 이 단계에서의 시험 시나리오란 각 설계 항목을 어떤 시험방법을 통해 검증하고 유효성을 확인할 것인지를 나타낸 것이다.

작성된 유니트 설계서는 개발 팀원 전체가 검토하고 수정하는 작업을 거쳐야 한다. 특히 블록 설계에서 정의한 기능들이 빠짐없이 반영되었는지를 검토하는 것이 매우 중요하다. 만약에 검토 단계에서 문제점이 발견되었다면, 문제점을 해결하기 위하여 블록 설계 단계로 피드백시켜 재검토가 이루어져야 한다. [표 7-2]는 블록 양식 예이다.

유니트 설계서는 기본적으로 블록 설계서 작성 방법과 유사하다. 상세 기능을 작성할 때, 상세 회로, 상세 논리구조(detailed logic structure), 내부 데이터의 구조, 라이브러리 루틴 사용의 설명, 각 프로그램에 대한 조건, 기능, 메모리 할당 요구사항, 프로그램명, 기능의 우선순위, 인터페이스 내용 등이 각 기능에 나타나도록 해야 한다.

[표 7-1] 블록 설계서 양식 예

유니트 설계서

1. 서론
   1.1 목적
   1.2 범위 및 구성
   1.3 용어 및 약어
   1.4 참조문서

2. 유니트 설계 개념
   2.1 설계 개념
   2.2 설계 목표

3. 유니트 구조 및 기능
   3.1 유니트 개요
   3.2 유니트 구조
   3.3 상세 기능 명세
      3.3.1 기능 1
      3.3.2 기능 2
      - - -

4. 기타
   4.1 성능 및 기타 기능
   4.2 시험 계획

참고문헌

1. Steve McConnell, "Code Complete(Second Edition)", Microsoft Press, 2005

2. Ulrich, Eppinger, "Product Design and Development" , Irwin McGraw-Hill, 2000

3. C. West Churchman, "The Design of Inquiring Systems: Basic Concepts of Systems and Organization", Basic Books, 1971

4. Levin, Mark Sh., "Composite Systems Decisions", Springer, New York, 2006

5. Maier, Mark W., and Rechtin, Eberhardt, "The Art of Systems Architecting", Second Edition, CRC Press, Boca Raton, 2000

6. Saltzer, J.H, et al., "End-to-End arguments in Systems Design in" , ACM Transactions in Computer Systems, vol. 2, no. 4, November. 1984

7. Ulrich, Karl T. and Eppinger, Steven D., "Product Design and Development", Second Edition, Irwin McGraw-Hill, Boston, 2000

8. 김현곤, "실시간 선불 서비스를 위한 모바일 IPv6 권한 검증 구현" , 한국인터넷정보학회 논문지, 제7권 제 1호, pp.121-130, 2006년 2월

9, 김현곤, "IPv6 기반 모바일 인터넷을 위한 인증 서버 설계" , 한국모바일학회 논문지, pp.44-49, 2005년 11월

08 구현

"구현이란 하드웨어를 직접 제작하거나 소프트웨어 코드 작성 또는 프로그래밍 행위를 말한다. 구현이란 시스템 개발 생명주기에서 반드시 수행되어야 하는 유일한 작업이다. 생명주기에서 구현을 제외한 다른 단계는 단순화하거나 간략화하여 진행 할 수 있지만 구현은 완전하게 진행해야 한다.

이 장에서는 구현에 필요한 언어를 선택하는 기준과 코딩 지침 그리고 구현 단계에서 유의해야 할 사항과 디버깅에 대해 알아본다.

8.1 구현

구현(implementation)은 하드웨어나 소프트웨어를 직접 개발하는 것으로 건축과 비교해보면 설계를 완성하고 건축물을 짓는 행위를 말한다. 하드웨어 구현에서는 ASIC, PCB, PBA 형태로 제작되며, 소프트웨어 개발에서는 소스 코드 형태로 제작된다. 구현은 상세 설계 단계에서 설계한 결과를 더욱 구체화 시키고 특정 하드웨어나 컴퓨터가 이해하는 언어를 사용하여 실체화하는 것이다. 상세 설계가 제대로 이루어졌다면 구현은 단순하고 기계적인 절차라 할 수 있다.

구현에 투여하는 노력과 비용은 프로젝트의 규모에 따라 달라지겠지만 전형적으로 소규모의 프로젝트에서는 전체 개발에 들이는 노력이 65%를 차지하며 중규모의 프로젝트에서는 50%를 차지한다. 또한 소규모 프로젝트에서는 전체 오류의 75%가 구현에서 발생하며 중규모 프로젝트에서는 50~70% 정도의 오류가 구현에서 발생한다.

이 장에서는 하드웨어 개발에 사용되는 프로그래밍 언어는 너무 다양하고 다르므로 다루지 않기로 하며, 소프트웨어 개발에 사용되는 프로그래밍 언어에 대해 소개하고 프로그래밍 언어 선택 단계에서 고려해야 할 사항을 알아본다. 이 후에 자바 언어를 기준으로 한 소프트웨어 코딩 지침, 소프트웨어 구현 시 유의사항 그리고 디버깅에 대해서 알아본다.

8.2 프로그래밍 언어 소개

이 절에서는 일반적으로 사용되고 있는 프로그래밍 언어에 대해서 소개하고 전 세계 프로그래머들의 언어 사용에 대한 통계를 보여준다.

1) 어셈블리어

어셈블리(assembly) 언어는 각 표현식이 하나의 기계어 명령과 일치하는 저급 언어이다. 즉 기계어를 사람이 일상생활에서 사용하는 자연어에 가깝게 1~6개의 문자로 기호화해서 나타낸 것이다. 어셈블리어는 각각의 CPU 형태에 따라 그 내용이 모두 다르므로 어셈블리언어로 작성된 프로그램들은 한 종류의 CPU에서만 동작하고 다른 종류에서는 실행되지 않는다. 특히 처리속도가 중요하거나 또는 고급언어에서 지원되지 않는 기능을 사용해야 하는 경우에는 어셈블리 언어를 사용한다. 어셈블리 언어를 번역하여 오브젝트 코드를 생성하는 프로그램을 어셈블러라 하고 어셈블러를 사용하여 어셈블리 언어의 프로그램을 번역하는 것을 어셈블러라 한다. 또 자주 쓰이는 루틴을 하나의 명령으로서 매크로화할 수 있는 기능을 포함한 것을 매크로 어셈블리 언어라고 한다.

2) C 언어

C언어는 초창기에 유닉스 운영체제 하에서 시스템 프로그래밍을 하기 위해 1972년 벨 연구소에서 데니스 리치라는 사람에 의해서 개발된 프로그래밍 언어이다. C 언어는 일반적인 문제를 처리할 수 있는 고급 언어의 기능을 갖추고 있을 뿐만 아니라 어셈블러와 같은 막강한 하드웨어 제어 기능도 갖추고 있다. 시스템 프로그램을 작성하는데 필요한 기능 뿐만 아니라 문서 및 파일처럼 프로그램, 수식 계산 프로그램, 그래픽 프로그램, 데이터 베이스 프로그램 등 거의 모든 범용 프로그램의 작성에 있어서 편의성과 다양한 기능들을 제공한다. 1988년 ANSI 표준 협회에 의해 표준화 되었으며 모든 프로그래밍 언어의 기초로서 활용되고 있다.

3) C++

C++ 언어란 기존의 C 언어가 가지는 특징과 객체지향 프로그래밍 개념을 도입하여 1980년 초에 Barne Stroustrup에 의해서 만들어진 언어이다. 객체지향 프로그래밍의 장점은 소프트웨어의 확장이 용이하고 기존 소프트웨어를 재사용할 수 있고 소프트웨어의 유지보수 비용을 절감하고 프로그램의 생산성을 향상 시킬 수 있다. 언어의 특징으로는 추상화, 캡슐화, 정보 은닉화, 다형성, 상속을 들 수

있다. C언어와 호환이 되며 광범위하고 강력한 표준 라이브러리를 제공한다.

4) C#

C#은 C++와 자바의 장점을 기반으로 하고 닷넷이라는 새로운 개념을 도입해서 마이크로소프트사에서 만든 언어이다. C++에서 파생된 객체지향 언어이며 단순해진 C++의 형태를 가지고 있다. 프로그래머에게 높은 생산성을 가져다 줄 수 있고 플랫폼에 구애받지 않는 프로그램을 개발할 수 있게 해준다.

5) 자바

자바는 선 마이크로시스템에서 개발되었으며 C나 C++와 유사한 문법을 제공하는 객체지향 언어이다. 자바 언어로 작성된 프로그램을 컴파일하면 「바이트 코드」라는 중간 코드가 출력되며, 출력된 코드는 바이트 코드 해석기가 있는 어떠한 기종의 컴퓨터 환경에서도 실행될 수 있다. 자바의 장점으로는 빨리 배울 수 있고, 적은 코드로 프로그램을 작성할 수 있고, 좋은 품질의 프로그램을 작성할 수 있고, 플랫폼에 독립적인 프로그램을 작성할 수 있고, 분산 소프트웨어를 쉽게 작성할 수 있다.

6) 비주얼 베이직

비주얼 베이직(Visual Basic)은 베이직이라는 언어를 근간으로 하여 사용자로 하여금 윈도우 프로그램을 쉽게 프로그래밍 할 수 있도록 그래픽 인터페이스를 사용하는 프로그램 언어이다. 비주얼 베이직은 원래의 베이직 언어에서 발전하여 지금은 수백 개의 문, 함수, 키워드를 가지고 있고, 그 중 많은 부분이 윈도우 GUI와 직접 관련되어 있다. 초보자들은 키워드 몇 개만 배우면 유용한 응용프로그램을 만들 수 있으며, 프로그래머들은 다른 윈도우 프로그래밍 언어를 사용하여 이룰 수 있는 모든 것을 할 수 있다.

7) 펄

펄(Perl)은 C언어와 구문이 비슷하며 sed, awk, tr 등과 같은 유닉스 유틸리티를 기본으로 하는 문자열 처리 언어이다. 펄은 실행 직전에 C 또는 다양한 플랫폼에 적용 가능한 바이트 코드로 컴파일될 수 있는 인터프리터형 언어이다. 강력한 문자 처리 기능들을 가지고 있기 때문에 주로 CGI(Common Gateway Interface)와 같은 웹 프로그래밍 언어로 많이 사용된다. 구조적인 C나 C++ 언어들에 비해 배우기 쉽고 빠르게 코딩할 수 있는 장점이 있으나 프로그램의 규모가 커지면 매우 복잡해질 수 있는 단점이 있다.

8) ASP

ASP(Active Server Page)는 최초의 웹 스크립트 언어로서 비주얼 베이직 기반으로 마이크로소프트사에 의해서 1996년에 데날리라는 코드명으로 발표되었다. 기존의 HTML과 같은 문서를 확장하여 스크립트화한 것으로 이를 서버 차원에서 각각의 클라이언트 요청 대해서 동적으로 웹페이지를 만들 수 있도록 만든 웹 개발 언어이다.

9) JSP

JSP(Java Server Page)는 자바 언어를 기초로 한 서블릿 기반의 웹 프로그래밍 언어로서 선 마이크로시스템즈에서 개발되었다. 서블릿이란 서버측에서 실행되는 서버측 프로그램으로서 자바 기반의 웹 서버용 확장 CGI 프로그램이다. 자바의 특징인 객체지향적, 네트워크 지향적, 멀티쓰레드 기능, 플랫폼 독립적, 뛰어난 보안성, 친근한 코드 등을 그대로 이어받고 있다. 그리고 HTML, XML, WML 등에 의해 표현되는 정적인 자료와 JSP 요소에 의해 생성되는 동적인 내용을 함께 사용함으로써 동적인 웹 페이지를 쉽게 개발할 수 있다.

10) PHP

PHP(Professional HTML Preprocessor)는 펄, Bourne 쉘, 자바 스크립트, C와 유사한 문법을 제공하는 오픈 소스 스크립트 언어이며, 강력한 성능과 편리함으로 많이 사용되는 웹 프로그래밍 언어이다. 특히 속도, 개발 편의성, 여러 가지 확장 기능 측면에서 보면 기존의 펄이나 ASP에 비해 뛰어난 언어이다. 그리고 리눅스나 유닉스 계열뿐만 아니라 WIN32용 바이너리 파일을 제공해 마이크로소프트 계열의 웹 서버에서도 사용이 가능해 운영체제에 독립적인 웹 프로그램 개발이 가능하다.

8.3 프로그래밍 언어 선택

구현을 위해서는 먼저 사용할 프로그래밍 언어를 선택해야 한다. 그러나 세상에는 수많은 프로그래밍 언어가 존재한다. 각 프로그래밍 언어는 자신만의 독특한 장단점을 가지고 있기 때문에 모든 프로젝트에 적합한 최고의 프로그래밍 언어는 존재하지 않는다. 결국 프로젝트의 요구 사항과 성격, 개발자의 능력, 여러 환경 요소를 모두 고려하여 가장 적절한 프로그래밍 언어를 고르는 일이 중요하다. 이 절에서는 프로그래밍 언어를 선택할 때 어떤 요소들을 고려해야 하는지를 알아보자.

개발자가 한번 선택한 프로그래밍 언어는 구현의 시작부터 끝까지 사용해야 하므로 중요한 결정사항이다. 프로그래머는 친숙한 언어를 사용할 때 그렇지 않는 경우에 비해 생산성이 높아진다. 또한 고급 언어를 사용하는 프로그래머가 저급 언어를 사용하는 프로그램보다 생산성과 품질이 높다. 고급 언어는 저급 언어보다 많을 것을 표현할 수 있다.

[표 8-1] C 코드와 동일한 고급 명령문의 비율

언어	C에 대한 상대적인 수준
C	1
C++	2.5
자바	2.5
비주얼 베이직	4.5
펄	6
파이썬	6

출처: An Empirical Comparison of Seven Programming Languages"(Prechelt 2000)

[표 8-1]은 C코드로 구현할 수 있는 것들을 다른 고급 언어로 표현했을 때, 일반적인 소스 코드 비율이다. 비율이 높다는 것은 한 줄의 코드로 C의 명령문보다 많은 일을 처리할 수 있다는 것을 의미한다. 프로그래밍 언어의 선택 기준은 프로젝트의 특성, 개발하려는 시스템의 특성, 프로그래머의 언어 사용 능력 등 여러 측면을 고려하여야 한다. 프로그래밍 언어 선택에 도움을 줄 수 있는 기준들을 설명하였다.

1) 프로젝트의 특성을 고려하라

- 사용자가 특정 프로그래밍 언어를 요구를 했을 경우에는 사용자의 요구에 부합한 프로그래밍 언어를 선택해야 한다.
- 개발하려는 시스템에 대해서 경제성 있는 소프트웨어 구현을 고려하여 프로그래밍 언어를 선택 한다. 예를 들어 웹 프로그래밍을 하는데 있어서 JSP나 PHP 등의 웹 프로그래밍 언어를 사용하지 않고 C 언어를 사용할 경우 개발은 충분히 가능하나 개발 기간이 길어지게 될 것이므로 경제성이 낮다고 할 수 있다. 따라서 개발하려는 시스템의 특징을 고려한 언어 선택이 필요하다.
- 완성되었거나 현재 진행되고 있는 프로젝트에서 사용된 언어를 선택한다. 만약 개발자가 이전에 유사한 프로젝트에서 특정 언어를 사용하였다면 동일한 언어를 선택하는 것이 유리하다. 이전 프로젝트에서 사용한 언어의 장점과 단점 그리고 한계점을 명확히 알고 개발하게 되면 제품의 품질과 생산성이 높아진다.
- 프로젝트가 팀을 이루어 진행하는 경우, 팀을 구성하는 개발자 각각에 대한 프로그래밍 능력을 고려해서 프로그래밍 언어를 선택해야 한다. 일부 팀원이 친숙한 언어가 있다면 그 언어를 선택하는 것이 구현에 여러 가지로 유리하다.

2) 개발하려는 시스템의 특징을 고려하라

- 코딩하는 프로그램이 동작할 플랫폼 자체에 대해 사전에 알아보고 이를 기반으로 프로그래밍 언어를 선택한다. 예를 들어 자바 프로그램이라면 자바 가상 머신이나 자바 GUI에 대해 알아야 한다. 윈도우 프로그래밍이라면 버튼에는 어떤 종류가 있는지, 데이터 베이스 접근 함수는 어떻게 사용해야 하는지를 알아야 한다. 유닉스 기반의 프로그램이라면 시그널이나 가상메모리 관련된 함수는 어떻게 사용할지 등에 대해 사전에 알아야 한다.
- 코딩하는 프로그램이 동작할 하드웨어에 대해 사전에 알아보고 프로그래밍 언어를 선택한다. 예를 들어 범용적이지 않고 별도의 인터페이스 카드를 사용한다면 해당

디바이스 드라이버를 포팅해야 한다. 이 때, 디바이스 드라이버를 구동하는 프로그램이 특정한 프로그래밍 언어로 인터페이스 해야 되는 경우가 있다. 즉 시스템에 적용되는 하드웨어를 접목하기 위해 프로그래밍 언어 선택에 있어서 고려해야 될 사항을 사전에 파악하고 대처해야 한다.

- 운영체제에 대한 일반적인 지식을 사전에 알아보고 프로그래밍 언어를 선택한다. 일반적으로 가상 메모리를 할당 될 때는 페이지 단위로 할당된다. 운영체제에서 페이지 크기가 얼마가 한계인지 그리고 어떤 방법으로 할당되는지에 대해 알아야 한다. 운영체제에 따라 자원의 할당이 달라질 수 있으므로 이에 대해서 알아야 한다. 예를 들어 멀티 쓰레드, 멀티 프로세스, 세마포어, 공유 메모리 할당 등이 달라질 수 있다.

3) 제공되는 라이브러리를 고려하라

- 프로그래밍 언어를 선택함에 있어서 가장 중요한 부분은 어쩌면 그 언어의 사용을 도와주는 얼마나 많은 지원이 있느냐 일지도 모른다. 여기서 지원은 각종 프로그래밍 언어 서적, 웹 사이트, 그 프로그래밍 언어를 사용하는 사람들의 숫자, 전문가, 바로 사용할 수 있는 라이브러리 등이다. 프로그래밍 언어도 네트워크와 마찬가지(network effect)로 사용하는 사람이 많을수록 그 언어를 사용하는 모든 사람이 이득을 얻는 특징이 있다. 사람들은 전문적인 지원이 없으면 그 언어의 선택을 꺼리는 경향이 있고 더 많은 사람들이 사용하는 언어를 선택하는 경향이 강하다. 컴퓨터 산업이 어느 정도 성숙되고 나서 상업적으로 성공한 언어가 대부분 마이크로소프트나 썬과 같이 대기업의 전폭적인 지원이 있었다는 사실도 이를 보여준다. 수많은 책을 펴내고 그 언어의 사용을 장려하기 위해 여러 프로모션 정책을 펴는 것이 프로그래밍 언어의 성공에 있어서 생각보다 중요한 요소인 것이다. 여기서 중요한 것은 단순히 얼마나 많은 라이브러리가 있느냐가 아니라 얼마나 많은 라이브러리가 표준화되어 있느냐이다.

4) 프로그래밍 언어간 통합문제를 고려하라

- 프로그래밍 언어가 가지는 각각의 특징 때문에 한 프로젝트 안에서 두 개 또는 세 개 이상의 프로그래밍 언어를 사용해야 할 경우가 생각보다 빈번하다. 이 경우, 각각의 프로그래밍 언어가 가지는 특징도 중요하지만 두 언어가 얼마나 유기적으로 잘 융합되어 하나의 시스템을 만들 수 있는지도 중요한 판단 기준이 된다. 대부분의 소프트웨어를 C++로 작성하고 일부 테스트 프로그램과 간단한 유틸리티를 파이썬으로 작성했다면 언어간 통합은 큰 문제가 아닐 수도 있다. 그러나 시스템의 특성상 두 가지 이상의 언어가 서로 유기적으로 얽혀서 구성되어야 하는 경우, 두

언어간 통합이 원활하지 않으면 이는 곧바로 프로젝트의 위기로 연결될 수 있다.

5) 프로그래밍 언어 사용 통계

(그림 8-1)은 전 세계 프로그래머들을 대상으로 많이 사용하는 언어를 조사한 결과인 Tiobe 인덱스를 보여주고 있다. 가장 많이 사용하는 언어는 자바로서 가상 머신이라는 가상 환경에서 구동시킬 수 있으며 다양한 기기에 이식하기가 용이하다는 장점 때문이다. 유닉스, 리눅스, MAC OS, 윈도우 등 거의 모든 운영체제에서 이식이 가능하다. 프로그래밍의 방법도 C나 C++ 등에 비해 규모가 큰 프로그램을 하기도 간단하며 웹이나 데이터 베이스를 사용하는 분야 및 네트워크 프로그래밍 분야에 많이 쓰이고 있다.

(그림 8-1) Tiobe 프로그래밍 커뮤니티 인덱스

사용 빈도가 두 번째와 세 번째로 높은 C나 C++는 영상처리, 게임기, 공장자동화 등 하드웨어와의 인터페이스가 중요한 분야에서 특정 장치를 직접 빠르게 제어하는데 유리하다. 다만 갈수록 프로그래밍이 복잡해지다보니 섬세한 만큼 복

잡하고 까다롭다는 단점이 있다. 여기에 운영체제별로 변경해야 되는 부분이 많고 지원하는 라이브러리가 천차만별이라는 점도 단점이다.

사용 빈도가 네 번째인 PHP는 웹 프로그래밍에서 대중화되고 있으며 네트워크 부분에서도 상당 부분 이용이 증가하고 있다. 과거처럼 이진 데이터가 아니라 html이나 xml의 문자형 데이터가 늘다보니 웹 언어의 활용이 늘어난 것이다. 사용빈도가 다섯 번째인 비주얼 베이직은 마이크로소프트사의 핵심적인 언어 중 하나이다. 어렵고 복잡한 부분은 C나 C++로 컴포넌트로 만들어내고 컴포넌트들을 조합하여 프로그래밍을 하는 방식으로, 닷넷 프레임워크를 활용할 경우 자체적으로 많은 능력을 보여준다. 이 외에 파이썬, c#, 자바 스크립트. 펄, 델파이, 루비의 순으로 사용되고 있다.

8.4 하드웨어 구현

하드웨어 구현은 상세 설계서를 바탕으로 시스템 최하위인 유니트를 구현하는 단계로서, 이 단계에서 시스템에 실장되는 PBA, 펌웨어, 임베디드 소스 코드 등을 제작한다. 즉, 물리적인 구현기술과 재료를 이용하여 PBA 제작, 회로도 제작, 타이밍도 제작, 기구물 제작, PBA간 인터페이스 제작이 이루어진다.

참고로 PCB, PBA, 펌웨어의 개념을 정리하면 다음과 같다. PCB(Printed Circuit Board)란 회로 기판이라고 한다. 전자 부품을 전선으로 회로를 구성하지 않고, 전선 대신 보드에 회로를 그려서 전선 대신에 전기가 통할 수 있도록 한 판(board)이다 PBA(Printed Board Assembly)란 프린트 보드는 완전히 가공 처리된 인쇄 회로 또는 인쇄 배선(printed wiring)물의 통칭하는 용어로, 여기에 전기적 기계적 부품이 실장되었거나 다른 인쇄 회로 기판과 연결이 이루어진 한 판(board)이다. 펌웨어(firmware)는 데이터나 정보를 변경할 필요가 없는 핵심적인 프로그램을 읽기전용메모리(ROM) 등에 저장하여, 하드웨어를 제어하는 마이크로 프로그램을 말한다. 펌웨어는 처리를 빠르게 하고 회로를 단순하게 하기 위한 것이다. (그림 8-2)에 하드웨어 유니트 구현 과정을 나타내었다. 구현과정은 일반적으로 다음과 같은 순서로 이루어진다.

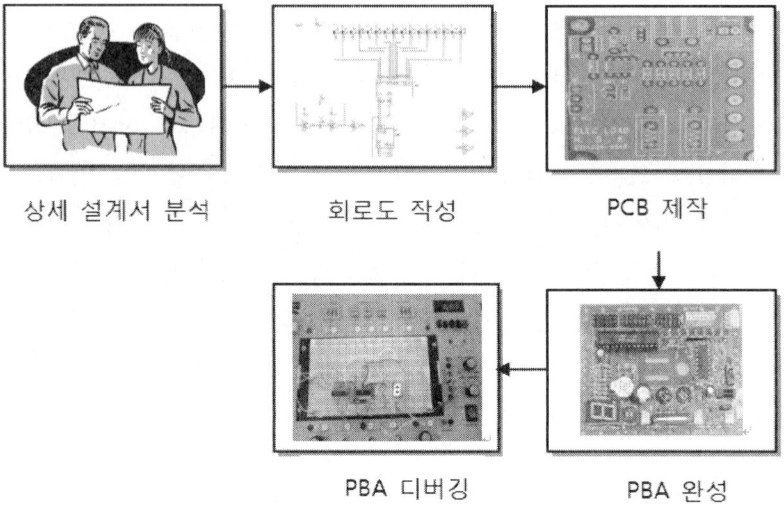

(그림 8-2) 하드웨어 유니트 구현 과정

- 상세 설계서를 분석한다.
- 상세 설계서를 바탕으로 블록과 모듈의 구성을 명확히 확인하고 회로도를 작성한다.
- 작성된 회로도를 바탕으로 부품의 열과 전기적인 특성 등을 고려하여 부품의 위치와 PCB 레이아웃, 라우팅 파일을 제작하고, PCB 제작업체를 통해 실제 PCB를 제작한다.
- 제작된 PCB 위에 부품을 조립하여 PBA를 완성한다.
- 완성된 PBA를 대상으로 보드별로 블록과 유니트의 기능이 동작하는 수준까지 디버깅을 실시한다.
- 위 단계까지를 구현이라 하며, 블록이나 유니트의 시험은 9장에서 설명되는 시험 단계에서 별도로 실시한다.

8.5 코딩 지침

동일한 문제를 해결하는데 있어서 다양한 답안이 나오듯이 개발자에 따라 프로그래밍 형태가 다르다. 좋은 프로그래밍이란 일반적으로 단순하고 명확하여 그 내용을 쉽게 파악할 수 있도록 만들어진 것을 말한다. 프로그래밍 언어가 코딩 지침(가이드 라인)과 표준을 제시하는 것은 프로그램에 대한 관리를 용이하게 하고 생산성을 높이려는데 그 목적이 있다. 코드를 읽기 쉽게 만듦으로써 유지보수에 들어가는 비용을 최소화 할 수 있다. 또한 개발 기간 단축과 재사용성을 높일 수 있다.

모든 프로그래밍 언어마다 코딩 지침을 제시하고 있다. 이 책에서는 프로그래밍 언어별로 코딩 지침을 모두 다루기 어렵기 때문에 대표적으로 가장 많이 사용되는 자바에 대한 코딩 지침을 나타내었다. 그러나 이 지침은 다른 프로그래밍 언어에서도 유용하게 활용할 수 있다. 이 지침은 수많은 자바 개발자들이 「자바 개발자 커뮤니티」를 통해 만들었으며, 자바 표준에서 제시하는 코딩 지침과 더불어 다양한 소스와 다양한 자바 개발자들의 경험이 추가되어 작성된 것이다.

지침이란 가끔 충돌이 발생하나 궁극적으로는 읽기 쉽게 하는데 목적을 두고 있다. 가독성을 높이면 이해가 용이해지고 유지보수와 일반적으로 소프트웨어 코드의 품질도 좋아진다. 여기서 다루지 않는 일반적인 사항은 프로그래머가 유연성을 가지고 대처해야 한다. 지침들은 그룹별로 구분되어 있으며 각각의 지침들은 코드 검토를 검토할 때, 손쉽게 참조할 수 있도록 숫자로 표시되어 있다.

1) 일반적인 이름 명명 관례

지침 1	패키지를 표현하는 이름은 모두 소문자를 사용한다
적용 예	mypackage, com.company.application.ui
설명	자바 코어 패키지들의 이름은 SUN에서 사용하고 있다. 도메인을 나타내는 패키지의 이름은 소문자를 사용해야 한다.

지침 2	타입을 나타내는 이름들은 반드시 명사를 사용해야 하며 대소문자를 혼용할 수 있다
적용 예	Line, AudioSystem
설명	자바 개발자 커뮤니티에서 오래전부터 사용하는 관습이며, SUN사에서 자바 코어 패키지들에 대해 타입의 이름을 명명하는데 사용한다.

지침 3	변수의 이름은 대소문자를 혼용할 수 있지만 반드시 소문자로 시작한다
적용 예	line, audioSystem
설명	자바 개발자 커뮤니티에서 오래전부터 사용하는 관습이다. 변수와 타입을 손쉽게 구분하도록 하기 위해서이며, 소스코드의 선언부와 같이 이름이 중복되는 것을 효과적으로 해결할 수 있다.

지침 4	상수(최종 변수)를 표현하는 이름은 반드시 모두 대문자로 지정하되 단어들은 언더바(_)를 이용하여 구분한다
적용 예	MAX_ITERATION, COLOR_RED

설명	자바 개발자 커뮤니티에서 오래전부터 사용하는 관습이며, SUN사에서 자바 코어 패키지들에 대해 이름을 명명하는데 사용한다. 일반적으로 상수의 사용은 최소화 해야 한다. 대다수의 경우 상수 변수를 메소드로 구현하는 것이 더 낫다. 이러한 폼은 보다 읽기에 편하고, 클래스의 값을 참조하는데 있어서 일관된 형태를 제공할 수 있다.
	`int getMaxIterations()     //NOTE: MAX_ITERATIONS=25`
	`{`
	`    return 25;`
	`}`

지침 5	메소드의 이름은 대소문자를 혼용할 수 있지만 반드시 동사를 사용하며 소문자로 시작한다
적용 예	getName(), computeTotalWidth()
설명	자바 개발자 커뮤니티에서 오래전부터 사용하고 있는 방법이며, SUN사에서 자바 코어 패키지들에 대해 이름을 명명하는데 관습적으로 사용한다. 이는 변수의 이름과 동일하지만 자바에서 메서드는 이미 별도의 형태로 변수와 구분을 짓고 있다.

지침 6	축약형(abbreviations)과 두문자형(acronyms)을 이름에 사용할 때 대문자를 사용하지 않는다

적용 예	exportHtmlSource(); // exportHTMLSource()는 아님
	openDvdPlayer(); // openDVDPlayer()는 아님

설명	축약형과 두문자형을 모두 대문자로 지정하게 되면 앞서 기술한 명명 지침들과 혼동을 일으키게 된다. 이러한 유형의 변수는 dVD, hTML과 같이 명명되므로 쉽게 읽기가 어렵다. 따라서 이름이 다른 이름과 연결될 때 더욱 읽기가 어려우지며, 두문자형에 이어 오는 단어는 읽을 때 부각되기가 더욱 어려워진다.

<table>
<tr><th>지침 7</th><th>private 접근 제한자를 갖는 클래스 변수에는 언더바(_)를 사용한다</th></tr>
<tr><td>적용 예</td><td><pre>class Person
{
  private String name_;

}</pre></td></tr>
<tr><td>설명</td><td>변수의 이름이나 타입과는 별개로 변수의 범위는 매우 중요한 특성이다. 언더바(_)를 사용함으로써 스크래치 지역변수와 클래스 변수를 쉽게 구분할 수 있다. 이는 메서드 변수보다 클래스 변수가 더 중요하게 고려되기 때문이며 프로그래머가 더 중요하게 다루도록 한다. 부가적인 효과로는 setter 메서드를 위해 합리적인 변수 이름을 찾을 수 있도록 해준다는 것이다 :<pre>void setName(String Name)
{
  name_ = name;
}</pre>제기될 수 있는 이슈는 언더바(_)를 변수의 접두사로 쓸것인가 접미사로 쓸것인가 이다. 두 방식 공히 일반적으로 사용되나 이름을 읽기 편하다는 면에서 접미사를 권한다. 변수의 이름을 통해 범위를 식별하는 것은 한 동안 많은 논쟁이 되었다. 그러나 지금은 이러한 방법이 수용되어 전문 개발자 커뮤니티에서 점차 일반화되고 있다.</td></tr>
</table>

<table>
<tr><th>지침 8</th><th>일반적인 변수의 이름은 타입의 이름과 동일하게 지정한다</th></tr>
<tr><td>적용 예</td><td><pre>void setTopic(topic topic)
          // void setTopic(Topic value)가 아님
          // void setTopic(Topic aTopic)가 아님
          // void setTopic(Topic t)가 아님
void connect(Database database)
          // void connect(Database db)가 아님
          // void connect(Database oracleDB)가 아님</pre></td></tr>
<tr><td>설명</td><td>용어나 이름의 수를 줄이는 것은 복잡도를 줄여준다. 또한, 변수의 이름만으로도 그 타입을 쉽게 알아낼 수 있게 해준다. 만약 어떠한 이유에선가 이러한 관례가 맞지 않는 것처럼 느껴진다면, 이는 분명 타입 이름이 적합하지 않게 선택된 것이다. 일반적이지 않는 변수들은 나름의 역할을 가지고 있다. 이러한 변수들은 역할과 타입에 의해 이름을 지을 수도 있다.<pre>Point   startingPoint, centerPoint;
Name   loginName;</pre></td></tr>
</table>

지침 9	모든 이름은 영어로 작성한다
적용 예	fileName;
설명	국제적으로 사용되기 위해 영어가 선호되기 때문이다.

지침 10	넓은 범위에 영향을 미치는 변수는 긴 이름을 부여하고 좁은 범위의 변수는 짧은 이름을 부여한다
설명	임시 저장 공간이나 인덱스로 사용되는 스크래치 변수는 아주 짧아야 한다. 이 변수를 읽는 프로그래머는 대개 보유한 값이 몇 라인 후에 사용되지 않는다는 것을 예측할 수 있도록 한다. 일반적으로 스크래치 변수는 정수인 경우에는 i, j, k, m, n을 사용하고 문자인 경우에는 c, d를 사용한다.

지침 11	객체의 이름은 함축적으로 짓고 메소드의 이름과 중복되지 않도록 한다
적용 예	line.getLength() // line.getLineLength()가 아님
설명	에서 보인 바와 같이 클래스 선언에 있어서는 후자의 경우가 자연스러워 보이지만 불필요하게 길다는 것을 알 수 있다.

2) 특수한 이름 명명 관례

지침 12	get/set이라는 용어는 반드시 속성(attribute)에 직접 접근하는 메소드에 사용한다

적용 예	employee.getName();
	employee.setName(name);
	matrix.getElement(2, 4);
	matrix.setElement(2, 4, value);

설명	자바 개발자 커뮤니티에서 오래전부터 사용하고 있는 방법이며, SUN사에서 자바 코어 패키지들에 대해 이름을 명명하는데 관습적으로 사용한다.

지침 13	*is* 접두사는 불리언 변수와 메소드에 사용한다
적용 예	isSet, isVisible, isFinished, isFound, isOpen

설명	SUN사에서 자바 코어 패키지들에 대해 불리언 변수와 메소드를 명명하는데 일반적으로 사용되어 왔다. *is* 접두사를 사용하여 *status*와 *flag*와 같은 블리언 변수를 잘못 지정하는 문제를 해결한다. *isStatus* 또는 *isflag*는 적절하지는 않지만 프로그래머에게 충분히 의미있는 이름을 선택할 수 있게 해준다. 불리언 변수를 위한 setter 메서드는 반드시 아래와 같이 접두를 지정해야 한다.
	void setFound(boolean isFound);
	아래와 같이 상황에 적합한 *is* 접두사를 사용하는 방법이 있다.
	boolean hasLicense();
	boolean canEvaluate();
	boolean shouldAbort = false;

지침 14	*compute*라는 용어는 무엇인가를 계산하는 메소드에 사용한다
적용 예	valueSet.computeAverage(); matrix.computeInverse()
설명	프로그래머가 시간을 소요하는 오퍼레이션이라는 것을 예측할 수 있다. 만약 반복적으로 사용된다면 프로그래머는 그 결과를 캐시해 둘 것을 고려할 것이다. 이 용어를 사용하면 읽기가 쉬어진다.

지침 15	*find*라는 용어는 무엇인가를 찾는 메소드에 사용한다

적용 예	vertex.findNearestVertex();
	matrix.findSmallestElement();
	node.findShortestPath(Node destinationNode);

설명	프로그래머에게 관련된 계산을 최소화한 메소드를 찾는다는 것을 알 수 있게 해준다. 이 용어를 사용하게 되면 가독성이 높아진다.

지침 16	*initialize*라는 용어는 객체나 개념이 초기화될 때 사용한다
적용 예	printer.initializeFontSet();
설명	미국식 initialize가 영국식 initialise 보다 선호된다. init이라는 용어는 절대 사용해서는 안 된다.

지침 17	JFC(Java Swing) 변수들의 이름은 각 요소의 타입 뒤에 연결한다
적용 예	widthScale, nameTextField, leftScrollbar, mainPanel, fileToggle, minLabel, printerDialog
설명	이름 자체가 자신이 어떤 타입의 변수인지 알려주기 때문에 가독성이 높아지고 객체의 자원을 알 수 있다.

지침 18	객체들의 집합을 나타내는 이름은 복수형으로 사용되어야 한다.
적용 예	Collection<Point> points; int[ ] values;
설명	이름 자체가 자신이 어떤 타입의 변수인지 그리고 어떤 오퍼레이션이 수행되어지는지 알려주기 때문에 가독성이 높아진다.

지침 19	*n* 접두사는 객체의 개수를 나타내는 변수에 사용한다
적용 예	nPoints, nLines
설명	이 표기법은 객체의 개수를 나타내는 수식의 표기법에서 인용한 것이다. SUN에서는 코어 자바 패키지에 대해서 이러한 표기법 대신에 *num*이라는 접두사를 쓰고 있다. 만약 number of를 쓰고 싶다면 대신에 *numberOf를* 사용하기 바란다. *num*이라는 접두사는 절대 사용되지 않아야 한다.

지침 20	No 접미사는 엔티티의 번호를 나타내는 사용한다
적용 예	tableNo, employeeNo
설명	이 표기법은 엔티티의 번호를 나타내는 수식의 표기법에서 인용한 것이다. 또 다른 표기방법으로는 iTable과 iEmployee와 같이 i접두사를 변수 이름에 붙인다. 이 방법은 변수의 반복 횟수를 나타내는데 유용하다.

지침 21	No 접미사는 엔티티의 번호를 나타내는 사용한다
적용 예	tableNo, employeeNo
설명	이 표기법은 엔티티의 번호를 나타내는 수식의 표기법에서 인용한 것이다. 또 다른 표기방법으로는 iTable과 iEmployee와 같이 i접두사를 변수 이름에 붙인다. 이 방법은 변수들을 반복자(literator)로 표현하는데 효과적이다.

지침 22	반복자(literator) 변수는 i, j, k 등을 사용한다.

적용 예	for (Iterator i = points.iterator(); i.hasNext();) {
	  :
	}
	for (int i = 0; i < nTables; i++) {
	  :
	}

설명	이 표기법은 반복자(iterator)를 나타내는 수식의 표기법에서 인용한 것이다. j, k 라는 변수는 주로 반복적으로 루프를 갖는 경우에 사용되어야 한다.

지침 23	반대되는 단어가 있는 경우에는 그 이름을 반드시 사용한다
적용 예	get/set, add/remove, create/destroy, start/stop, insert/delete, increment/decrement, old/new, begin/ end, first/last, up/down, min/max, next/previous, old/new, open/close, show/hide, suspend/resume, etc.
설명	대칭되는 단어를 사용하여 복잡도를 감소시킨다.

지침 24	축약형 이름의 사용은 피해야 한다

적용 예	computeAverage(); // compAvg()이 아님
	ActionEvent event // ActionEvent e가 아님
	catch (Exception exception){
	  // catch (Exception e){ 이 아님

설명	두 가지 타입의 단어를 고려해보자. 첫째는 사전적인 용어들이다. 이들은 절대 축약형으로 쓰지 않아야 한다. 예를 들면 command 대신 cmd, compute 대신 cmd, copy 대신 cp, exception 대산 e, initialize 대신 init, point 대신 pt 등 이다. 둘째는 두문자어나 축약어들은 축약어들을 통해 자연스럽게 알려진 도메인 전용 문구가 있다. 이들 구문들은 축약형을 그대로 사용해야 한다. 예로서 html 대신 HypertextMarkupLanguage , cpu 대신 CentralProcessingUnit, pe 대신 PriceEarningRatio 등 이다.

<table>
<tr><th>지침 25</th><th>관련 있는 상수(final 변수)들은 공통 타입의 이름을 접두사로 사용하여 그룹화한다</th></tr>
<tr><td>적용 예</td><td>final int COLOR_RED = 1;
final int COLOR_GREEN = 2;
final int COLOR_BLUE = 3;</td></tr>
<tr><td>설명</td><td>이러한 표기는 상수들이 어디에 속해 있는지, 무엇을 나타내고 있는지를 파악하는데 도움이 된다. 유사한 표기 방법으로 인터페이스의 이름을 갖는 경우 인터페이스를 상수로 쓰는 방법이다.
interface Color
{
  final int RED = 1;
  final int GREEN = 2;
  final int BLUE = 3;
}</td></tr>
</table>

<table>
<tr><th>지침 26</th><th>불리언 변수 이름은 절대 부정적인 이름을 사용하지 않는다</th></tr>
<tr><td>적용 예</td><td>bool isError; // isNoError가 아님
bool isFound; // isNotFound가 아님</td></tr>
<tr><td>설명</td><td>논리적으로 not 연산자를 사용할 때 이중으로 부정하는 문제가 발생한다. 예를 들어 isNotError는 직관적으로 그리고 빠르게 그 의미를 파악하기 어렵다.</td></tr>
</table>

<table>
<tr><th>지침 27</th><th>예외(Exception) 클래스들은 Exception 이라는 접미사를 사용한다</th></tr>
<tr><td>적용 예</td><td>class AccessException extends Exception
{
  :
}</td></tr>
<tr><td>설명</td><td>예외 클래스들은 실제적으로 프로그램의 주요한 부분이 아니고, 이러한 표기법은 다른 클래스들보다 부각되게 한다.</td></tr>
</table>

<table>
<tr><th>지침 28</th><th>디폴트 인터페이스 구현은 Default라는 접두사를 사용할 수 있다</th></tr>
<tr><td>적용 예</td><td><pre>class DefaultTableCellRenderer
  implements TableCellRenderer
{
  :
}</pre></td></tr>
<tr><td>설명</td><td>이 방법은 인터페이스 메소드들에 대해 디폴트 처리 작업을 제공하는 인터페이스 클래스를 생성하기 위해 사용되는 일반적인 방법이 아니다. Default 접두사를 이들 클래스에 부여하는 명명법은 SUN의 자바 기본 라이브러리에서 사용되는 방법이다.</td></tr>
</table>

지침 29	함수(객체를 리턴하는 메소드)는 처리후 무엇을 리턴하는지 작업 우의 프로듀어가 무엇인지를 나타낼 수 있는 이름을 명명한다
설명	그 유니트가 해야 할 일과 의도하지 않는 것들이 무엇인지를 명확하게 해주기 때문에 가독성이 높아진다. 그리고 코드가 간결하다.

<table>
<tr><th>지침 30</th><th>Singleton 클래스들은 getInstance 메소드를 통해 하나의 인스턴스를 리턴한다</th></tr>
<tr><td>적용 예</td><td><pre>class UnitManager
{
  private final static UnitManager instance_ = new
  UnitManager();
  private UnitManager()
  {
    ...
  }
  public static UnitManager getInstance()
    // get() or instance() or unitManager() etc.이 아님
  {
    return instance_;
  }
}</pre></td></tr>
<tr><td>설명</td><td>SUN의 JDK를 따르지 않는 자바 커뮤니티에서 많이 사용하는 방법</td></tr>
</table>

<table>
<tr><th>지침 31</th><th>Factory 메소드 대신에 인스턴스를 생성하는 클래스들은 new [ClassName] 메서드를 통해 생성할 수 있다</th></tr>
<tr><td>적용 예</td><td>class PointFactory
{
  public Point newPoint(...)
  {
    ...
  }
}</td></tr>
<tr><td>설명</td><td>인스턴스가 factory 메소드 안에 생성되었으며, construct는 제어된 new Point()를 대치하게 된다.</td></tr>
</table>

3) 파일

지침 32	자바 소스 파일의 확장자는 .java이다
적용 예	Point.java
설명	자바 개발 툴에서 강제한 사항이다.

지침 33	클래스는 각각의 파일에 선언되며, 클래스 이름과 파일의 이름이 동일해야 한다. Secondary private 클래스는 inner 클래스와 같이 선언될 수 있으며, 그 클래스가 속해있는 파일에 위치한다
설명	자바 개발 툴에서 강제한 사항이다.

지침 34	파일의 내용은 반드시 80 컬럼을 초과하지 않아야 한다.
설명	80 컬럼은 다양한 편집기, 터미널 에뮬레이터, 프린터, 디버거에서 사용하는 일반적인 길이다. 이 길이를 사용하는 개발자들을 위해 제한되어야 한다. 프로그래머들 사이에 하나의 파일을 주고받을 때, 의도하지 않는 라인 브레이크가 생기지 않으므로 가독성을 높여준다.

지침 35	탭(TAB)과 페이지 브레이크와 같은 특수 문자는 절대 사용하지 않는다
설명	이 지침은 다수의 프로그래머가 다양한 플랫폼 환경에서 사용할 때, 에디터, 프린터, 터미널 에뮬레이터, 디버거 등에서 호환이 가능하도록 해준다.

<table>
<tr><th>지침 36</th><th>경우에 따라서는 라인을 분리하는 것이 도움이 된다</th></tr>
<tr><td>적용 예</td><td><pre>totalSum = a + b + c +
           d + e;
method(param1, param2,
       param3);
setText ("Long line split" +
         "into two parts.");
for (int tableNo = 0; tableNo < nTables;
     tableNo += tableStep) {</pre></td></tr>
<tr><td>설명</td><td>한 문장이 80컬럼을 초과할 때 라인을 분리한다. 라인을 분리하는 효과적인 방법을 제시하기는 어렵지만 아래를 참조하면 도움이 된다. 일반적으로 컴마(,) 뒤에서 분리하고, 연산자 뒤에서 분리한다. 그리고 이전 라인 시작부분에 맞추어 정렬한다.</td></tr>
</table>

4) 문장 (package와 import)

지침 37	package 문은 파일의 첫 번째 라인에 나타나야 하며 모든 파일은 하나의 package에 소속되어야 한다
설명	package 문의 위치는 자바 언어 코딩 표준을 따른다. 실제 package 속하는 모든 파일들은 자바 언어 기반의 객체지향 프로그램 기법을 따른다.

<table>
<tr><th>지침 38</th><th>import 문은 반드시 package 문 뒤에 위치해야 한다. import 문은 가장 기본이 되는 package 들부터 순서대로 저장되어야 하며 연관된 package는 그룹화 되어야 하며, 그룹들 간에는 빈 라인을 하나 삽입한다</th></tr>
<tr><td>적용 예</td><td><pre>import java.io.IOException;
import java.net.URL;
import java.rmi.RmiServer;
import java.rmi.server.Server;
import javax.swing.JPanel;
import javax.swing.event.ActionEvent;
import org.linux.apache.server.SoapServer;</pre></td></tr>
<tr><td>설명</td><td>import 문의 위치는 자바 언어 코딩 표준에서 정하고 있다. import 문이 많을 때 정렬을 해두면 현재 packaged와의 의존성을 파악하기 쉬워진다. 그룹화하는 것은 관련된 정보끼리 공통의 유니트로 관리할 수 있으므로 복잡도를 줄인다.</td></tr>
</table>

지침 39	import 된 클래스들은 항상 명시적으로 리스트 한다

적용 예	import java.util.List; // import java.util.가 아님
	import java.util.ArrayList;
	import java.util.HashSet;

설명	import된 클래스들은 명시적으로 가까운 시간내에서 클래스를 위해 잘 정의된 값을 전달해 주며, 클래스들을 이해하기 쉽고 유지하기 쉽도록 해준다. 최소의 그리고 최근의 import 리스트를 항상 유지하기 위해서 적당한 툴들이 사용되어야 한다.

5) 문장 (클래스와 인터페이스)

지침 40	클래스와 인터페이스 선언은 아래의 방식으로 구성하여야 한다. - 클래스/인터페이스 문서(javadoc 주석) - 클래스 또는 인터페이스 문 - public,protected,package,private 순서의 클래스 변수 - public,protected,package,private 순서의 인스턴스 변수 - 생성자(constructors) - 메소드(순서 없음)
설명	각 클래스 요소들을 예측 가능한 위치에 두어 복잡도를 줄인다.

6) 문장(메소드)

지침 41	메소드 지시자는 다음의 순서를 가져야 하며, 만약 <access> 지시자가 있다면 반드시 첫 번째 지시자가 되어야 한다 <access> static abstract synchronized <unusual> final native
적용 예	public static double square(double a); // static public double square(double a);이 아님
설명	<unusual>이 volatile과 transient를 포함하는 반면에 <access>는 public 또는 protected 또는 private 중의 하나이다. 가장 중요한 점은 <access>지시자가 맨 처음에 나타나야 한다. 사용할 수 있는 다양한 지시자 중에 가장 중요하기 때문에 메소드 선언문에 반드시 반영되어야 한다.

7) 문장 (타입)

지침 42	타입 변환은 항상 명시적으로 이루어져야 한다. 묵시적인 타입 변환은 절대 사용하지 않아야 한다
적용 예	floatValue = (int) intValue; // floatValue = intValue;가 아님
설명	프로그래머가 서로 다른 두 타입을 명확히 구분할 수 있다.

지침 43	배열 지시자는 반드시 변수의 이름 뒤가 아니라 타입의 뒤에 선언되어야 한다
적용 예	int[] a = new int[20]; // int a[] = new int[20]가 아님
설명	배열은 변수의 특성이 아니라 타입의 특성을 갖는다.

8) 문장 (변수)

지침 44	변수는 선언되는 시점에서 초기화되며 가능한 사용범위를 최소화하여 선언한다
설명	이 규칙은 어느 시점 이든간에 변수가 유효한 값을 가지게 한다. 어떤 경우에는 선언하는 시점에 변수가 유효한 값으로 초기화 되지 않는 경우가 있다. 이는 의도적으로 초기화하지 않는 상태로 두는 경우이다.

지침 45	변수는 절대로 두 개의 의미를 가지지 않아야 한다
설명	일관되고 유일한 의미를 부여함으로써 가독성을 높이고, 사이드 효과에 의한 에러가 발생하는 것을 줄인다.

지침 46	클래스 변수는 절대로 public으로 선언되지 않아야 한다
설명	public 변수는 자바의 정보 은닉과 캡슐화 개념에 위배되므로 private 변수와 액세스 함수로 선언한다. 이 규칙의 한 가지 예외적인 경우는 클래스가 행위가 없는 데이터 구조로만 사용될 때 이다(C++ 구조체와 동일함).

지침 47	배열은 다음에 오는 타입에 대해 []을 갖도록 선언되어야 한다

적용 예	double[] vertex; // double vertex[];이 아님
	int[ ] count; // int count[];이 아님
	public static void main(String[] arguments)
	public double[] computeVertex()

설명	두 가지 이유가 있다. 첫째 이유는 배열은 변수의 특성이 아니라 클래스의 특성을 갖는다. 둘째 이유는 메소드로부터 배열을 리턴 받을 때, []을 지정하는 것이 불가능하기 때문이다.

지침 48	변수의 생존 기간을 가능한 짧게 유지해야 한다
설명	변수에 대한 조작을 작은 범위내로 한정함으로써 통제가 쉽고 여러 가지 부작용을 줄일 수 있다.

9) 문장 (반복문)

지침 49	반복문을 제어하는데 사용하는 문장은 for() 구문내에 포함 시킨다	

적용 예	sum = 0;
	for (i = 0; i < 100; i++)
	sum += value[i];
		// for (i = 0, sum = 0;
		i < 100; i++)
		// sum += value[i]; 이 아님

설명	관리가 용이하고 가독성을 높일 수 있다. 무엇을 제어하고 무엇을 반복문내에 포함시킬 지를 명확하게 구분해야 한다.	

지침 50	반복문 변수들은 반복문 직전에 초기화해야 한다.	

설명	isDone = false;
	while (!isDone) {
	:
	}
		// bool isDone = false; 아님
		// :
		// while (!isDone) {
		// :
		// }

지침 51	반복문 내에서 break와 continue의 사용을 피한다
설명	이 두 문장은 구조화된 반복문보다 훨씬 읽기 쉬울 때만 사용한다.

지침 52	do-while 반복문의 사용은 피한다
설명	do-while 반복문은 조건이 반목문의 끝에 있기 때문에 while 반복문에 비해 읽기가 어렵다. 읽는 사람이 반복문의 범위를 이해하기 위해서는 전체 반복문을 다 읽어봐야 한다. 덧붙여 do-while 반복문은 필요하지 않다. 어떤 경우에는 do-while 반복문이 하나의 while 루프로도 작성이 가능하다. 구성하는 요소를 줄여야 읽기가 쉬어진다.

10) 문장 (조건문)

<table>
<tr><th>지침 53</th><th>복잡한 조건식은 피한다. 대신 임시로 불리언 변수를 사용한다</th></tr>
<tr><td>적용 예</td><td>bool isFinished = (elementNo < 0) || (elementNo > maxElement);
bool isRepeatedEntry = elementNo == lastElement;
if (isFinished || isRepeatedEntry) {
  :
}
/* if ((elementNo < 0) || (elementNo > maxElement)||
      elementNo == lastElement) {
  :
} */이 아님</td></tr>
<tr><td>설명</td><td>표현을 불리언 변수로 함으로써 프로그램은 자동화된 값을 얻을 수 있다. 이러한 구성은 읽기 쉽고 디버깅하기 쉽고 관리하기도 쉽다.</td></tr>
</table>

<table>
<tr><th>지침 54</th><th>if문에서 일반적인 내용은 if 부분에 포함시키고 예외는 else 부분에 포함시킨다</th></tr>
<tr><td>적용 예</td><td><pre>boolean isOk = readFile(fileName);
if (isOk) {
   :
}
else {
   :
}</pre></td></tr>
<tr><td>설명</td><td>정상적인 처리 흐름과 예외 상황 처리흐름을 명확히 구분해야만이 가독성이 높아지고 성능도 향상된다.</td></tr>
</table>

<table>
<tr><th>지침 55</th><th>조건문은 별도의 라인으로 분리한다</th></tr>
<tr><td>적용 예</td><td><pre>boolean isOk = readFile(fileName);
if (isOk) {
   :
}
else {
   :
}</pre></td></tr>
<tr><td>설명</td><td>디버깅이 용이하기 위해서이다. 하나의 라인에 모두 이어 쓸 경우에는 테스트 결과가 참인지 거짓인지 파악하기가 어려워진다.</td></tr>
</table>

<table>
<tr><th>지침 56</th><th>조건식에 실행문을 포함하는 것을 피해야 한다</th></tr>
<tr><td>적용 예</td><td><pre>InputStream stream = File.open(fileName, "w");
if (stream != null) {
   :
}
/* if (File.open(fileName, "w") != null)) {
   :
}*/이 아님</pre></td></tr>
<tr><td>설명</td><td>조건식에 실행문을 사용하는 것은 간편하지만 읽기가 매우 어려워진다. 이 규칙은 자바를 초보자에게 특히 강조하고 싶은 내용이다.</td></tr>
</table>

11) 문장 (기타)

<table>
<tr><th>지침 57</th><th>코드 상에서 매직 넘버(constants, array size, character positions 등)는 피해야 한다. 숫자는 0과 1 이외의 숫자는 차라리 상수로 정의하여 사용한다</th></tr>
<tr><td>적용 예</td><td>private static final int TEAM_SIZE = 11;
:
Player[] players = new Player[TEAM_SIZE];
// Player[] players = new Player[11];이 아님</td></tr>
<tr><td>설명</td><td>만약 그 숫자가 그 자체로 뚜렷한 의미를 가지지 않는다면 대신 상수를 도입하여 읽기 쉽도록 한다.</td></tr>
</table>

<table>
<tr><th>지침 58</th><th>실수 값 상수는 항상 십진수와 최소한 하나 이상의 소수점으로 표현한다</th></tr>
<tr><td>적용 예</td><td>double total = 0.0; // double total = 0;이 아님
double speed = 3.0e8; // double speed = 3e8;이 아님
double sum;
:
sum = (a + b) * 10.0;</td></tr>
<tr><td>설명</td><td>이유는 정수와 실수 값의 특성이 다르다는 것을 강조하기 위해서이다. 수학적으로 두 개 의 모델은 완전하게 다르고 서로 변환할 수 없는 특성을 가진다. 위의 예에서는 할당된 변수(sum)의 타입을 강조하고 있다.</td></tr>
</table>

<table>
<tr><th>지침 59</th><th>실수 값 상수는 항상 정수부에 숫자를 사용하여 지정한다</th></tr>
<tr><td>적용 예</td><td>double total = 0.5; // double total = .5;이 아님</td></tr>
<tr><td>설명</td><td>자바에서 사용하는 숫자와 표현식은 수학적 표기법에서 가져왔으므로 프로그래머는 가능한 수학적 표기법을 따라야 한다. 예를 들어 .5보다는 0.5가 다 읽기 쉽다. 즉, 정수 5로 착각할 가능성은 별로 없다.</td></tr>
</table>

지침 60	정적 변수 또는 메소드는 항상 클래스 이름을 통해 참조되어야 하며 인스턴스 변수를 통해서 참조되지 않아야 한다
적용 예	Thread.sleep(1000); // thread.sleep(1000);이 아님
설명	이는 참조 요소가 정적이고 어떤 특정한 인스턴스와 독립적이라는 것을 강조한다. 동일한 이유로 변수 또는 메소드가 동일한 클래스 내에서 액세스 될 때 클래스 이름이 포함되어야 한다.

12) 레이아웃

<table>
<tr><th>지침 61</th><th colspan="2">블록 레이아웃은 아래 예제 1(추천)이나 예제 2를 따르되 예제 3의 형태는 피해야 한다. 클래스, 인터페이스, 메소드 블록은 예제 2를 따른다</th></tr>
<tr><td rowspan="2">적용 예</td><td>while (!done) { //[예제1]
    doSomething();
    done = moreToDo();
}</td><td>while (!done) //[예제 2]
{
    doSomething();
    done = moreToDo();
}</td></tr>
<tr><td colspan="2">[예제 3] while (!done)
            {
                doSomething();
                done = moreToDo();
            }</td></tr>
<tr><td>설명</td><td colspan="2">예제 3은 추가적인 들여쓰기를 사용하고 있으나 예제 1과 예제 2에 비해 코드의 논리적인 구조가 강조되고 있지 않다.</td></tr>
</table>

지침 62	기본적으로 들여쓰기(indentation)는 2자로 한다
적용 예	for (i = 0; i < nElements; i++) a[i] = 0;
설명	들여쓰기는 소스 코드의 논리적인 구조를 강조하기 위해 사용된다. 1자 들여쓰기는 너무 작아서 목적에 맞지 않는다. 4자 이상 들여쓰기를 하면 종속된 코드를 읽기 어려워지며, 반드시 라인들을 분리해야 하는 경우가 더 많아진다. 2, 3, 4자 사이 그리고 3과 4 사이의 들여쓰기를 하는 것이 좀 더 적합하며 2를 선택하면 코드의 라인을 분리하는 경우가 더 줄어든다. 참고로 SUN에서는 4자 들여쓰기를 권고한다.

지침 63	클래스와 인터페이스 선언은 아래의 형식을 따른다

적용 예	class Rectangle extends Shape
	  implements Cloneable, Serializable
	{
	  ...
	}

설명	이 지침은 위에서 언급한 일반적인 블록 규칙을 따른 것이다. 자바 개발자 커뮤니티에서는 클래스 키워드의 마지막 라인에서 끝에서 괄호({)를 여는 방법을 사용하고 있다.

지침 64	메소드 선언문은 다음과 같은 형식을 따른다

적용 예	public void someMethod()
	  throws SomeException
	{
	  ...
	}

설명	위의 클래스 문에 대한 설명을 참조

지침 65	if-else 문장은 아래의 형식을 따른다	

적용 예	if (condition) {
	  statements;
	}
	
	if (condition) {
	  statements;
	}
	else {
	   statements;
	}
		if (condition) {
		  statements;
		}
		else if (condition) {
		  statements;
		}
		else {
		  statements;
		}

설명	이 지침은 위에서 언급한 일반적인 블록 규칙을 따른 것이다. SUN에서는 아래와 같이 else 전후에 괄호가 있는 것을 권장한다.
	if (condition) {
	   statements;
	} else {
	   statements;
	}	

지침 66	for 문장은 다음과 같은 형태를 따른다

적용 예	for (initialization; condition; update) {
	  statements;
	}

설명	이 규칙은 위에서 언급한 일반적인 블록 규칙을 따른 것이다.

지침 67	비어있는 for 문장은 다음과 같은 형태를 따른다
적용 예	for (initialization; condition; update) ;
설명	프로그래머가 의도적으로 for 문장을 비워두었음을 분명히 강조하는 것이다.

지침 68	while 문장은 다음과 같은 형태를 따른다

적용 예	while (condition) {
	  statements;
	}

설명	이 규칙은 위에서 언급한 일반적인 블록 규칙을 따른 것이다.

지침 69	do-while 문장은 다음과 같은 형태를 따른다
적용 예	do { statements; } while
설명	이 규칙은 위에서 언급한 일반적인 블록 규칙을 따른 것이다.

지침 70	switch 문장은 다음과 같은 형태를 따른다

적용 예	switch (condition) {
	  case ABC :
	    statements; // fallthrough
	  case DEF :
	    statements;
	    break;
	  case XYZ :
	    statements;
	    break;
	  default :

	statements; break; }
설명	이 규칙은 SUN사의 코딩 표준 권고안과는 들여쓰기와 공백문자 처리에 있어서 약간 다르다. 특히, 전체에 해당하는 스위치 문을 부각시키기 위해 각 케이스 문을 스위치 문 안쪽으로 들여쓰기를 한다. 여기서 케이스 문이 브레이크가 없을 경우에는 fallthrough 주석을 명시하고 있다.

지침 71	try-catch 문장은 다음과 같은 형태를 따른다

적용 예	try {
	  statements;
	}
	catch (Exception exception) {
	  statements;
	}
	
	try {
	  statements;
	}
	catch (Exception exception) {
	  statements;
	}
	finally {
	  statements;
	}

설명	이 규칙은 위에서 언급한 일반적인 블록 규칙을 부분적으로 따른 것이며 규칙 65에 언급한 것과 같이 SUN의 권고 내용과 다르다.

지침 72	단일 문장의 if-else, while 문은 중괄호를 생략할 수 있다

적용 예	if (condition)
	  statement;
	
	while (condition)
	  statement;
	
	for (initialization; condition; update)
	  statement;

설명	일반적인 코딩 권고안은 SUN사의 자바 코딩 권고안에도 포함되어 있는 것과 같이 모든 경우에 중괄호를 사용하도록 하고 있다. 그러나 블록은 여러 문장을 그룹화하기 위한 용도로 사용되기 때문에 단일 문장을 묶는 것은 큰 의미가 없어진다. 만약 하나의 문장이 더 추가되면 코드에 중괄호를 반드시 기재해야 한다.

13) 공백 문자

지침 73	메소드의 이름이 다른 이름에 이어질 때 공백 문자를 쓸 수 있다
적용 예	doSomething (currentFile);
설명	이 규칙은 개별적인 이름이 부각되도록 해주고 읽기 쉽게 해준다. 다음에 이름이 따라오진 않는다면 공백 문자는 생각될 수 있다(doSomething()).

지침 74	- 연산자 앞뒤에는 공백 문자가 있어야 한다. - 자바 예약어 뒤에 공백 문자 하나를 추가한다. - 컴마(,) 뒤에 공백 문자 하나를 추가한다. - 콜론(:) 앞뒤에 공백 문자 하나를 추가한다. - 문장에서 세미콜론(;) 뒤에는 공백 문자 하나를 추가한다.

적용 예	a = (b + c) * d; // a=(b+c)*d가 아님
	while (true) { // while(true){가 아님
	doSomething(a,b,c,d); //doSomething(a,b,c,d);이 아님
	case 100 : // case 100:이 아님
	for (i=0; i<10; i++){ // for(i=0;i<10;i++){이 아님

설명	이 규칙은 문장의 각 구성 요소들을 부각시켜 읽기 쉽게 해준다. 한편, 공백 문자의 사용에 대한 모든 경우를 고려하기 어렵겠지만 위의 예를 참조하여 공백 문자를 적절히 사용할 필요가 있다.

<table>
<tr><th>지침 75</th><th>블록내의 논리적인 유니트들은 빈 라인을 하나 삽입하여 구분한다</th></tr>
<tr><td>적용 예</td><td>

```
// Create a new identity matrix
Matrix4x4 matrix = new Matrix4x4();
// Precompute angles for efficiency
double cosAngle = Math.cos(angle);
double sinAngle = Math.sin(angle);
// Specify matrix as a rotation transformation
matrix.setElement(1, 1,  cosAngle);
matrix.setElement(1, 2,  sinAngle);
matrix.setElement(2, 1, -sinAngle);
matrix.setElement(2, 2,  cosAngle);
// Apply rotation
transformation.multiply(matrix);
```

</td></tr>
<tr><td>설명</td><td>논리적인 유니트들 사이에 빈 라인을 삽입함으로써 가독성이 높아진다. 각 블록은 경우에 따라 위의 예처럼 주석이 기재한다.</td></tr>
</table>

지침 76	메소드는 3개의 빈 라인을 사용하여 분리한다
설명	하나의 메소드 내에 공백보다 큰 빈 라인을 사용함으로써 메소드를 그 클래스 내에서 부각시킨다.

<table>
<tr><th>지침 77</th><th>선언문 내에서 변수들은 좌측으로 정렬한다</th></tr>
<tr><td>적용 예</td><td>

```
TextFile  file;
int       nPoints;
double    x, y;
```

</td></tr>
<tr><td>설명</td><td>타입과 변수를 구분하여 정렬함으로써 읽기 쉽도록 한다.</td></tr>
</table>

<table>
<tr><th>지침 78</th><th>문장은 읽기 쉽도록 정렬한다</th></tr>
<tr><td>적용 예</td><td><pre>
if   (a == lowValue)   compueSomething();
else if (a == mediumValue) computeSomethingElse();
else if (a == highValue)   computeSomethingElseYet();
value = (potential   * oilDensity) / constant1 +
          (depth   * waterDensity)/ constant2 +
          (zCoordinateValue * gasDensity) / constant3;
minPosition   = computeDistance(min,   x, y, z);
averagePosition = computeDistance(average, x, y, z);
switch (phase) {
  case PHASE_OIL   : text = "Oil";   break;
  case PHASE_WATER : text = "Water"; break;
  case PHASE_GAS   : text = "Gas";   break;
}
</pre></td></tr>
<tr><td>설명</td><td>일반적인 지침에 위배될 수 있겠지만 위 예제에서는 읽기 쉽게 하기 위해서 코드 사이에 다수의 공백 문자를 넣었다. 대다수의 경우 이러한 정렬방식을 사용한다. 코드 정렬에 대한 일반화된 가이드라인을 제시하기 어렵지만 위의 예를 참조하는 것이 힌트가 될 것이다.</td></tr>
</table>

14) 주석

지침 79	코드가 복잡해 보이면 재작성 한다
설명	일반적으로 명확한 논리적인 구조와 적절한 이름을 선택하여 코드 자체에 의미를 부여함으로써 주석의 용을 줄일 수 있다.

지침 80	모든 주석은 영어로 작성한다
설명	국제적으로 통용되는 언어로서 영어가 선호되기 때문이다

<table>
<tr><th>지침 81</th><th>Javadoc 주석은 아래의 형태를 따른다</th></tr>
<tr><td>적용 예</td><td><pre>
/**
 * Return lateral location of the specified position.
 * If the position is unset, NaN is returned.
 *
 * @param x   X coordinate of position.
 * @param y   Y coordinate of position.
 * @param zone Zone of position.
 * @return   Lateral location.
 * @throws IllegalArgumentException   If zone is <= 0.
 */
public double computeLocation(double x, double y, int zone)
  throws IllegalArgumentException
{
  ...
}
</pre></td></tr>
<tr><td>설명</td><td>이러한 문서의 개요는 소스 코드 보다도 더 자주 읽기 때문에 중요하다. 아래의 형식을 따른다.
- 시작하는 /** 는 라인을 분리
- 이어지는 *는 하나로 표기
- 각 *는 뒤에 공백 문자 하나를 둠
- 설명과 파라메터 사이에는 빈 라인을 추가
- 파라메터 설명은 정렬함
- 각 파라메터 설명 뒤에는 마침표를 둠
- 문서 블록과 메소드/클래스 사이에는 빈 라인을 두면 안됨

클래스 멤버를 포함하는 Javadoc은 아래와 같이 하나의 라인으로 분리될 수 있다.
  /** Number of connections to this database */
  private int nConnections_;</td></tr>
</table>

<table>
<tr><th>지침 82</th><th colspan="2">주석 구별자 뒤에 하나의 공백 문자를 둔다</th></tr>
<tr><td>적용 예</td><td><pre>
// This is a comment
/**
 * This is a javadoc
 * comment
 */
</pre></td><td>//This is a comment는 아님
/**
*This is a javadoc
*comment
*/</td></tr>
<tr><td>설명</td><td colspan="2">문장을 돋보이게 하여 읽기 쉽게 한다.</td></tr>
</table>

지침 83	JavaDoc 주석이 아닌 모든 경우와 여러 줄을 사용하는 경우에 주석은 //을 사용한다
적용 예	// Comment spanning // more than one line.
설명	자바에서 멀티 레벨 주석을 지원하지 않기 때문에 디버깅이나 기타 목적으로는 /* */을 사용하여 파일의 일부분을 주석할 수 있다.

지침 84	주석은 코드 내에서 상대적인 위치를 고려하여 들여쓰기를 한다	

적용 예	while (true) {
	  // Do something
	  something();
	}
		while (true) {은 아님
		// Do something
		    something();
		}

설명	이 지침은 주석이 프로그램의 논리적인 구조를 손상시키지 않도록 한다.	

지침 85	collection 변수 선언은 collection에 담겨질 요소들의 공통 타입에 대한 주석을 작성한다

적용 예	private Vector points_; // of Point
	private Set shapes_; // of Shape

설명	이러한 추가적인 주석이 없다면 collection이 어떤 요소들로 구성되어 있는지, 요소들을 어떻게 처리할 것인지에 대해 파악하기가 매우 어려워진다. 입력으로서 collection 변수를 수집하는 방법에 있어서 요소들의 일반적인 타입은 JavaDoc 주석과 관련되어져야 한다.

지침 86	모든 public 클래스와 그리고 public 클래스 내의 public 및 protected 함수는 JavaDoc을 사용하여 문서화한다
설명	이 지침은 온라인 코드 문서를 갱신하기 쉽도록 해준다.

8.6 버전 관리 및 백업

하드웨어나 소프트웨어 구현을 팀을 이루어 공동으로 개발하는 경우에는 버전 관리가 철저히 이루어져야 한다. 그리고 구현 중에라도 개발의 생산성을 높이기 위해 펌웨어나 소프트웨어 백업이 정기적으로 이루어져야 한다. 이 절에서는 설명의 편의를 위해 펌웨어를 소프트웨어 분류에 포함시키며, 펌웨어의 환경이 너무 다르기 때문에 대표적으로 윈도우 환경에서의 소프트웨어 개발 위주로 설명한다. 그렇다면 버전 관리와 소프트웨어 백업이 왜 중요한가를 알아보자.

1) 버전 관리

소프트웨어 버전(version)이란 하나의 소프트웨어가 개발되어 계속해서 개정판이 나올 때마다 각각의 개정판을 이전의 제품과 구별하기 위해 붙이는 번호를 말한다. 일반적으로 최초의 제품이 발표된 때에는 1.0이라는 버전 번호를 사용하고 이후에 개정판이 나올 때마다 1.1 또는 2.0 등과 같은 버전 번호를 증가시킨다. 버전 번호는 점(.)으로 구분된 두 개의 숫자 부분으로 구성되는데, 점 앞에 나타나는 숫자를 주번호(major number)라 하고, 점 뒤에 나오는 숫자를 부번호(minor number)라고 한다. 소프트웨어의 기능과 내용이 커다란 변화를 가져온 경우에는 2.0 또는 3.0과 같이 주번호를 변경시키지만, 이전의 제품에 있던 오류를 수정한 것과 같이 기능에서 큰 변화가 없을 경우에는 1.1 또는 1.2 등과 같이 부번호를 변경시킨다.

소프트웨어 버전은 일반적으로 개발 버전과 제품을 출시할 때 부여하는 릴리즈 버전을 따로 두고 별도로 관리한다. 그렇다면 개발자 입장에서 다소 번거롭다고 느껴질 수 있는 버전 관리를 하는 이유는 무엇일까? 프로젝트 단위에서 제작되는 소프트웨어는 혼자 개발하는 것이 아니라 공동으로 하기 때문이며 아래와 같은 이유들로 반드시 필요하다.

- 소스 코드를 잘못 수정했더라도 기록이 남고 되돌리기가 쉽다.
- 수정, 추가, 삭제 등의 기록이 모두 남고 변경사항을 추적하기 쉽다.

- 개발자들이 따로 따로 백업을 하지 않아도 된다.
- 개발 버전과 릴리즈 버전을 구별할 수 있어 관리가 쉬워진다.

버전 관리를 해서 얻을 수 있는 가장 큰 장점은 잘못 수정한 소스를 쉽게 되돌릴 수 있다는 것이다. 프로젝트가 커지다보면 소스 코드가 정상적으로 통합되지 않는 경우가 많아진다. 그리고 변경 사항이 모두 기록되고 무엇을 변경 했는지 쉽게 볼 수 있으며, 심지어 옆 사람이 수정한 것을 쉽게 볼 수 있다. 그리고 가장 큰 문제를 일으키는 백업을 개별적으로 하지 않아 소스를 분실하는 최악의 상황도 쉽게 해결된다. 한사람이 개인적으로 프로젝트를 진행하더라도 버전 관리를 하는 것이 필요하다.

버전 관리를 위해 별도의 소프트웨어 툴을 이용하기도 한다. 가장 널리 사용되고 역사가 깊은 툴은 프로젝트 소스 파일에 대한 수정을 추적해주는 공동 버전 시스템(CVS)이다. CVS는 오픈 소스와 사유 소프트웨어 개발 프로젝트 모두에서 널리 사용되고 있으며, 일반적으로 무료로 제공되고 완전한 기능을 갖추고 있다. 비주얼 소스 세이프(VSS)는 마이크로 소프트웨어에서 만든 버전 관리 시스템이다. 윈도우 기반 소프트웨어의 버전 관리를 할 때 자주 사용된다. 이 외에도 많은 버전 관리 툴들이 있다. 그렇다면 캡스톤 디자인에서 버전 관리 소프트웨어를 사용할 필요가 있을까? 캡스톤 디자인과 같은 소규모 프로젝트에서는 버전 관리 툴을 사용하지 않고 팀 단위의 소프트웨어 버전 관리만으로 충분하다.

2) 소프트웨어 백업

소프트웨어를 개발해본 경험이 있는 개발자들은 누구나 백업을 소홀히 해서 며칠간 작업했던 소스 코드가 전부 손실되어 좌절한 경험이 있을 것이다. 이로 인해 다시 코딩을 해야 하는 괴로움은 겪어보지 않으면 이해하기 어렵다. 비용과 시간을 투자해서 데이터가 복구되면 그나마 다행이지만 복구가 되지 않는 경우도 발생한다. 만약 납기(delivery)가 중요시되는 프로젝트를 진행하고 있는데, 중요 자료가 손실되었다면 이미지 및 신뢰성 훼손뿐만 아니라 손해배상 비용이 발생할 수도 있다. 따라서 소프트웨어 백업은 아무리 강조해도 지나치지 않는다. [표 8-2]는 자료가 손실되는 원인을 나타내었다.

[표 8-2] 자료가 손실되는 이유

분류	자료가 손실되는 이유
사람의 실수	초보자든 전문가든 사용자들은 간혹 실수를 하곤 한다. 실수로 파일을 지워버릴 수도 있고 또는 파일에 겹쳐 쓰기를 함으로써 이전의 자료를 잃어버릴 수 있다.
관리자의 실수	관리자의 실수로 중요한 자료를 날려버릴 수도 있다.
하드웨어 오류	자료를 저장하고 있는 하드 디스크에 베드 섹터가 생길 수도 있고 또는 하드 디스크를 전혀 못쓰게 될 수도 있다.
프로그램 오류	우리들은 시스템에 설치되어있는 모든 응용프로그램들이 어떻게 작동되는지 알 수 없다. 따라서 어떤 응용프로그램들의 자체 버그로 인하여 중요한 자료를 잃어버리게 될지도 모른다.
해커의 침임	네트워크로 연결되어 있는 컴퓨터는 해커로부터 침입을 당할 수 있다. 그리고 그 해커들은 우리들의 중요한 자료를 파괴할지도 모른다.
도난 및 분실	개발용 컴퓨터나 저장장치 등의 도난 및 분실
자연 재해	홍수나 지진 또는 화재와 같은 자연 재해
그 외 재해들	건물 붕과나 가스 폭발과 같은 그 외 여러 가지 인적재해

소프트웨어 백업은 프로그램 코딩 중에도 정기적으로 이루어져야 한다. 프로그램 코딩이 활발하게 진행될 때에는 하루 단위로, 만약 소스 코드의 변화가 많을 때는 자주 그리고 정기적으로 백업하는 것을 권한다. 시험 단계에서도 실행파일 오류로 인해 소스 코드 수정이 이루어지므로 백업을 해야 한다. 아래에 하나의 폴더를 백업하고 백업파일 이름을 명명하는 예를 보였다.

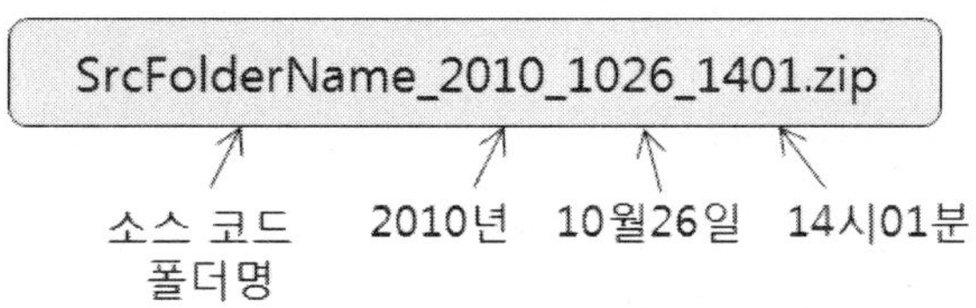

(그림 8-2) 소스 코드 폴더 백업의 예

다양한 백업 방법을 [표 8-3]에 나타내었다. 프로젝트의 규모나 중요도에 따라 적절한 백업 방법을 선택한다. 백업은 다른 서버로의 백업이나 별도의 장치나 미디어에 백업하는 것이 효과가 높다.

[표 8-3] 다양한 백업 방법

백업 종류	툴 및 미디어	백업 방법 및 특징
다른 서버로의 백업	FTP	파일 전송을 통한 다른 서버에 백업
	공유	폴더/드라이브 공유를 통한 백업
	스토리지 디스크	별도의 장치로 디스크 백업
매개체를 이용한 백업	CD, DVD, USB, MP3	백업이 간단하고 쉬우나 분실과 자료손실 위험이 높음
	테이프	중형급 이상 서버 백업 시 사용함
	웹 디스크	인터넷이 연결된 곳이면 어느 곳에서나 접근, 저장, 편집, 백업이 가능함
개발용 컴퓨터에서의 백업	다른 외장 디스크 백업	2~3개의 내장 또는 외장 디스크를 구입하여 저장
	윈도우 자체 백업	OS레벨의 백업을 말하며 데이터 백업은 미흡
	다른 디렉토리 백업	동일한 디스크내에서 별도의 백업 디렉토리를 만들어 백업

8.7 디버깅

구현을 완성하는 마지막 활동은 디버깅 작업이다. 시스템 개발자가 제일 싫어하는 작업이 디버깅 단계라 해도 과언이 아니다. 그 만큼 오류 추적 과정 내내 상당한 인내심을 요할뿐더러 많은 시간을 투자해야만 하기 때문이다. 초보 개발자의 경우는 구현 단계에서 코딩하는데 50%의 자원을 그리고 디버깅하는데 나머지 자원을 소비한다는 통계가 있다. 이와 반대로 능숙한 고급 개발자 일수록 경험도 많겠지만 다양한 문제점을 해결할 수 있는 디버깅 능력이 뛰어나다. 이로 인해 하드웨어나 소프트웨어의 생산성이 높게 나타난다.

훌륭한 개발자는 자신의 실수로부터 많은 것을 배우려 하기 때문에 디버깅에 많은 시간을 투자한다. 버그를 발견할 때마다 유사한 버그들을 해결하는 방법과 좀 더 쉽게 유사한 버그들을 찾아 낼 수 있는 방법을 배우게 된다. 디버깅은 다소 어려우며, 많은 시간이 소요되며, 얼마만큼의 시간이 소요될지 조차 예측하기 힘들다. 따라서 디버깅의 양을 최대한 줄이는 것이 매우 중요하다. 이 절에서는 디버깅에 대한 개념 이해와 디버깅을 효과적으로 할 수 있는 팁들을 소개한다.

1) 디버깅 용어 이해

버그(bug) 용어의 사전적 의미는 벌레라는 뜻을 가지고 있으며 흔히 컴퓨터에서는 프로그램상의 오류 혹은 프로그래밍 상에서 발생하는 예기치 못한 오류(error)를 말한다. 디버그(debug) 용어의 사전적 의미는 벌레를 없애다는 의미를 가지는 동사이며, 흔히 컴퓨터에서는 디버깅(debugging) 혹은 디버거(debugger)라는 용어를 자주 사용한다. 디버깅은 프로그램의 버그를 잡는 행위나 절차를 말하고 디버거는 버그를 잡는 프로그램을 말한다.

2) 결함 용어 이해

프로그래머들은 버그라는 용어 대신 다른 동의어를 사용하기도 한다. IEEE 표준들에서는 부정확한 프로그램 코드를 잘못(fault)라고 지칭한다. 또한 오류(error)라는 용어를 사용한다. 여기서 어떠한 용어를 선택하느냐에 따라 실패의 근원이 무엇인지를 예측할 수 있다. 버그라는 용어는 사람이 제거할 수 있는 그리고 프로그래머의 책임이 아니라는 의미로 해석될 수 있다. 반면 잘못이나 오류는 프로그래머가 저지른 실수를 말한다. 이를 포함하는 의미로 결함(defect)이라는 용어를 사용한다[Code05]. 즉 프로그래머가 작성한 코드에 어떤 결함이 프로그램 상태를 감염(infection) 시키고 감염된 상태가 나중에 하나의 실패(failure)로 나타나는 것이다. 이 책에서는 버그와 오류를 동의어로 사용하고 이 두 단어를 합해서 결함이라는 용어를 사용한다.

3) 디버깅 프로세스

윈도우 환경에서 디버깅 프로그램인 디버거 프로세서와 디버깅 대상이 되는 응용 프로세스간의 관계를 살펴보자. 디버거는 응용 프로세스의 메모리를 읽고 쓸 수 있으며, 중단점(break point)과 같은 응용 프로세스가 발생하는 다양한 디버그 이벤트에 반응하는 프로그램이다. 디버거는 일반적으로 응용 프로세스를 새로 시작하거나 이미 수행중인 프로세스에 디버거를 연결한다.

일단 응용 프로세스와 연결이 끝나면 디버거는 DLL 로드, 중단점, 싱글 스텝, 예외 발생 등과 같은 디버그 이벤트를 기다리고 이들 이벤트 중 하나가 발생하면 그 이벤트를 처리하는 과정을 반복하게 된다. 이 반복 루프를 디버거 루프(loop)라고 한다. 응용 프로세스와 연결되어 다른 프로세스의 메모리를 읽거나 쓰는 작업 혹은 디버그 이벤트를 수신하는 작업은 디버거 혼자 스스로 처리할 수 없다. 따라서 디버거는 반드시 운영체제 커널의 도움을 받아야 하며 윈도우 커널인 경우 이와 같은 디버깅 기능을 지원한다.

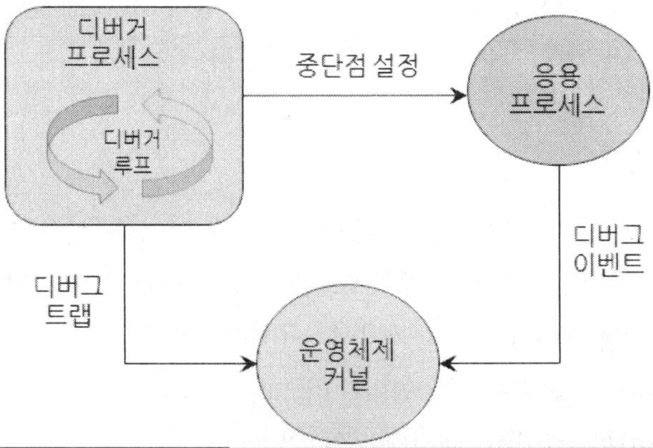

(그림 8-3) 커널과 디버거와 응용간의 관계

4) 오류의 발생

프로그래머가 작성한 코드는 컴파일(compile) 단계를 거친 후 리소스 및 오브젝트 파일 링크(link)를 거쳐 실행파일이 생성된다. 이러한 단계를 거치는 도중에 아래와 같은 오류가 발생된다.

- **컴파일타임 오류**

처음 소스 코드 컴파일 과정에서 발생하는 오류를 컴파일타임 오류(compile-time error)라고 한다. 이 오류는 주로 소스 코드 자체의 문법적 오류(syntax)로 인하여 발생한다. 문법적 오류란 사용하는 프로그래밍 언어에서 규정하고 있는 문법을 잘못 이해하거나 사용해서 생기는 에러를 말한다.

- **링크타임 오류**

컴파일타임 오류와 마찬가지로 프로그램 실행 전에 발생한다. 링크타임 오류(link-time error)는 주로 필요한 자원(그림, 문자열 등)이나 라이브러리가 연결(링크)되지 않음으로 발생하는 오류이다.

- **런타임 오류**

가장 많이 발생하는 오류가 프로그램 실행 시 발생하는 런타임 오류(run-time error)이다. 프로그램이 동작 중에 어떤 이유로 잘못된 데이터를 가지게 되어 잘못된 처리를 진행하려 할 때, 런타임 오류가 발생한다. 이 때, 프로그램 자체적으로 조정하거나 또는, 운영체제가 인터럽트를 발생시켜 프로그램을 중단시킨다. 프로그램이 런타임 오류를 자체적으로 조정했다면 사용자는 여전히 프로그램을 계속 이용 할 수 있으나, 운영체제가 프로그램을 중지시켰다면 더 이상 이용하지 못하고 사용 중이던 데이터도 손실된다. 런타임 오류의 원인은 다양하게 존재하나 대표적인 원인으로 다음과 같다.

첫째는 논리적으로 잘못된 동작의 조합이다. 쉽게 말해 프로그램 코드의 결함을 말한다. 프로그래머가 원하는 동작을 수행하도록 코딩하였지만 실제로는 예기치 못한 잘못된 동작을 하도록 코딩된 것이다. 이 결함은 컴파일 단계에서 에러로 나타날 수 있지만 경우에 따라서는 런타임 오류가 발생하기도 한다.

둘째는 프로그램이 내린 명령이 시스템 운영에 심각한 영향을 미친다고 판단될 때, 운영체제가 프로그램을 중단시키는 오류이다. 예를 들면 운영체제가 해당 프로그램에게 할당한 메모리 영역 이외에 영역에 접근하는 명령을 들 수 있다.

셋째는 플랫폼의 차이에 의한 오류이다. 이미 개발된 라이브러리와 툴들을 사용할 경우, 해당 플랫폼에 최적화되어 있는 경우가 많다. 이러한 이유로 라이브러리들은 플랫폼에 제약을 받게 된다. 이러한 라이브러리를 다른 플랫폼에 이식할 경우, 프로그램이 동작하는 상태가 바뀌게 되어 런타임 오류가 발생하게 된다.

(1) 디버깅 팁 1 - 문제점을 재현하라

원래의 문제가 다시 발생하도록 만든다. 문제점을 재현하는 목적은 두 가지이다. 하나는 문제점을 통제된 환경 하에서 관찰하기 위한 것이고, 또 하나는 나중에 문제점이 제대로 고쳐졌는지를 검사하기 위한 것이다. 문제점을 재현할 수 없다면 무엇이 문제인지 관찰하기가 어렵고 문제의 원인을 추론하는데 제약에 생긴다. 그리고 문제점을 수정한 후에 원래의 문제가 제대로 교정되었는지를 확인하기 위해서는 원래의 시나리오를 재현해서 문제점이 더 이상 나타나지 않는지 점검하는 수 밖에 없다. 문제점이 재현이 가능하다면 교정을 위해서 문제점 보고서(problem report)를 작성해야 한다. 변경 요청(change request) 또는 버그 레포트라고도 한다. 문제점 보고서에 너무 많은 정보를 넣게 되면 관리가 어려워지므로 아래의 정보를 포함하여 간략히 작성하여야 한다.

- 제품 릴리스
- 운영 환경
- 시스템 자원
- 문제점 내력
- 정상적인 동작과 실제 일어난 비정상 동작
- 한줄짜리 요약문

한편 동일한 프로그램이라도 동일한 컴퓨터에서 그리고 동일한 환경에서 문제점이 재현되지 않을 수도 있다. 만약 프로그램에 입력이 프로그램 수행에 영향을 미칠 수 있는 모든 것이라 가정했을 경우, 프로그램에 입력에 의해 문제점이 재현될 수 있고 그렇지 않을 수도 있다. (그림 8-4)는 프로그램에 입력될 수 있는 가능한 프로그램 입력을 나타내었다. 재현할 때, 이러한 입력들에 대해 고려해야 한다.

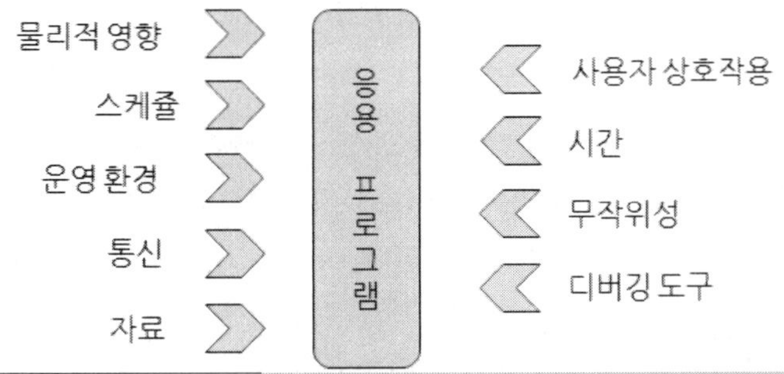

(그림 8-4) 프로그램 수행에 영향을 미치는 입력들

- **자료**

응용 프로그램이 접근하는 모든 자료와 사용자의 통제 하에 있는 모든 자료를 재현해야 한다. 레지스트리나 설정 파일과 같은 구성자료 역시 재현해야 한다.

- **통신**

용이하지는 않지만 쓰레드, 프로세스, 컴퓨터간 통신을 위한 네트워크 트래픽 등을 재현해야 한다. 프로그램의 실행 시작에서부터 모든 통신을 갈무리하는 것은 아니며 프로그램이 작동하다가 어떤 재현 가능한 상태로 들어간다면, 그 상태 이후의 통신만 갈무리하고 재생한다.

- **운영환경**

사용자 상호작용, 통신, 시간, 무작위성은 모두 프로그램이 그 환경에 제공하는 서비스들을 이용해서 환경과 상호작용한다는 공통점을 가지고 있다. 프로그램과 그 환경 사이의 모든 상호작용은 일반적으로 운영체제가 처리한다. 예를 들면 운영체제는 프로그램의 모든 입력과 출력을 처리한다. 따라서 운영환경이 프로그램 수행에 영향을 미친다 할 수 있다.

- **스케쥴**

프로그램들은 여러 개의 동시적인 쓰레드 또는 프로세스들로 이루어지는 경우가 많다. 일반적으로 쓰레드나 프로세스의 실행 스케쥴은 런타임 모듈 또는 운영체제가 결정한다. 그러나 프로그래머는 운영체제의 스케쥴이 항상 결정적이고 일정하다고 판단하고 있지만 실제적으로 여러 요인에 의해 비결정적이고 일정하지 않게 이루어지는 경우가 있다.

- **물리적 영향**

  일반적으로 컴퓨터는 물리적 영향을 잘 견디도록 설계되어 있지만 개발자의 환경에 따라 영향을 받을 수 있다. 예를 들어 주변의 전기 장치나 전기 충격에 의해 비트의 값이 바뀔 수 있다.

- **사용자 상호작용**

  요즘 프로그램들은 복잡한 사용자 인터페이스를 사용하고 있어서 사용자의 입력을 관찰하고 제어하는데 어려움을 겪을 수 있다. 사용자 상호작용 재현을 위한 표준적인 접근 방식을 갈무리/재생(capture/replay) 도구를 사용하는 것이다.

- **시간**

  프로그램이 수행 당시의 시각(time of day)에 근거해서 어떤 판단이나 처리하는 프로그램들이 많다. 이 경우 재현을 위해서 프로그램을 임의의 시각에서 실행할 수 있는 환경을 갖추는 것도 한 가지 방법이다. 좀 더 편한 방법으로는 시간이라는 것을 입력변수로 두어 임의의 시각 하에서 수행할 수 있도록 만드는 것이다.

- **무작위성**

  무작위성(randomness) 프로그램들은 난수 함수를 쓰는 게임과 암호화 등을 들 수 있다. 이러한 프로그램들을 시험하기 위해서는 무작위성을 제어하고 재현할 수 있어야 한다. 의사 난수 함수를 쓴다면 초기 종자 값(seed)을 기록하고 재생하는 방법을 쓸 수 있다.

- **디버깅 도구**

  디버거를 이용하여 디버깅하는 자체가 프로그램의 동작에 영향을 줄 수 있다. 즉, 디버깅하는 환경과 실제 운영 환경의 차이에 의해서 프로그램이 영향을 받는 것이다.

(2) 디버깅 팁 2 - 문제점 사슬을 만들어라

디버깅은 정상적인 초기 지점에서 상태의 일부가 비정상적으로 전이하는 지점을 찾는 것부터 시작된다. 그러나 방대한 공간에서 이러한 지점을 찾는 작업은 쉽지만은 않을 것이다. 다음의 원칙에 따라 문제점 영역을 구별한 후 문제점 사슬을 만들면 디버깅이 쉬어진다.

- **정상적인 부분과 에러가 발생하는 부분으로 분리한다.**

  에러가 발생했다면 이는 아마 정상적인 부분의 일부분에서 에러가 발생하는 부분으로 전이됐을 것이기 때문이다.

- **관련이 있는 변수와 관련 없는 변수를 분리한다.**

  한 변수의 값은 제한된 개수의 이전 변수 값들에 영향을 받은 결과이다. 따라서 이전 상태의 오직 일부만이 실패와 관련이 있다. 실패의 원인이 되는 이전 상태들의 변수들은 개수가 그리 많지 않을 수 있다. 한 변수의 값이 이전 변수들의 값들에 의해 결정되는 것을 그 변수가 이전의 다른 변수들에 의존한다 라고 할 수 있다. 이런 발상을 통해 에러가 발생하는 변수에 영향을 주는 이전 변수들 간의 사슬을 만들어서 조사하면 에러를 찾기가 쉬어진다.

(3) 디버깅 팁 3 - 로그 기록을 이용하라

로그 기록(logging)이란 정보를 제공하는 일련의 기록인 로그(log)를 생성하도록 시스템을 작성하는 활동을 말한다. 프린트 라인 삽입은 간단한 그리고 보통은 일시적인 로그를 생성하기만 한다. 초보 프로그래머들 뿐만 아니라 전문 프로그래머들도 시스템의 복잡성 때문에 로그를 이해하고 사용해야 한다. 로그가 제공하는 정보의 양은 프로그램이 실행되는 중에도 설정 가능해야 한다. 로그 기록은 여러 가지 이점이 있다. 로그는 재현하기 힘든 경우에도 유용한 정보를 제공한다. 그리고 구문(statement)들 사이에 걸리는 시간과 성능에 관한 통계와 정보를 제공한다.

로그에 남기는 정보의 양은 항상 정보성을 우선순위로 할 것인지 간결성을 우선순위로 할 것인지를 기준으로 타협해야 한다. 정보를 너무 많이 남긴다면 로그가 낭비적이 되고 스크롤에 가려지게 되어 필요한 정보를 찾기 어려워질 것이다. 너무 조금 남긴다면 필요한 정보가 남지 않을 것이다. 이런 점에서 무엇을 출력해야 할지를 결정하는 일이 중요해진다. 로그에 남는 기록을 통해 그 기록을 남긴 소스 코드의 위치, 문제가 되는 작업을 실행한 쓰레드, 정확한 실행 시각, 그리고 어떤 변수의 값, 여유 메모리의 양, 데이터 객체의 개수 등 그 밖의 유용한 정보를 알 수 있다.

로그 생성 구문들은 소스 코드 전체에 흩어져 있으며 특히, 주요 기능이 있는 지점과 위험 부담이 있는 코드 근처에도 있을 것이다. 구문마다 수준을 정할 수 있다면 시스템의 현재 설정에 따라 그 수준에 해당하는 기록만을 남길 수도 있다. 로그 생성 구문을 설계할 때에는 어디에서 문제가 생길지 예상해서 그것을 기록으로 남길 수 있게 해야 한다. 성능을 측정할 때에도 로그를 이용할 수 있으나, 로그를 기록하기 위해서 매번 입력과 출력 오퍼레이션이 발생하므로 실제보다 성능이 낮게 나타난다.

(4) 디버깅 팁 4 - 디버깅 도구를 이용하라

대부분의 언어의 컴파일러는 정교한 디버거를 함께 제공한다. 디버거는 문제가 발생했을 때 즉각적으로 수행될 수 있으며, 어떤 디버거는 프로그램이 실행되는 도중에 뜻밖의 상황이 발생하면 자동으로 수행되기도 한다. 대개 경험이 있는 개발자는 유용하고 적절한 디버거를 사용하기 때문에 디버깅을 효과적으로 한다.

디버거는 단지 오류만을 찾는 것만을 도와주는 도구가 아니다. 다양한 프로그램들이 방대한 양의 출력으로부터 중요한 부분들을 선택하거나 이상한 부분들을 찾아내거나 또는 어떤 일들이 발생하는지 쉽게 파악하기 위해 자료를 재 정렬할 수 있도록 도와주는 역할을 한다. 대부분의 프로그램 언어들은 표준 툴킷의 일부분으로서, 특정버그를 찾거나 프로그램을 구체적으로 분석할 수 있도록 도와준다.

디버거는 몇몇 언어에서는 제공하지 않거나 단지 기본적인 디버깅 능력만을 제공하기도 한다. 그리고 디버거는 시스템에 종속적이어서 특정 시스템에만 사용할 수 있다. 또한 어떤 프로그램은 디버거로 다루기 힘들다. 이런 경우, 출력문과 자신의 경험 그리고 코드에 대해 추론 능력 등에 의존할 수밖에 없으며 이외에는 별다른 도움을 줄 수 있는 방법이 없다.

디버거를 얼마만큼 잘 활용할지는 프로그래머의 개발 능력에 따라 의존적으로 결정되는 경향이 있다. 다시 말해 프로그램을 한 단계 한 단계씩 밟아 나가는 것보다 적당한 곳에 출력문이나 스스로 검사할 수 있는 코드를 추가하는 것이 더 효과적인 경우도 있기 때문이다. 그리고 기계적인 시도는 별로 생산적이지 못하다. 디버거는 오류가 발생했을 때, 프로그램의 상태를 알아보는데 유용하다.

디버거와 디버거 활용법은 운영체제에 따라서, 사용하는 플랫폼에 따라서, 사용하는 언어에 따라서 다양하게 존재한다. 이러한 이유로 이 책에서는 디버깅 도구와 활용법들에 대해서 심도 있게 다루지 않으며, 프로그래머가 개발 환경과 자신의 프로그램 능력을 고려하여 적합한 디버깅 도구를 선택하도록 한다. 아래는 윈도우 환경에서 디버깅하는 간단한 예를 보였다.

- **TRACE를 이용한 디버깅**

  TRACE는 C 프로그래밍의 printf( ) 함수와 유사하며 원하는 문장을 출력창에 표시해준다. TRACE 문법 사용법은 아래와 같으며 C의 문법과 유사함을 알 수 있다. (그림 8-5)는 출력결과이다.

```
TRACE( "Now Running! /n");  // 문장 출력
TRACE( "i = %d /n", i);     // 변수 값 출력
```

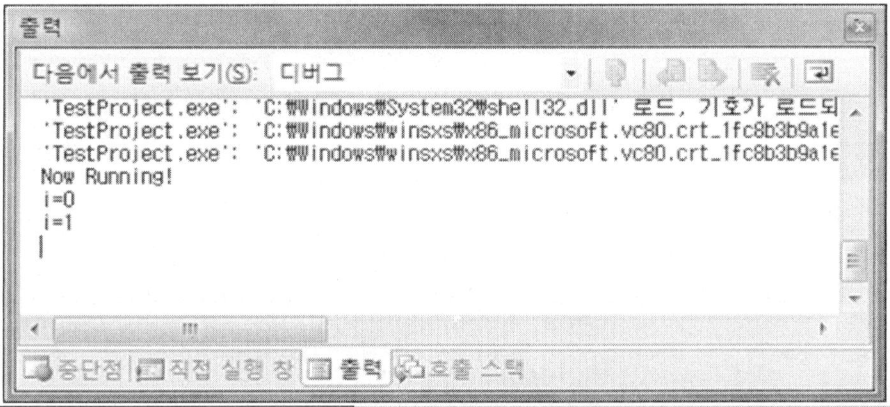

(그림 8-5) 트레이스 출력

- **중단점을 이용한 디버깅**

  중단점(breakpoint)이란 프로그램의 실행을 일시 중지하고 싶은 지점에 설정하는 것을 말하며, 그 시점에서의 변수의 값이나 프로그램의 상태를 관찰하는데 유용하다. 프로그램의 동작을 관찰하려면 일단 실행을 멈추어야 하므로 중단점을 설정하는 것은 디버깅 작업의 시작이라고 할 수 있다. 중단점을 설정해 놓고 디버깅을 시작하면 중단점에서 프로그램 실행이 잠시 중지되고 디버깅 모드로 들어간다. 이 상태에서 단계적으로 프로그램을 실행할 수 있고, 변

수의 상태를 확인하고 변경할 수도 있다. 확인이 필요한 부분에 중단점을 설정하고 단계적 실행을 통해 변수의 값이나 제어 구조의 흐름을 따라가면서 어디가 잘못되었는지를 관찰한다.

- **조사식을 이용한 변수 값 조사**

  변수들의 현재 값을 표시한다. 전역 또는 지역 변수 값을 표시하며 조사식은 사용자가 원하는 변수 또는 수식 값을 표현하며 배열이나 포인터 값도 조회가 가능하다.

- **호출 스택을 이용한 변수 값 조사**

  현재 중단된 시점의 함수 호출 스택을 표시한다. 함수의 실행 경로를 확인하고 함수 간에 이동 시, 변수 값을 조사하는데 활용할 수 있다.

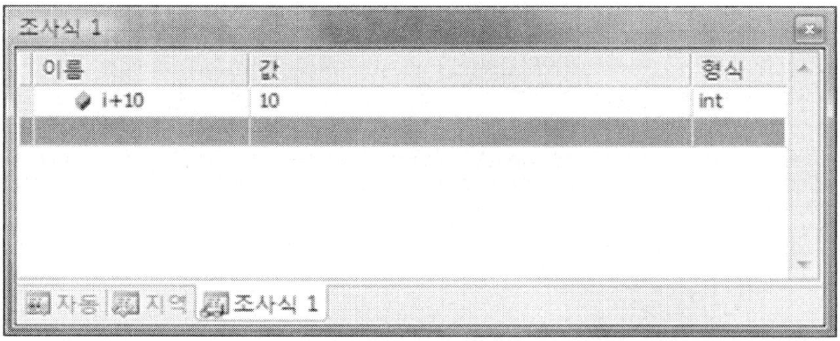

(그림 8-6) 디버깅에서 조사식 이용

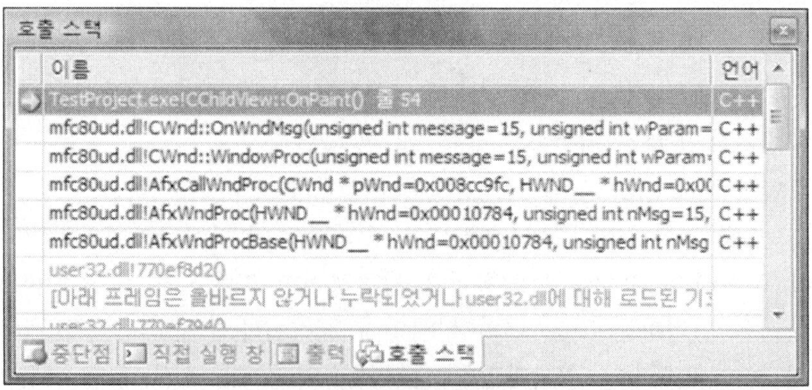

(그림 8-7) 디버깅에서 호출스택 이용

● ASSERT 이용한 디버깅

프로그램이 실행하는 도중에 종종 어떤 것이 참인지를 확인해야 할 경우가 있다. 예를 들면, 함수가 어떤 값을 가지는지 또는 포인터가 유효한지 등을 확인하는 경우가 있다. 또 다른 예는 매개 변수로 포인터를 할당하거나 전달하거나 또는 함수가 값을 반환하는 모든 경우에 포인터가 유효한지를 ASSERT로 확인할 수 있다. 아래는 ASSERT 사용법과 조사식의 값이 false이며 프로그램 실행을 중단시키는 예이다.

[표 8-4] ASSERT 사용법 (ASSERT(조사식))

```
ASSERT ( i == 0 );      // i가 0인지 확인
ASSERT ( i < 0 );       // i가 0보다 작은지 확인
ASSERT ( func1( ) );  // func1( )을 수행하고 반환 값이 true인지 확인
```

참고문헌

1. [Code05] Steve McConnell, "Code Complete(Second Edition)", Microsoft Press, 2005

2. Java Code Conventions, http://java.sun.com/docs/codeconv/html/CodeConv TOC.doc.html

3. Netscape's Software Coding Standards for Java, http://developer.netscape.com/docs/technote/java/codestyle.html

4. C/C++/Java Coding Standards from NASA, http://v2ma09.gsfc.nasa.gov/coding_standards.html

5. Coding Standards for Java from AmbySoft, http://www.ambysoft.com/javaCodingStandards.html

6. 류광 역, "프로그램은 왜 실패하는가? (체계적인 디버깅 지침서)", 사이텍미디어, 2008년

09
시험

정보통신과 컴퓨터 분야 공학인증을 위한 종합설계

“시험(테스트)이란 구현이 완료된 시스템(세부적으로는 하드웨어나 소프트웨어)에 대해 사용자의 요구사항과 시스템 설계와 블록 설계에 정의한 기능들이 정확하게 실체화 되었는지를 확인하고 검증하는 작업이다.

이 장에서는 단위 테스트, 통합테스트, 시스템 테스트, 인수 테스트에 대한 시험 방법과 절차에 대해서 알아본다.

9.1 시험

시험이란 노출되지 않은 숨어 있는 결함을 찾기 위해 하드웨어나 소프트웨어를 작동시키는 일련의 행위와 절차로, 오류 발견을 목적으로 하드웨어를 작동하거나 프로그램을 실행하여 품질을 평가하고 품질 향상을 위한 작업을 말한다. IEEE 표준에 의하면, 시험이란 시스템이 정해진 요구를 만족하는지 그리고 예산과 실제 결과가 어떤 차이를 보이는지를 수동 또는 자동 방법을 동원하여 검사하고 평가하는 일련의 과정이다. 넓은 의미로는 시스템이 고객의 요구사항을 만족시키는지를 밝히는 검증(verification), 시스템에 정의된 기능을 정확히 수행하는가를 밝히는 확인(validation), 그리고 품질 보증활동을 포함한다. 좁은 의미의 시험이란 코드가 작성된 다음에 오류를 발견하는 과정이다.

시험의 역사와 발전 단계는 학자마다 다르게 구분되고 있다. Gelperin과 Hetzel에 따르면 크게 다섯 단계로 구분한다.

- **1단계 : 디버깅 위주의 시대**

  테스트와 디버깅의 구분이 없고 테스팅은 버그 제거를 돕는 활동으로 인식하였다.

- **2단계 : 증명 위주의 시대**

  하드웨어나 소프트웨어가 요구사항을 만족시키는지를 보여주고 증명(demonstration)하였다. 디버깅 활동과 결함을 발견하고, 위치를 파악하고, 수정하는 과정을 여전히 연계한다.

- **3단계 : 파괴 위주의 시대**

  테스트 결함을 발견하는 활동(destruction)으로 구분하며 디버깅 결함의 위치를 파악하고 수정하는 일련의 구별되는 활동으로 인식한다.

- **4단계 : 평가 위주의 시대**

  하드웨어나 소프트웨어 개발 프로세스 전반에 테스트가 흡수되고 통합(evaluation) 한다. 검토 활동의 가치가 인식되었고 시험의 개념이 확장되어 요구사항, 디자인, 구현과정 등 개발 활동 전반에서 결함을 발견하는 활동을 뜻한다.

- **5단계 : 예방 위주의 시대**

  요구사항, 설계, 구현 과정에서 발생할 수 있는 결함을 미리 예방한다.

9.2 단계별 시험

단계별 시험을 위해 이 책의「2.6절 시스템 프로세스 모델」에서 설명한 V-모델의 개념이 널리 사용된다. V-모델은 개발 프로세스로 폭포수 모델의 확장된 형태 중 하나이다. 아래 방향으로 선형적으로 내려가면서 진행되는 폭포수 모델과 달리, 이 프로세스는 코딩 단계에서 위쪽으로 꺾여서 알파벳 V자 모양으로 진행된다. V-모델은 시스템 개발 생명주기의 각 개발 단계와 그에 상응하는 시스템 시험 각 단계와의 관계를 보여준다. 폭포수 모델이 개발 위주의 과정이었다면, V-모델은 개발 단계별로 상응하는 시험 레벨이 포함되었다. 시스템이나 시스템 요소들을 시험하는 작업이 이들에 포함된 오류만을 찾는 작업이 아니라 각각의 개발단계를 포함한다는 내용을 개발 프로세스와 통합하여 체계화한 개념이다.

V-모델은 테스트 설계와 같은 테스트 활동을 코딩 이후가 아닌 프로젝트 시작시에 함께 시작하여, 전체적으로 프로젝트 비용과 시간을 감소시킨다. V-모델은 개발단계에서 각각의 단계는 시험 단계와 직접적인 관계를 가진다. 예를 들어 요구사항 정의는 인수 테스트를 계획하고 설계하는데 지침으로 사용된다. 더 정확히 말하면 요구사항 명세서에 규정된 요구사항들은 「인수 테스트」에 독립적인 시험 항목들로 나타나야 한다. 동일하게 시스템 설계서에 정의된 기능들은 「시스템 테스트」와 「통합 테스트」에 독립적인 시험 항목들로 나타나야 한다. 동일하게 상세 설계에서 정의한 상세 기능들과 구현단계에서 시험 가능한 기능 단위를 고려하여 독립적인 「단위 테스트」에 시험항목들로 나타나야 한다.

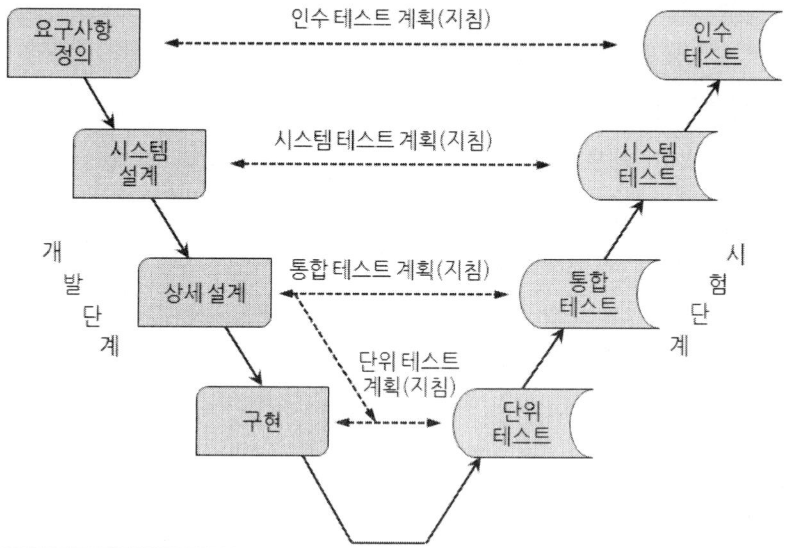

(그림 9-1) V-모델

V-모델을 통해서 알 수 있는 것은 시험단계에서 각각의 시험 항목들은 개발자의 경험에 의해서 결정하는 것이 아니라, 개발 단계에서 정의한 기능들에 의해 결정된다는 것이다. [표 9-1]은 시스템 시험 단계를 설명하고 있다.

[표 9-1] 시스템 시험 단계

테스트 레벨	목적	수행주체	환경
단위 테스트	단위 모듈 내의 결함발견	개발 조직	개발 환경
통합 테스트	단위 모듈 간의 인터페이스에서 결함 발견	개발 조직	개발환경 또는 테스트 환경
시스템 테스트	실제 환경과 유사한 환경에서 전체적인 기능·비기능적 테스트 확인	테스트 조직	실제 사용자 환경과 유사한 환경
인수 테스트	요구사항과의 일치성 확인	사용자	사용자 환경

● **단위 테스트**

하드웨어와 소프트웨어 최소 단위인 유니트나 모듈들을 독립적으로 시험

- **통합 테스트**

  모듈들을 체계적으로 통합하여 모듈 사이의 인터페이스나 상호작용을 시험

- **시스템 테스트**

  시스템의 내·외부 장치들을 모두 통합하여 통합된 시스템을 시험

- **인수 테스트**

  초기 요구사항 정의단계에서 정의한 사용자 요구사항을 충족시키는지에 대해 시험하는 것으로 최종 사용자, 고객, 클라이언트 등에 의해 시험이 행해짐

9.3 시스템 시험 기법

하드웨어나 소프트웨어를 시험하는 기법으로 블랙박스(black box) 테스트와 화이트박스(white box) 기법이 있다. 두 기법은 상호 보완적으로 사용된다. 아래 [표 9-2]에 두 기법의 특징을 비교하였다.

[표 9-2] 블랙박스 테스트와 화이트박스 테스트의 비교

항목	블랙박스 테스트	화이트박스 테스트
제품에 대한 지식	제품의 설계된 기능을 알고 있을 때	제품의 내부 작동을 알고 있을 때
시험 결과	작동 결과를 보여줌	내부의 모든 기어가 맞물림을 보여줌
시험항목	1) 소프트웨어 기능의 작동여부 2) 입력의 정확한 수용 여부 3) 출력의 정확한 수용 여부 4) 외부 정보의 무결성 유지	1) 모듈 내부의 모든 독립된 경로가 한번 이상 실행되는지 여부 2) 참, 거짓의 논리적 비교 3) 모든 루프의 실행 4) 내부 자료구조 조사
오류형태	1) 부정확하거나 누락된 기능 2) 인터페이스 오류 3) 자료구조나 외부DB 접근에서 발생하는 오류 4) 성능 오류 5) 초기화와 종료 오류	1) 초기화 결함 2) 인덱싱 및 증가의 결함 3) 루프의 경계선에 나타나는 경계 결함

1) 블랙박스 테스트

블랙박스 테스트는 시험하고자 하는 시험 대상의 내부를 알 수 없다고 가정하여 블랙박스로 두고, 주어진 입력에 기대하는 결과가 나오는가를 시험하는 것을 말한다. 시험은 주로 하드웨어 입출력이나 프로그램의 외부 인터페이스에 대해서만 루어진다. 블랙박스 테스트는 주로 시스템 설계서나 상세 설계서에 기술된 기능을 검사하기 때문에 기능 테스트라고도 부른다.

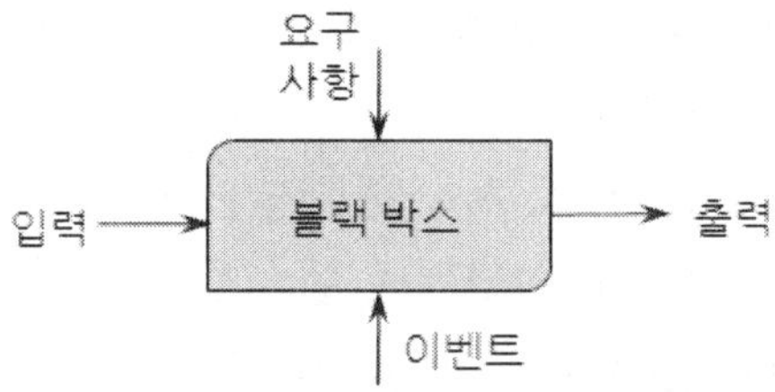

(그림 9-2) 블랙박스 테스트

(1) 균등 분할

균등 분할은 입력 조건을 여러 개의 균등 클래스(equivalence class)로 분류하고 각 동치 클래스는 서로 같은 부류에 속하는 자료의 집합으로 둔다. 동치 클래스 전체를 테스트하지 않고, 클래스 중 대표 클래스 하나를 선택하고 테스트하여 이상이 없으면 같은 부류의 집합에 있는 다른 클래스들도 모두 이상이 없는 것으로 간주한다.

모듈내의 모든 오류를 발견하기 위해서는 입력 영역내의 모든 값들을 시험하여야 하나, 실제적으로 이렇게 하면 무한대의 시험 자료를 요구하기 때문에 시험이 불가능하다. 이를 위해 입력 영역을 여러 개의 부영역으로 분할하여 그 부영역의 대표 값이 각각의 부영역내에서 발생하는 모든 오류를 발견할 수 있다는 가정하에, 영역에 대한 분할 방법과 분할된 영역내에서 대표 값을 추론하는 방법을 사용한다. 균등분할도 이러한 개념을 도입하여 제시된 테스트 케이스 설계 기법이다.

균등 영역은 각 입력조건을 고려해서 영역을 두 개 이상의 그룹으로 분할해서 얻는다. 균등 영역은 프로그램에 대한 정당한 입력을 표현하는 정당한 균등 영역과 그렇지 못한 모든 가능한 조건의 상태를 표현하는 무효한 균등 영역으로 구분할 수 있다. 균등 영역은 아래와 같은 방법에 의해 분할한다.

- **입력조건이 범위를 정하기 위해 하나의 정당한 균등 영역과 두개의 무효한 균등 영역을 정의한다.**
- **입력조건이 특정한 값이 필요할 경우, 하나의 정당한 균등 영역과 두개의 무효한 균등 영역을 정의한다.**
- **입력조건이 집합의 일부를 기술할 경우, 하나의 정당한 균등 영역과 하나의 무효한 균등 영역을 정의한다.**
- **입력조건이 논리 값인 경우, 하나의 정당한 영역과 하나의 무효한 영역을 정의한다. 아래는 균등 영역을 사용해서 테스트 케이스를 얻기 위한 과정이다.**
  - 각 균등 영역에 대해서 유일한 번호를 지정한다.
  - 테스트 케이스가 모든 정당한 균등 영역을 포함할 때까지, 발견된 정당한 균등 영역을 가능한 한 많이 포함할 수 있도록 새로운 테스트 케이스를 만든다.
  - 테스트 케이스가 모든 무효한 균등 영역을 포함할 때까지, 발견된 무효한 균등 영역 중 하나만을 포함하는 테스트 케이스를 만든다.
  - 균등 분할은 테스트 케이스들을 임의로 선택할 수 있다는 점에서 선호되지만 아주 민감한 테스트 케이스들을 간과할 수 있다는 약점이 있다.

(2) 경계 값 분석

자료 값의 범위에서 경계에 있는 값이 오류를 유발하는 경우가 많다는 사실에 착안하여 범위 밖에 있는 값과 경계에 있는 값으로 테스트해 보는 방법을 경계 값 분석(boundary value analysis) 이라 한다. 일반적으로 상당수의 오류들이 입력 영역의 경계조건 근방에서 발생한다. 경계 값 분석은 소프트웨어 시스템을 시험 가능한 단위로 나누어서, 분할된 부분들의 경계 값, 경계 범주 내의 값, 경계 범주 밖의 값 등을 포함하는 시험 자료가 준비될 수 있도록 분할하여 시험한다. 즉 시스템을 논리적인 단위로 나누어서 시험의 범위를 각 단위의 경계 값으로 제한하여 시험하는 것이다.

경계 값에 대한 시험은 균등분할 기법과 유사하나, 대표 값을 선택하는 데 있어서 경계 값에 가장 가까이 있는 자료를 대표 값으로 선택하는 것이 오류를 발견하는 데 더욱 민감하다는 경험을 바탕으로 제시된 테스트 케이스 설계 기법이다. 따라서 경계 값 분석 기법은 균등 분할을 보충하는 테스트 케이스 설계 기법으로 이용될 수 있다. 경계 값 분석에 대한 지침은 다음과 같으며, 균등 분할에 대한 지침과 여러 측면에서 유사하다.

- **입력조건이 a와 b 값으로 한정된 범위를 기술한다면 시험사례는 a, b, a의 바로 아래 값, b의 바로 위 값으로 각각 설계되어야 한다.**
- **입력조건이 여러 값들을 기술한다면 시험사례는 최소 값과 최대 값을 조사할 수 있도록 설계되어야 한다. 또한 최소 값과 최대 값의 바로 위 값과 바로 아래 값도 시험할 수 있어야 한다.**
- **위에 기술한 지침들을 출력 조건에 대해서도 적용한다.**
- **프로그램 내부의 자료 구조가 규정된 경계 값을 갖는다면 테스트 케이스는 자료 구조를 경계 값에서 시험할 수 있도록 설계한다.**

경계조건은 입력 균등영역과 출력 균등영역의 경계 값, 경계 범주 내의 값, 경계 범주 밖의 값 등을 포함한 경계 값 분석은 두 가지 측면에서 균등 분할과 다르다.

- **균등 영역내에 있는 대표 값을 선택하는 대신에 경계 값 분석은 균등 영역의 경계 값들을 선택한다.**
- **입력 조건만 고려하지 않고 입력조건과 출력 조건 모두를 고려한다.**

경계 값 분석이 정확히 실행만 된다면 가장 효율적인 테스트 케이스 설계 기법이 될 수 있으나 사실상 경계 조건이란 매우 미묘한 것일 수 있기 때문에 주의가 필요하다. 즉 시험과정이 독립적으로 시험 가능한 단위로 나누어진다면 시험의 복잡성이 감소되고 발견된 문제의 원인을 잡아내는 데 도움을 주지만, 독립적 단위로 나누어지지 않고 여러 단위가 상호작용하는 경우에는 효과적이지 못하다.

(3) 원인-결과 그래프

균등 분할이나 경계 값 분석의 약점은 입력 조건의 조합을 조사할 수 없다는 것이다. 입력조건의 조합을 시험하는 것은 단순한 작업이 아니다. 왜냐하면 입력 조건을 하나로 균등 분할해도 조합의 수는 대개 무한적이기 때문이다. 입력 조건들의 부분 집합을 선정하는 체계적인 방법이 없는 경우에 임의의 부분 집합을 선택하게 되면 비효율적인 시험이 되기 쉽다. 원인-결과 그래프(cause effect graph)는 매우 민감한 시험 사례 집합을 체계적인 방식으로 추출해내는 기법이며 명세서들에 존재하는 애매함이나 불완전성을 발견할 수 있는 좋은 기법이다. 즉 상세 설계서로부터 프로그램에 대한 시험사례를 만들어 시스템 동작에 근거하여 동일한 결과를 갖는 원인들을 범주화한다. 입력의 조합 각각에 대해 프로그램의 출력 조건들이 결과라는 부류로 나누어진다.

이 기법은 논리적인 조건과 대응되는 행위를 정밀하게 표현하는 테스트 케이스 설계 기법이다. 아래의 네 단계를 따른다.

- **원인들(입력 조건들)과 결과들(행위들)이 각 모듈에 대해서 작성되며, 각각에 대해 하나의 식별자가 배정된다.**
- **원인 결과 그래프를 작성한다.**
- **그래프를 결정테이블로 변환시킨다.**
- **결정테이블의 각 규칙들을 시험 사례들로 변환시킨다.**

(4) 오류 예측

균등 분할이나 오류에 대한 직접적인 판단이나 추측은 대개 자신의 경험에 근거한다. 만약 시스템 분석가나 프로그래머가 공통적인 문제들에 대한 기록을 가지고 있다면, 오류를 검출할 확률이 큰 시험 자료를 만들기 위한 기초자료로 사용할 수 있다.

오류 예측(error guessing) 기법은 시험자의 경험이나 이전에 발생했던 문제와 관련된 이력을 바탕으로 오류를 검출할 확률이 큰 시험사례를 만들어 오류를 찾고자 할 때 사용된다. 직관이나 판단에 의해 시험자료를 만들기 때문에 비용이 적게 들며 효과적인 시험 조건을 만드는 데 있어서 시스템 분석가나 프로그래머의 경험을 이용할 수 있지만, 경험하지 못한 분야에 대해서는 오류 추측을 제대로 할 수 없다.

2) 화이트박스 테스트

화이트박스 테스트는 시험 대상의 내부를 안다고 가정하고 내부를 참조하여 시험하는 것을 말한다. 블랙박스 테스트는 외부적으로 모듈을 보았을 때 개발자가 의도한 결과를 생성하는 가에 대해서만 판단할 수 있다. 그러나 실제적으로는 문제가 발생한 모듈에 대해서는 문제의 원인이 어디서 발생하였는지를 판단하기 위해서는 모듈 내부 흐름 하나 하나를 검증해야 한다. 화이트박스 테스트는 하드웨어 회로, 소스 코드, 프로그램 구조에 대한 지식을 바탕으로 문제가 발생할 가능성이 있는 모듈 내부를 테스트하는 방법이다. 화이트박스 테스트는 구조 테스트(structural test)라고도 하며 내부의 내용을 살펴본다는 의미로 유리박스 테스트(glass box test)라고도 한다.

화이트박스 테스트의 일반적인 테스트 방법으로 경로 테스트(path test)를 사용한다. 경로 테스트는 구성 요소들 사이에 상호 독립적인 경로를 모두 수행하여 봄으로써 잠재적인 오류를 찾아낸다. 모듈이나 유니트내의 모든 독립적인 경로를 수행하게 함으로써 프로그램 내에 존재하는 모든 경로를 탐색하여 볼 수 있으며, 일반적으로는 사용되지 않는 조합에서 발생할 수 있는 오류들도 검출할 수 있다.

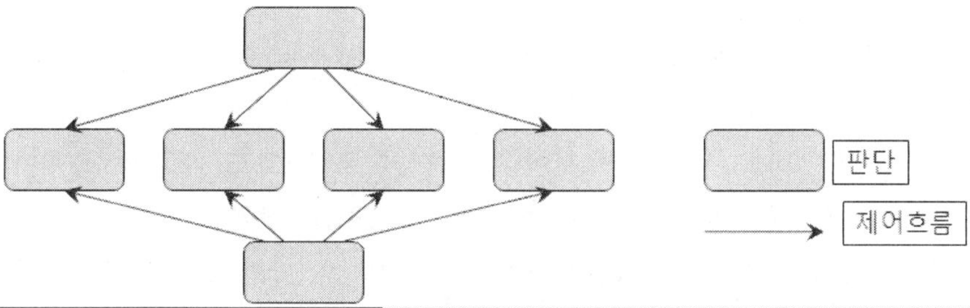

((그림 9-3) 화이트박스 테스트

(그림 9-3)은 프로그램을 구조적으로 모형화 한 흐름 그래프이다. 사각형은 판단을 나타내는 노드이며 화살표는 제어 흐름을 나타낸다. 그림에서와 같이 화이트박스 테스트는 각 노드간에 모든 경로를 살펴볼 수 있다.

(1) 공식 검토

공식 검토(formal review)는 보통 하드웨어 구조, 소프트웨어 구조, 그리고 인터페이스 관계를 평가하기 위해서 수행한다. 설계자와 공식 검토자 모두가 공식 검토를 위하여 충분한 준비를 해야 하고, 사용자 및 시스템 개발 프로젝트에 대해서 관심의 정도를 달리하는 많은 공식 검토자들이 관여한다. 공식 검토는 검토나 검사와는 달리 개발제품이 완성된 후에 실시하게 된다.

공식 검토에는 관리적 측면과 기술적 측면이 있는데, 관리적 측면은 개발 프로젝트의 진행 상태를 확인하고 특별한 주의를 필요로 하는 분야를 식별하는 효과가 있고, 기술적 측면은 결과의 기술적인 정확성을 측정하며 조기에 오류를 발견하는 효과가 있다. 공식 검토의 목적은 설계를 평가하기 위한 것인데, 공식 검토자와 설계 관련자 간의 서로 다른 입장 때문에 검증이 아닌 심문으로 전락할 수도 있다. 따라서 이러한 일이 절대 일어나지 않도록 공식 검토를 잘 계획하고 관리해야 한다.

공식 검토의 장점은 시스템의 품질 향상, 경험 습득, 완전성 측정, 비용 감소, 유지보수 용이 등을 들 수 있다. 단점으로는 심각한 오류가 발견된 경우 비용 및 프로젝트 일정에 영향을 미치지 않는 범위 내에서 오류를 수정하는 것이 매우 어렵고 품질평가에 대해서 효과적이지 못하다.

(2) 코드 기반 테스트

코드 기반 테스트에 사용되는 코드 커버리지(code coverage)는 소프트웨어 테스트 시 사용되는 측정 기준 중에 하나이며, 테스트 케이스에 의해 실행된 구문이 몇 퍼센트인지를 측정하는 것이다. 당연히 소스 코드 내부를 들여다봐야 하므로 화이트박스 테스트에 속한다. 테스트 케이스를 어떠한 코드 커버리지 기준을 적용하여 테스트 하느냐에 따라 커버리지 비율이 달라진다. 코드 커버리지 기준은 아래와 같다.

- **기능 커버지리**

  프로그램 내에 정의된 함수가 호출되는 정도

- **구문 커버지리**

  프로그램 내에 기술된 문장(statement)이 수행되는 정도

- **결정 커버지리**

  프로그램 내에 기술된 조건문이 참 · 거짓이 모두 수행되는 정도

- **조건 커버지리**

  프로그램 내에 기술된 조건문에서 사용되는 개별 조건이 참 · 거짓이 모두 수

행되는 정도

- **수정된 조건·결정 커버지리**

  프로그램 내에 기술된 조건문에서 참 · 거짓이 되기 위한 조건들의 가능한 조합 모두가 수행되는 정도

- **경로 커버지리**

  프로그램 내에 기술된 모든 경로를 유한 클래스의 집합으로 구분한 후, 모든 논리적인 경로가 한 번 이상 수행되는지 점검

- **엔트리·출력 커버리지**

  모든 가능한 함수가 호출되고 리턴되는지의 정도

그렇다면 어떤 기준들을 적용하여 코드 커버리지 분석할 것인가? 기준은 해당 프로그램의 중요성 및 수행 비용에 따라 결정되어야 한다. 더 상세한 커버리지 분석을 위해서는 더 많은 테스트 케이스가 필요하게 되며 이는 비용과 직결되게 된다. 따라서 어느 수준까지 커버리지 분석을 수행할지는 프로젝트의 비용과 중요성을 판단하여 결정해야 한다.

(3) 제어구조 분석

원시 코드나 설계 명세서에 부적당한 서브프로그램의 사용이나 제어 흐름의 표준을 위반하는 사항을 검사하는 기법이다. 시험 범주 분석에 사용되는 제어분기와 경로를 찾아내거나 자료흐름 분석에서 요구하는 입력 자료를 제공하거나 또는 코드 기반 테스트 기법과 함께 사용될 수 있다. 출력으로는 호출 그래프와 흐름 그래프가 있다. 호출 그래프는 서브프로그램간의 호출관계를 나타내며, 이 그래프에서의 사이클(cycle)은 리커젼(recursion)이 있음을 의미한다. 흐름 그래프는 프로그램의 제어경로를 표시하며 구조적으로 의미 없는(dead) 코드도 표시할 수 있다. 이 기법은 상세하지 않은 프로그램 특성을 검증하기 때문에 초기에 설계명세나 코드 명세를 디버깅하는데 이용된다.

(4) 제어흐름 분석

프로그램 그래프를 이용하여 프로그램의 정적 분석을 하는데 사용된다. 프로그램 그래프에서 노드는 조건문을 갖는 문장 또는, 세그먼트를 나타내며 화살표는

세그먼트간의 제어흐름을 표시한다. 그래프는 프로그램의 동작을 분석하거나, 분기점의 위치와 경로를 인식하고 프로그램의 동작을 문서화하는 데 이용된다. 프로그램 그래프는 아래와 같은 프로그램에 잠재하는 논리상의 문제점들을 발견한다.

- 수행되지 않는 코드의 존재유무
- 배열범위와 관련된 문제점
- 루프 안팎으로의 분기

3) 블랙박스와 화이트박스 테스트의 혼용

블랙박스 테스트만으로 모든 오류를 잡아낼 수 있을 것 같은데 왜 화이트박스 테스트가 사용되는지에 대해 직관적으로 생각해보자. 블랙박스 테스트만 가지고는 전자 회로나 프로그램의 모든 실행문이 실제 실행되는지 확인할 수가 없다. 또한 부작용(side effect)을 예측하기 어렵다. 모듈이 실행되어 전역변수의 값을 변하게 하는 것도 하나의 부작용이 발생하는 예이다. 화이트박스 테스트를 통해서 프로그램내에 불필요한 코드가 있는 경우와 프로그램에 오자가 있는 경우에 이들을 찾아낼 수 있다. 결론적으로 하드웨어나 소프트웨어에 대한 구조와 특성에 적합하게 화이트박스 테스트와 블랙박스 테스트가 적절히 혼용되어 사용되어야 한다.

9.4 단위 테스트

단위 테스트는 설계의 최소 단위인 유니트나 모듈들을 대상으로 한다. 간략화된 V-모델에서 단위 테스트는 시험 단계에서 첫 번째로 행해지는 시험이다. 앞에서 설명하였듯이 단위 테스트는 상세 설계서에 정의한 상세 기능들과 구현 단계에서 시험 가능한 기능 단위를 고려하여 독립적으로 시험한다. 즉 단위 테스트는 각각의 단위(유니트, 모듈)를 다른 부분과의 연계성을 고려하지 않고 격리하여 테스트하는 것이다. 각 유니트를 격리시키고 테스트한 다음, 유니트들을 통합하여 전체 모듈을 테스트하는 것이 통합 모듈에서 오류를 찾아내는 것보다 훨씬 더 효율적이다.

단위 테스트는 프로그램내의 각 단위 전자 회로, 서브프로그램, 서브루틴, 프로듀어, 클래스, 객체 중 소프트웨어의 최소 단위를 테스트한다. 화이트박스 테스트와 블랙박스 테스트 기법이 모두 적용 가능하지만 일반적으로 화이트박스 테스트 기법이 많이 사용된다. 기능적인 테스트 외에 메모리 누수(leak)와 같은 비 기능적인 테스트도 포함된다. 단위 테스트는 병렬로 처리할 수 있기 때문에 여러 개의 유니트들을 동시에 테스트할 수 있다. 시스템 개발 전문가인 Barry Boehm에 따르면, 단위 시험 단계에서 오류를 수정할 경우, 고객에까지 오류가 전달되었을 때에 비해 수백 배의 수정 비용을 절감할 수 있다.

1) 단위 테스트 유형 및 테스트 내용

단위 테스트에서는 인터페이스, 데이터 구조, 경계조건, 제어 흐름 및 오류 처리 등 여러 측면에서 테스트가 이루어진다.

● **인터페이스 테스트**

- 입력변수의 개수와 타입이 정확한가?
- 입력변수 매개변수와 독립변수의 수가 같은가?
- 매개변수와 독립변수의 속성이 일치되는가?
- 시작지점(point of entry)과 무관한 매개변수들이 참조되지 않는가?

● **데이터 구조**

- 부적합한 자료 타입은 없는가?
- 부적합한 변수 이름은 없는가?
- 변수 이름과 자료타입이 일관성 있게 정의되었는가?
- 초기화가 잘못됐거나 디폴트 값의 오류는 없는가?

● **오류 처리 테스트**

- 오류메시지를 이해할 수 있는가?
- 오류 발생 시 예외 처리가 정확하게 이루어지는가?
- 오류 메시지가 오류의 위치를 정확하게 표시하는가?
- 설명되는 오류와 실제 발견되는 오류가 동일한가?

● **독립 경로 테스트**

- 서로 다른 자료 타입 간의 비교는 없는가?
- 부적당하거나 존재하지 않는 루프의 종료는 없는가?

● **경계 조건 테스트**

- 값의 형식이 예상한 형식(파일이름, 계좌번호 등)과 일치하는가?
- 데이터들의 순서(ordering)가 정확하게 보장되는가?
- 데이터 값이 허용하는 범위를 초과하지 않았는가?
- 정해진 영역에서 벗어난 어떤 것을 참조하고 있지 않는가?
- 주어진 값이 존재하는가?
- 값이 몇 개나 존재하는가?
- 모든 이벤트나 결과가 정확한 시점에 발생하는가?

2) 단위 테스트 환경 및 방법

유니트는 독립된 프로그램이 아니므로 단위 테스트를 하기 위해서는 테스트 드라이버 또는 스텁(stub)이 만들어져야 한다. 테스트 드라이버는 테스트 대상이 되는 유니트를 호출하는 프로그램이며, 반대로 스텁은 더미(dummy)라고도 하며 테스트 대상이 되는 유니트로부터 호출을 받아 결과 값을 출력하는 프로그램이다.

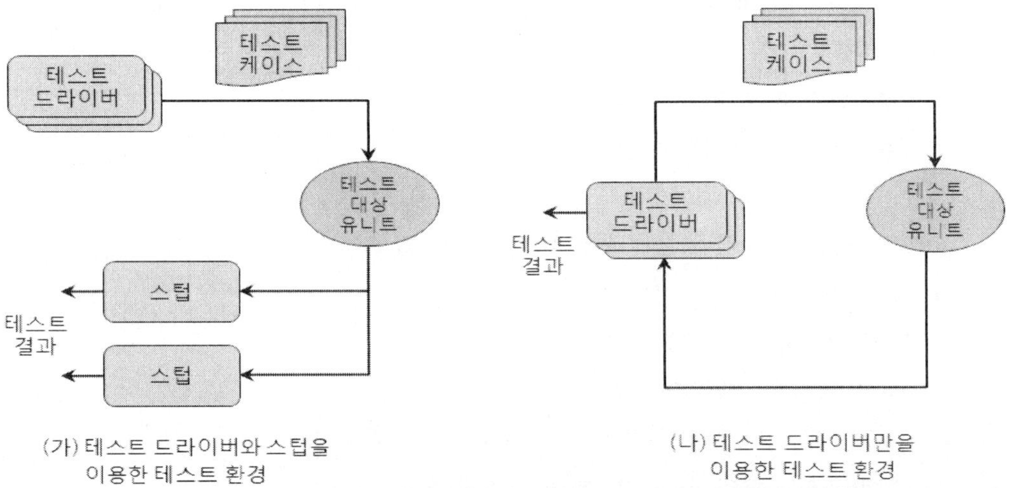

(그림 9-4) 유니트 테스트 환경

(그림 9-4)와 같이 유니트 테스트는 주로 두 가지 방법으로 실행된다. (가)는 테스트 드라이버와 스텁을 이용한다. 테스트 드라이버는 테스트 대상이 되는 유니트를 호출하고 그 유니트의 결과 값을 받아 출력하는 역할을 수행한다. (나)는 테스트 드라이버가 스텁의 기능을 동시에 수행한다. 어떤 환경을 구성할 것인가는 테스트 대상이 되는 유니트의 형태에 따라 테스트의 용이성, 환경 구성의 용이성, 테스트의 효율성, 테스트 결과를 쉽게 볼 수 있는지 등을 고려하여 결정한다.

테스트 드라이버는 나중에 진짜 모듈이 하는 것과 완전히 같은 식으로 결합된다. 테스트 드라이버는 테스트하려는 모듈에 테스트 데이터를 입력하고 결과를 얻은 다음, 결과가 정확한지 검사 한다. 이런 방법을 쓰면 더 높은 수준으로는 가능하지 않은 모든 형태와 값의 데이터를 다 넣어볼 수 있어서 철저한 테스트가 가능해진다.

한편 단위 테스트를 하기 위해서는 테스트 드라이버와 스텁을 개발해야 하므로 상당한 시간과 비용이 소모되게 된다. 그러나 단위 테스트는 테스트 프로세스를 자동화해 주고 복잡한 응용 프로그램에 포함된 오류를 쉽게 찾아주며 또한, 각 유니트에 집중하여 테스트를 실행하므로 대체적으로 테스트 범위가 향상되는 장점을 갖는다. 개발된 드라이버와 스텁은 다시 재사용할 수 있다. 개발 주기 동안 지속적으로 발생하는 변경 사항을 대량의 추가 테스트 코드를 작성하지 않고도 얼마든지 다시 테스트할 수 있다. 이로 인해 결국 드라이버와 스텁을 작성하는 비용이 감소하고 재 테스트 비용이 줄어드는 효과가 있다.

9.5 통합 테스트

충분한 단위 테스트를 거쳤다고 하더라도 모든 오류를 찾아낼 수가 없다. 모듈간이 통합되면 상호간의 동작에 의해 새로운 오류가 발생하게 된다. 통합테스트는 단위 테스트를 통과한 모듈과 유니트에 대하여 그리고 모듈들 또는 유니트들간 인터페이스 및 연동 기능에 대하여 구조적으로 접근하여 테스트 하는 방법이다. 이 단계에서는 각각의 모듈들을 통합하여 통합된 모듈간의 인터페이스와 상호작용에서의 오류를 발견하는 작업이 이루어진다. 일반적으로 통합 테스트는 블랙박스 테스트 형태로 수행된다. 상세 설계서에 정의된 모듈들이 통합되고 각 모듈의 기능들을 독립적으로 시험한다.

만약 통합 테스트 단계에서 시스템에서 정의한 모든 모듈을 통합해서 시험한다면 오류의 원인을 찾기 어렵고 디버깅에 많은 시간을 소비하게 된다. 따라서 통합 테스트 단계에서는 점진적으로 모듈들을 통합해 나가면서 최종적으로 모든 모듈을 통합해서 테스트가 이루어지는 것이 효과적이다. 이러한 점진적인 통합 테스트에 있어서 상향식 통합 테스와 하향식 통합 테스트를 할 수 있다.

1) 하향식 통합 테스트

하향식 통합 테스트는 시스템에서 가장 상위에 있는 모듈부터 테스트를 수행하며 깊이 우선과 넓이 우선으로 통합하여 테스트한다. 깊이 우선 통합은 상위에 하나의 모듈을 선택한 후, 그 모듈 하위의 모든 모듈을 통합하는 것이다. 넓이 우선 통합은 한 모듈의 바로 아래에 있는 하위 모듈을 모두 통합한 후, 그 아래 있는 모듈들을 통합한다. 이러한 테스트 방법 방법의 장점은 중요한 오류들이 프로그램의 상위 모듈에서 발생하는 경우에 유리하며 테스트 케이스를 생성하기 쉽다. 단점으로는 스텁을 설계하기가 쉽지 않으며 중요한 데이터들을 시험에 입력하지 못한다.

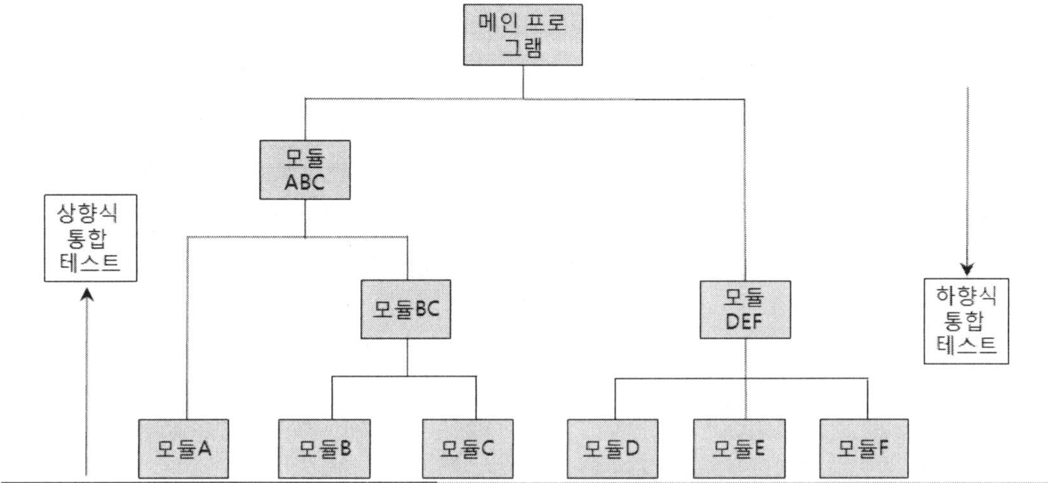

(그림 9-5) 통합 테스트 환경

2) 상향식 통합 테스트

상향식 통합 테스트는 최하위 모듈로부터 상위 방향으로 점진적으로 통합하는 것을 말한다. (그림 9-5)의 예를 들면, 먼저 모듈 B와 모듈 C를 모듈 BC로 통합하여 테스트 하고, 그 다음에 모듈 D와 모듈 E와 모듈 F를 모듈 DEF로 통합하여 테스트한다. 그 다음에 모듈 A와 모듈 BC를 모듈 ABC로 통합하여 시험하고 최종적으로 모듈 ABC와 모듈 DEF를 통합하여 시험한다.

상향식 통합 테스트의 장점은 중요한 오류들이 시스템의 하위 모듈에서 발생하는 경우에 유리하다. 테스트 드라이버의 제작이 용이하고 테스트 결과의 관찰이 용이하다. 단점으로는 시스템 전체의 윤곽을 최종 단계까지 볼 수 없다.

3) 빅뱅 통합 테스트

모든 모듈의 단위 테스트가 끝난 시점에서 한꺼번에 결합하여 테스트하는 것을 빅뱅 통합 테스트라 한다. 따라서 모듈 상호간의 존재하는 인터페이스에 대한 테스트가 실시되지 않는다. 이로 인해 오류가 발생했을 경우, 어느 모듈이 원인인가를 파악하기 어렵기 때문에 모든 모듈 단위의 조사가 이루어져야 한다. 대규모 프로그램에서는 비효율적이며 소규모 프로그램에서 모듈 구조가 잘 설계되어 인터페이스가 번잡하지 않을 경우에 적합하다.

4) 샌드위치 통합 테스트

하향식 통합 테스트와 상향식 통합 테스트 방식을 절충하여 시험하는 방식을 샌드위치 통합 테스트라 한다. 실제 통합 테스트에서는 단순히 하향식 또는 상향식 통합 테스만을 이용하는 것이 아니라 두 방식을 절충한 샌드위치 통합 테스트 방식을 많이 이용한다. 즉 상향식 통합 테스트 방식을 기본적으로 사용하고 하향식 통합 테스트 방식을 보조적으로 사용하는 것이 일반적이다.

9.6 시스템 테스트

시스템 테스트는 시스템의 내·외부 요소들을 통합하여 통합된 시스템을 시험하는 것으로 통합 테스트가 완료된 후에 전체 시스템이 초기에 설계한 시스템의 규격에 따라 개발되었는지를 비교하고 검증하는 작업이다. 시험은 시스템 설계서에 정의한 상세 기능들과 구현된 기능 요소들을 시험 가능한 단위로 묶어 통합적으로 시행한다. 시험을 주관하는 자는 규모에 따라 달라지는데 중규모 프로젝트의 경우에는 시스템 시험팀에 의해 행해진다. 반면 소규모 프로젝트의 경우는 개발팀에서 수행하기도 한다.

단위 테스트나 통합 테스트는 기능이 올바르게 수행되는지를 검증하는 것에 중점을 두지만, 시스템 테스트는 시스템 전반에 걸쳐 다양한 측면의 시험이 이루어진다. 즉 시스템의 기능적 요구사항, 신뢰성, 견고성, 성능, 안정성과 같은 비기능적 요구사항도 만족하는지도 검증한다.

1) 시스템 테스트 수행 방법

- **테스트 환경 구축**

  시스템 테스트를 하기 위해서는 먼저 테스트 환경을 구축한다. 테스트 환경은 최종적으로 운영되어질 환경과 일치할수록 실제 운영 시에 발생할 수 있는 오류를 줄일 수 있으므로 최대한 실제 운영환경과 유사하게 구축한다. 본격적으로 시험을 실시하기 전에 시험에 필요한 도구가 미리 준비되어야 한다. 예를 들어 성능 시험의 경우, 부하를 생성할 수 있는 부하 생성 드라이버(스크립트)나 시뮬레이터 등의 도구를 준비하여야 한다.

- **테스트 절차 및 판정 기준**

  시스템 테스트를 하기 위해서는 테스트 절차가 마련되어야 한다. 테스트 절차는 시스템 설계서를 기준으로 기능적 및 비기능적 요소를 모두 포함한다. 각 절차에는 테스트 환경, 테스트를 하기 위해 초기에 설정되어야 할 테스트 시작 조건, 테스트 결과가 성공인지 실패인지를 판정할 수 있는 테스트 판정 기준을 포함한다. 테스트 절차는 쉬운 용어로 표현되어야 하고 구체적으로 표현되어야 한다. 정해진 초기조건과 환경을 만족했을 때, 개발자가 아닌 제 3자가 별도의 설명 없이 쉽게 테스트 할 수 있어야 한다. 이러한 테스트 절차는 「시스템 시험 절차서」로 문서화된다.

- **테스트 시행**

  시스템 테스트는 「시스템 시험 절차서」에 규정된 항목별로 실시한다. 가능하다면 시험환경이 달라지지 않는 항목들을 묶어서 시험하는 것이 시험의 효율성을 높일 수 있다. 시험은 주로 블랙박스 테스트 기법이 사용된다.

- **테스트 결과**

  시스템 테스트 결과는 「시스템 시험 결과서」로 문서화한다. 결과서에는 시험 판정기준이 성공이냐 실패냐로 구분할 수 있어야 한다. 결과서에는 테스트가 성공했는지 실패했는지를 바로 판단할 수 있도록 실제 시험 결과를 나타내는 화면이나 로그 등을 포함시킨다.

2) 목적에 따른 시스템 테스트 분류

시스템 테스트는 그 목적에 따라 여러 가지 유형으로 분류된다. 따라서 개발된 시스템의 특성과 사용자 요구사항을 고려하여 목적에 맞는 테스트를 실시한다.

- **기능 테스트**

  시스템 설계서에 기술한 기능들이 실제로 구현되었는지를 테스트한다. 소프트웨어가 정해진 조건에 부합할 때, 시스템 요구사항과 명시된 기능들을 정확하게 만족하는지를 테스트 한다.

- **성능 테스트**

  개발된 시스템이 설정한 성능 목표를 만족하는지를 테스트한다. 즉 소프트웨어의 실행시간을 검증하며 이를 통해 소프트웨어의 효율성을 진단한다. 아래의 성능 테스트 방법들을 사용한다.

  - 전체 사용자(named user) 테스트
  - 동시 사용자(concurrent user) 테스트
  - 부하(load) 테스트
  - 응답(response) 시간
  - 처리량(throughput) 테스트
  - 지속적인 안전성 테스트

- **볼륨 테스트**

  프로그램이 광대한 양의 데이터를 처리할 수 있는지를 테스트 하는 것을 볼륨(volume) 테스트라 한다. 이 때 소요 시간을 무관하게 둘 수 있다.

- **스트레스 테스트**

  비정상적인 상태에서 시스템의 기능과 성능을 테스트 하는 것을 스트레스(stress)라 한다. 한 가지 예로 웹 기반 어플리케이션에서는 정해진 시간 내에 과중한 양의 임무(task)를 처리할 수 있는지를 테스트 한다.

- **사용 편의성 테스트**

  사용자 프로그램을 사용하는 것이 얼마나 용이하고 편리한지를 사용 편의성(usability) 테스트라 하며 인간의 심리적인 면과 관련이 깊다. 사용자와 시스템간에 일어나는 상호작용에서 효율성, 학습의 용이성, 사용의 만족성을 테스트한다. 효율성이란 어떤 특정한 일을 성취하기 위해 걸리는 시간이 적다라는 뜻이며, 학습의 용이성이란 물건을 관찰하는 것으로 부터 물건을 실제로 다룰 수 있을 때까지 걸리는 조작 방법을 습득하기가 쉽다는 뜻이며, 사용의 만족성이란 사용을 하면서 사용자가 느끼는 만족스런 느낌의 경험에 관한 것이다.

- **보안 테스트**

  컴퓨터 시스템은 기본적인 보안 기능을 갖추어야 한다. 개발하는 시스템의 고유 목적에 따라 요구되는 보안 서비스와 보안 강도가 달라진다. 일반적으로 많이 사용하는 보안 기능들로는 사용자를 식별하는 인증, 자원에 대한 접근성을 달리하는 접근 제어, 중요한 개인 정보와 파일들에 대한 암호화하 등을 들 수 있다. 보안 테스트는 시스템에 제공하는 보안 기능들을 테스트 하는 것을 말한다.

- **복구 테스트**

  소프트웨어가 다양한 방법으로 실패하도록 유도하고 회복이 적절하게 수행되는지 테스트 한다. 시스템은 고장 발생 시 정해진 시간내에 복구되어야 하며, 시스템에 따라서는 이중화를 통해 시스템이 정상적으로 동작되도록 해야 한다.

3) 서브시스템 테스트

서브시스템 테스트는 하나 이상의 서브시스템들이 시스템을 구성하는 경우에 서브시스템을 독립적으로 시험하거나 또는 서브시스템들을 통합하여 시험하는 것을 말한다. 모든 시험 절차와 방법은 블록시험과 시스템 시험을 참조하여 실시한다. 대규모 프로젝트에서는 시스템 시험과 동등한 수준의 시험을 실시하나, 서브시스템이 존재하지 않고 하나의 시스템으로 구성되는 경우는 이 시험을 실시하지 않는다.

9.7 인수 테스트

인수 테스트는 최종적으로 구현된 시스템이 인수 기준을 만족하는가를 검증하는 테스트이다. 주로 사용자에 의해 실시되며, 시험 결과에 따라 인수 여부가 결정되기도 한다. 인수 테스트는 단위 테스트, 통합 테스트, 시스템 테스트 동안에 개발된 시험사례를 통합하고 전체 시스템에 대해 원하는 수준의 기능, 성능, 그리고 강도 시험 등이 수행된다.

인수 테스트는 사용자 관점에서 시스템 요구사항을 만족하는지 평가하며, 부정적(negative) 시험 절차를 추가하기도 한다. 인수테스트는 알파 테스트와 베타 테스트 형태로 수행되며, 시험 목적은 소프트웨어를 출시하기 전, 소규모로 대표되는 잠재적 사용자들에게 사내(알파 테스트)나 외부(베타 테스트)에서 시범 사용하여 제품의 문제점을 파악하는 것이다.

[표 9-3] 인수 테스트

테스트 종류	테스트 주체	테스트 환경	개발자 참여여부
알파 테스트	사용자	개발 환경에서 테스트	선택된 사용자가 개발 환경에서 시험이 이루어지며, 개발자가 소프트웨어를 테스트하는 사용자를 모니터하면서 오류와 문제점을 기록
베타 테스트	사용자	사용자 환경에서 테스트	개발자는 일반적으로 참여하지 않으며, 사용자가 문제점을 개발자에게 보고

참고문헌

1. Exploratory Testing, Cem Kaner, "Exploratory Testing", Quality Assurance Institute Worldwide Annual Software Testing Conference, Florida Institute of Technology, November 2006

2. T.J. McCabe,, "Structured Testing: A Software Testing Methodology Using the Cyclomatic Complexity Metric", National Bureau of Standards Special Publications, pp.500~99, 1982.

3. Myers, Glenford J., "The Art of Software Testing", John Wiley and Sons, 1979

4. "Beizer, Boris, "Software Testing Techniques (Second Edition)". New York: Van Nostrand Reinhold, 1990

5. IEEE, "IEEE standard for software test documentation", New York: ISBN 0-7381-1443-X, 1998

6. 권용래, "소프트웨어 테스팅", 생능출판사, 2010년 8월

7. 권원일 외, "소프트웨어 테스팅 실무", STA, 2010년 9월

8. 임준섭 외, "소프트웨어 테스팅", STA, 2009년 2월

9. Alan Page, etc., "소프트웨어 테스팅 마이크로소프트에서 이렇게 한다 ", 에이콘출판, 2009년 12월

10

유지보수

10.1 유지보수

시스템이 사용자에게 인도되고 설치된 후부터 시스템 생명이 끝나는 시점까지 하드웨어나 소프트웨어의 오류 정정, 환경 적응, 기능 및 성능향상 등을 위하여 계속해서 수정 보완하는 작업을 유지보수(maintenance)라 한다. 시스템은 한번 설치하면 끝나는 것이 아니라 새로운 컴퓨터 운영체제나 하드웨어의 출현 그리고 사용자의 기능이나 성능 개선 요구에 따라 지속적으로 유지보수 되어야 한다. 소프트웨어의 특성에 따라 다르겠지만 소프트웨어 개발 비용에 비해 유지보수 관리 비용이 두배 이상이라는 통계가 있다. 따라서 개발자는 이러한 유지보수의 중요성을 인지하고 개발 초기부터 유지보수 비용을 줄이기 위해서 개발하는 소프트웨어가 새로운 환경에 적응할 수 있도록 적응성과 이식성 그리고 확장성을 고려하여야 한다.

일반적으로 개발자가 직접 유지보수를 하면 효율적이겠지만 실제적으로는 개발자와 유지보수하는 사람이 다른 경우가 대부분이다. 유지보수 하는 사람의 입장에서는 시스템을 새롭게 이해하고, 다른 사람이 작성한 프로그램을 이해하고, 필요할 경우 프로그램을 제대로 수정해야 하므로 매우 부담스럽게 느껴질 것이다. 만약 하드웨어 회로도나 프로그램 내에 아무런 설명이나 주석이 없으며, 개발자가 개발에 대한 문서를 거의 남겨두지 않았다고 가정해보자. 유지보수 하는 사람은 시스템에 대해 더욱 이해하기 어렵고 프로그램을 수정하는 것이 불가능하다고 판단할 것이다. 오히려 새롭게 개발하는 것이 비용이 줄일 수 있고 시간도 절약할 수 있다는 주장을 할 수도 있다.

유지보수 비용을 줄이기 위해서는 각 개발 단계에서 도출되는 개발 문서가 매우 중요하다. 각 개발 단계에서의 문서도 변경이 발생할 경우에는 그 문서내에 변경 이력(history)이 작성되어있다면 변경사항 추적이 용이해진다. 예를 들면 시스템 설계서(2.0 버전)이라 표시하여 문서에 대한 버전을 관리하고 문서내에 버전 변경에 따른 이력사항을 기록해 두면 변경사항을 쉽게 파악할 수 있다. 시스템 개발에 대한 문서화가 잘되어 있을 경우는 제 3자가 그 시스템을 매우 빠르게 이해할 수 있고 유지보수를 용이하게 할 수 있도록 해준다.

1) 유지보수의 종류

유지보수 작업은 크게 네 가지로 분류되며 소프트웨어 특성에 따라 실시되는 유지보수 형태가 달라진다.

- **정정 유지보수(corrective maintenance)**

  인수 설치 후 사용자가 사용하는 중에 오류가 발생한 것을 수정하는 것을 말한다. 주로 초기에 이루어지는 수리 보수 작업이다.

- **적응 유지보수(adaptive maintenance)**

  컴퓨터 하드웨어의 데이터 처리나 저장 능력이 향상됨에 따라 새로운 컴퓨터 하드웨어로 변경한다. 그리고 새로운 운영체계를 적용할 경우에 소프트웨어는 새로운 환경에 이식한다. 이와 같이 새로운 환경에 적응하기 위해 수리하는 작업을 적응 유지보수라 한다.

- **기능 개선 유지보수(perfective maintenance)**

  초기에 사용자가 요구하는 기능을 만족하는 시스템을 개발하였다고 하더라도 시스템을 사용하는 사람의 입장에서는 더 개선된 기능을 요구하기 마련이다. 이를 위해 새로운 기능으로 업그레이드 하거나 새로운 기능을 추가하거나 확정하는 것을 기능 개선 유지보수라 한다. 다른 유지보수에 비해 비용이 가장 많이 소요되므로 초기 설계 단계에서 가능하면 완벽을 추구해야 하고 확장성이 보장되도록 설계해야 한다.

- **예방 유지보수(preventive maintenance)**

  미래의 유지보수를 위해 준비하는 것을 예방 유지보수라 한다. 미래의 유지보수 가능성을 줄이고, 신뢰성을 개선하고, 시스템의 오류발생에 대비하여 미리 예방 수단을 강구해 두는 작업들을 말한다.

2) 유지보수 노력

직접적인 유지보수 비용은 시스템의 특성에 따라 달라지며 보통 두배 이상이라고 알려져 있다. (그림 10-1)과 같이 시스템 개발 생명주기에서 유지보수가 차지하는 비중은 67%이며 이 수치는 다른 개발 과정에 비해 매우 높다. 유지보수를 위해 많은 시간과 노력이 요구된다는 것을 알 수 있다.

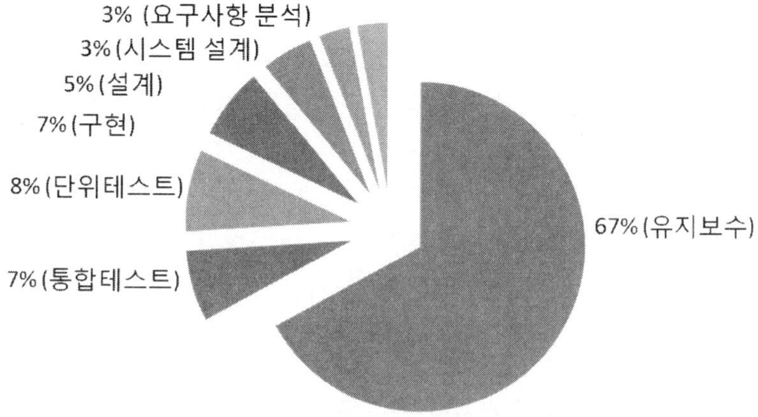

(그림 10-1) 유지보수 노력 분포도

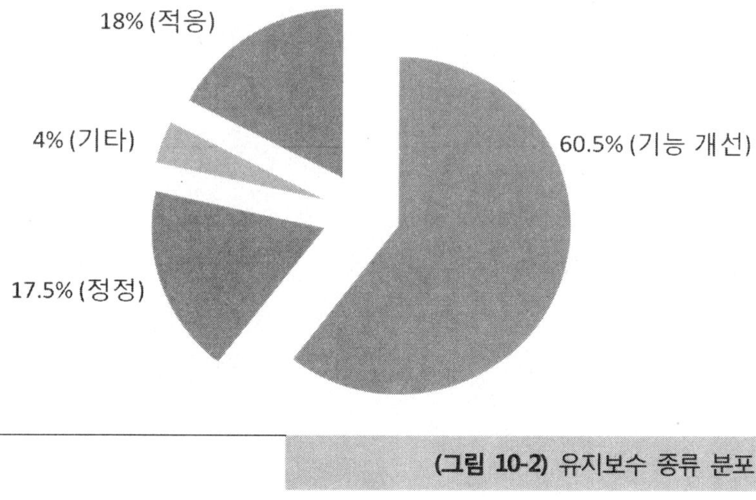

(그림 10-2) 유지보수 종류 분포

유지보수 종류에 따른 분포를 살펴보면 기능 개선이 약 60%를 차지한다. 개발된 기능보다 새로운 기능으로 업그레이드 하거나 새로운 기능을 추가하는 등의 기능 개선 유지보수 작업이 많음을 알 수 있다.

3) 유지보수 문제점 및 해결방안

유지보수를 진행하는데 있어서 걸림돌이 되는 문제점들은 아래와 같다.

- 시스템에 대한 변경이 수시로 일어나며 이를 문서에 반영하지 않는 경우, 이를 추적하는 것이 거의 불가능하다.
- 다른 사람이 작성한 회로도나 프로그램을 이해하기가 쉽지 않다.
- 문서화되어 있지 않거나 회로도나 소스 코드에 주석이 작성되어 있지 않았다면 문제는 심각해진다.
- 전자 회로나 소프트웨어가 변경을 가정하여 설계되는 경우가 드물다.
- 관리적인 측면에서 유지보수를 담당하는 개발자에게 동기부여를 하지 못한다.
- 유지보수를 위한 적극적인 도구를 사용하지 못한다.
- 시스템이 이해하기 위해 테스트나 디버깅 도구를 사용하는데 그친다.

이러한 문제점을 해결하기 위해 개발 과정에서 아래의 내용들을 고려해야 한다.

- 개발 과정들과 결과들에 대해 완벽한 문서화
- 성능개선, 확장성, 이식성 등을 고려한 체계적인 설계
- 표준화된 개발방법론 및 개발 도구 적용
- 소프트웨어 재공학 도구 활용(분석, 재구조화, 역공학)
- 유지보수 요인에 대한 예방활동 실시
- 변경관리, 형상관리 등 적절한 프로젝트 관리기법 도입

여기서 역공학(reverse engineering)이란 소스 코드를 분석하여 프로그램 구조, 자료 구조, 모듈들 간의 관계 등 상세한 설계 정보를 분석하는 것을 말하며, 재공학(re-engineering)이란 역공학처럼 설계 정보만을 도출하는 것이 아니라 이 정보를 사용하여 보다 나은 시스템을 만드는 것을 말한다.

10.2 유지보수 절차

하드웨어 펌웨어나 소프트웨어 소스 코드에 영향을 줄 수 있는 유지보수로는 「정정 유지보수」와 「기능 개선 유지보수」를 들 수 있다. 이들 유지보수는 기존의 내용을 수정하거나 새로운 기능을 추가하는 형태로 이루어진다. 유지보수는 (그림 10-3)에 나타낸 유지보수 절차를 따라 이루어져야 한다. 유지보수 작업은 개발자가 아닌 유지보수 전문 인력에 의해 이루어지는 것이 일반적이다.

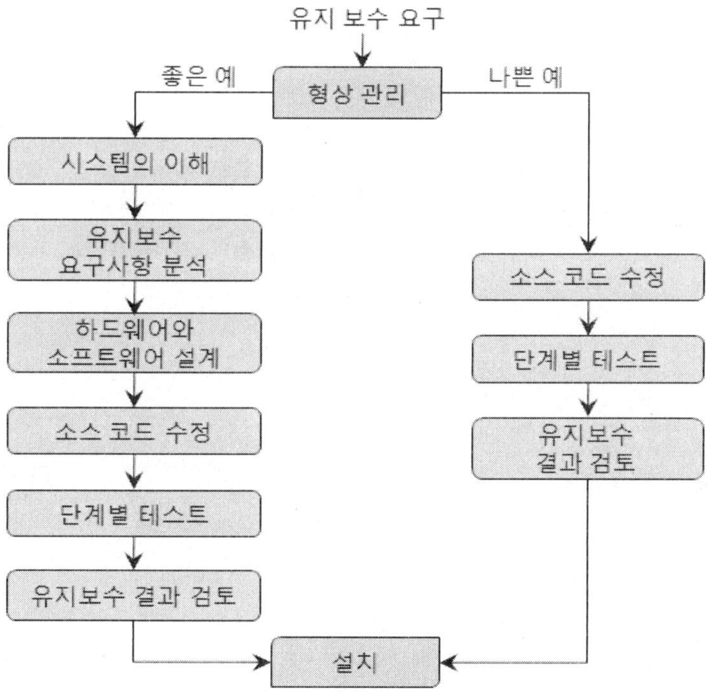

(그림 10-3) 유지보수 절차

유지보수 요청서가 수락되면 문제가 얼마나 심각한가의 정도에 따라 유지보수의 우선순위를 결정하고 유지보수 절차에 들어간다. 그림의 좌측은 적합한 유지보수 절차이다. 우측은 적합하지 않은 예로서, 유지보수 요구사항을 분석하거나 시스템에 대한 이해 없이 하드웨어 유니트나 소스 코드를 바로 수정하므로 유지보수가 매우 어려워지고 실패할 확률이 높아진다.

유지보수에 대한 요청은 공식적인 절차를 따라 이루어져야 한다. 일반적으로 유지보수 요청은 변경 요청서(change request)를 작성하는 것으로부터 시작된다. 변경요청서는 주로 사용자가 작성한다. 변경 요청서 양식의 예를 아래에 나타내었다.

[표 10-1] 변경 요청서 예

<table>
<tr><th colspan="2">변경 요청서</th></tr>
<tr><td>요구자 :</td><td>요청일자 : 년 월 일</td></tr>
<tr><td colspan="2">작성자 :</td></tr>
<tr><td colspan="2">변경 요청 모듈 또는 유니트 :</td></tr>
<tr><td>변경 유형 :
□ 정정
□ 개선
□ 적응</td><td>문제의 심각 정도 :
□ 낮음
□ 보통
□ 심각</td></tr>
<tr><td colspan="2">변경 요청 사유 :</td></tr>
<tr><td colspan="2">변경 요청 내용</td></tr>
<tr><td colspan="2">처리 기한 : 년 월 일</td></tr>
<tr><td colspan="2">요청 검토 결과 :
□ 승인 □ 취소 □ 보류</td></tr>
</table>

(1) 시스템 이해

개발 결과 문서인 요구사항 명세서, 시스템 설계서, 상세 설계서, 시험 절차 및 결과서, 사용자 매뉴얼 등으로부터 시스템 전체를 분석한다. 그리고 하드웨어 회로도, 소스 코드, 주석 등을 면밀히 분석하여 변수, 소프트웨어 구조, 프로시듀어, 모듈의 형태 등을 파악한다. 필요하다면 분석 도구인 호출 그래프, 상호 참조 테이블과 디버깅 도구 등을 이용하여 시스템 전체에 대한 이해도를 높인다.

(2) 유지보수 요구분석

시스템의 수정 요구사항을 사용자와 함께 구체적으로 도출한다. 사용자가 이해하는 수준에서 변경되어야 할 기능과 새롭게 추가되어야 할 기능을 식별하고 기존 기능과 어떻게 연결시킬 것인지에 대해 분석한다.

(3) 하드웨어와 소프트웨어 설계

요구분석 단계에서 도출한 사용자 수준의 기능을 실제 어떠한 모듈을 수정할 것인지 또는 새로운 모듈을 추가할 것인지를 하드웨어 측면이나 소프트웨어 측면에서 식별한다. 만약 새로운 모듈이 식별되면 새롭게 인터페이스를 설계한다. 이때, 모듈에 변화가 생겼으므로 다음 절에서 설명하는 형상관리를 해야 한다. 형상관리란 모듈이 변경되었거나 추가되었음을 기록하고 관리하는 것을 말한다. 설계 마지막 단계에서는 기존 시스템을 수정함으로써 발생하는 영향을 파악하고 사이드 효과가 나타나지 않도록 점검한다.

(4) 소스 코드 수정

소스 코드는 가능하면 조금씩 점진적으로 수정하고 원래 소스코드의 변경 이력을 문서에 기록해둔다. 그리고 소스 코드는 나중에 유지보수가 용이하도록 수정한다.

(5) 단계별 테스트

수정된 모듈에 대해 단위 테스트를 실시하고 영향을 미치는 모듈을 모두 통합하여 단계적으로 상향 테스트를 실시한다. 이러한 테스트를 리그레이션(regression) 테스트라고 하며, 이 테스트의 목적은 소스 코드 변경 이후에도 여전히 같은 기능을 수행하는지를 확인하는 것이다. 변경이 적은 경우에는 변경 부분과 그에 의하여 영향이 있는 부분만 테스트하고 변경이 많은 경우에는 예상치 못한 부분을 고려하여 전체를 테스트한다.

(6) 유지보수 결과 검토

수행한 유지보수가 시스템에 미치는 영향을 분석 한다.

10.3 형상 관리

시스템은 개발 과정에서 그리고 유지보수 과정에서도 빈번한 변경이 발생한다. 변경에 대한 관리가 이루어지지 않는다면 프로젝트를 수행하는데 개발자들에게 많은 혼란을 줄 수 있다. 예를 들면 소프트웨어는 변경되었는데 소프트웨어를 기술하고 있는 문서가 변경되지 않았다면 그 프로그램을 신뢰할 수 있겠는가? 특히 다수가 함께 개발에 참여하는 규모가 큰 프로젝트일 경우에는 변경 요구가 복잡하고 다양해지므로 더욱 더 변경에 대한 관리가 요구되어진다.

형상 관리(CM; Configuration Management)란 형상 항목을 식별하여 그 기능적, 물리적 특성을 문서화하고, 그러한 특성에 대한 변경을 제어하며, 변경 처리 상태를 기록 및 보고하고, 명시된 요구사항에 부합하는지 확인하는 기술적이고 관리적인 감독 및 감시활동이다[IEEE 610]. 형상 관리는 시스템 개발 및 유지보수 과정에서 발생하는 모든 결과물(문서, 프로그램, 하드웨어)을 형상으로 만들고 이에 대한 변경을 체계적으로 관리하고 제어하기 위한 활동이다. 즉 시스템 개발 생명주기 동안 시스템의 무결성을 유지하는 것을 목표로 하며, 개발 팀이나 유지보수 팀에 의해서 제작되고 변경되고 있는 하드웨어나 소프트웨어의 식별, 편성, 수정을 통제하는 프로세스이다. 형상관리의 궁극적인 목표는 변경에 의해 발생하는 실수를 최소화함으로써 생산성을 최대화하고 시스템의 신뢰성을 확보하고 품질을 높이는 것이다.

한편, 소프트웨어 형상 관리는 최근 몇 년 사이에 소프트웨어 품질의 관점에서 중요하게 다뤄지고 있다. 특히 프로젝트의 규모가 커짐에 따라 프로젝트에서 품질의 요소가 중요해지게 되고, 이에 따라 형상 관리도 중요하게 다루어지고 있다. 미국 카네기 멜론 대학의 SEI 연구소에서 개발한 CMM(Capability Maturity Model)과 같은 품질 프레임워크에서는 특정 성숙도 레벨로 진입하기 위해서 반드시 수행되어져야 할 활동으로 보고 있다.

하지만 현실은 몇몇 대규모 프로젝트나 공공 프로젝트와 같이 엄격한 품질 기준을 적용하는 곳 이외에는 본격적으로 형상 관리 활동을 하는 프로젝트는 사실 별로 많지 않다. 심지어는 소스 코드에 대한 버전 관리를 소프트웨어 형상 관리와 같은 의미로 알고 있는 개발자들도 상당수 있다. 버전 관리는 형상 관리의 일부분으로 같은 수준이 아니다.

소프트웨어의 가장 큰 특징은 변경이고, 이 변경으로 인해 소프트웨어라는 이름에 걸맞지 않게 개발과 유지보수를 아주 어렵게 만들어 버린다. 물론 변경이라는 소프트웨어의 큰 특성을 무시할 수는 없다. 무시할 수 없기에 수많은 사람들이 이 변경이라는 난코스를 슬기롭게 헤쳐 나갈 수 있도록 수많은 연구를 해 왔다. 그 중에 하나의 해결책이 바로 소프트웨어 형상 관리이다. 형상 관리라는 크게 네 가지를 다룬다.

- 우선 형상 관리의 대상이 무엇인지 식별하여 이것을 형상 항목이라고 한다.
- 식별한 형상 항목의 버전과 변경을 통제라고 한다.
- 형상 항목의 변경이 제대로 이뤄졌는지 살펴보는데 이를 형상 감사라 한다.
- 변경된 형상 항목을 관계된 사람들에게 알리는데 이를 상태 보고라 한다.

형상 관리에서 말하는 형상은 그 의미를 광의적으로 해석했을 때 사실 소프트웨어 그 자체이다. 소프트웨어는 PC에서 실행되는 작은 규모도 있고 네트워크와 연결되어 복수 개의 서버에서 운영되는 크고 복잡한 규모의 것도 있다. 따라서 엄밀히 따지면 소프트웨어를 구성하는 모든 것으로 볼 수 있으며, 소프트웨어를 만드는 사람과 회사, 소프트웨어를 탑재하는 하드웨어 및 각종 형상, 소프트웨어 그 자체, 소프트웨어 개발 프로세스, 형상 관리를 하기 위한 형상 관리 도구와 개발 도구 등이 해당한다.

1) 형상 관리 절차

형상 관리는 형상 관리 계획 및 지침을 수립하는 것으로 시작된다. 형상 관리가 시작되는 시점은 프로젝트 수행 초기에 실행 가능한 형상관리 계획 및 지침을 수립하면서부터 이다.

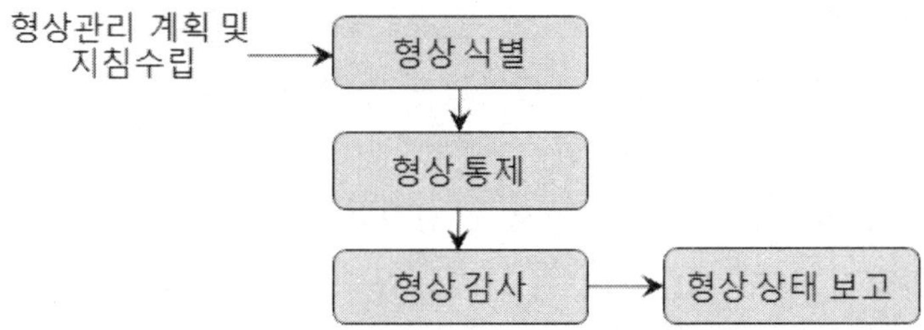

(그림 10-4) 형상 관리 절차

(1) 형상 식별

형상 관리의 대상을 식별하고 베이스 라인의 기준을 정하는 활동이다. 베이스 라인이란 시스템 개발의 특정 시점에서 형상 항목이 하나의 완전한 산출물로 쓰여질 수 있는 상태의 집합(예; 버전 1.0)을 말한다. 공식적으로 검토, 승인된 후에 향후 개발의 기준으로서 활용되고, 공식적인 변경 관리절차를 통해서만 변경될 수 있는 명세서나 제품이다. 형상 항목이 도출되면 형상번호를 부여해야 하는데 식별체계는 다음을 고려해야 한다. 형상 식별체계는 형상 항목에 유일한 이름, 번호, 버전을 부여할 수 있도록 하는 형상 식별자를 말한다.

- 형상 관리 담당자는 형상 식별체계와 버전 번호 부여 규칙을 정의한다.
- 형상 식별자는 개체의 특성을 이해하기 쉽고 식별자 관리가 용이하게 부여한다.
- 형상 항목별로 형상 식별자를 부여한다.

(2) 형상 통제

형상에 대한 변경 요청이 있을 경우, 변경 여부와 변경 활동을 통제하는 것을 말한다.

(3) 형상 감사

형상 항목이 요구사항에 맞도록 잘 변경되었는지 확인하는 것을 말한다. 형상 관리 계획서대로 형상관리가 진행되고 있는지 그리고 요구사항 문서대로 제품이 제작되었는지 감사하는 활동이다. 이 단계에서 아래의 내용들을 고려해서 베이스 라인에 대한 무결성을 검증한다.

- 모든 승인된 변경의 반영 여부
- 관련된 항목의 갱신 여부
- 승인되지 않은 변경의 반영 여부
- 인도될 항목과 요구사항 그리고 디자인과의 일치 여부
- 모든 알려진 시스템의 문제가 변경 승인에 의해 검토되었는지 여부
- 버전 기술 문서의 준비 여부

(4) 형상 상태 보고

베이스 라인의 현재 상태 및 변경 항목들이 제대로 반영되는지 여부를 보고하는 활동을 말한다. 베이스 라인에 설정된 형상 항목의 구조와 변경 상태를 주기적으로 기록하여 보고함으로써 형상 항목의 개발 상태에 대한 가시성을 제공한다.

참고문헌

1. Exploratory Testing, Cem Kaner, "Exploratory Testing", Quality Assurance Institute Worldwide Annual Software Testing Conference, Florida Institute of Technology, November 2006

2. T.J. McCabe,, "Structured Testing: A Software Testing Methodology Using the Cyclomatic Complexity Metric", National Bureau of Standards Special Publications, pp.500~99, 1982.

3. Myers, Glenford J., "The Art of Software Testing", John Wiley and Sons, 1979

4. "Beizer, Boris, "Software Testing Techniques (Second Edition)". New York: Van Nostrand Reinhold, 1990

5. IEEE, "IEEE standard for software test documentation", New York: ISBN 0-7381-1443-X, 1998

6. 권용래, "소프트웨어 테스팅", 생능출판사, 2010년 8월

7. 권원일 외, "소프트웨어 테스팅 실무", STA, 2010년 9월

8. 임준섭 외, "소프트웨어 테스팅", STA, 2009년 2월

9. Alan Page, etc., "소프트웨어 테스팅 마이크로소프트에서 이렇게 한다 ", 에이콘출판, 2009년 12월

부록

캡스톤 디자인 개발 문서 예

"부록은 컴퓨터 관련 학과에서 4학년 학생들이 한 팀을 이루어 캡스톤 디자인 프로젝트를 완료하고 제출한 개발 문서들이다.

수록된 샘플 문서들은 처음으로 캡스톤 디자인 프로젝트를 접하는 학생들이 프로젝트를 진행하는 데 있어서 도움이 될 것으로 판단하여 수록하였다.

평가	평가 교수
	15 점

캡스톤 디자인 프로젝트 계획서

안드로이드 기반 안전한 키패드 앱 개발

교과목명	캡스톤 디자인 I, II
학 과	OO 학과
팀 명	4조 SKeyPad팀
팀 장	OOO
팀 원	OOO, OOO, OOO, OOO
제 출 일	2009년 9월 20일
지도교수	OOO 교수님

1. 프로젝트 개요

1) 프로젝트 요약

본 캡스톤 디자인 프로젝트에서는 안드로이드 환경에서 키보드 입력 정보에 대한 해킹이 스마트폰에서도 동일하게 발생할 것으로 판단하여, 사용자가 비밀번호를 입력하는 과정에서 랜덤 키 패턴을 제공하여 지근거리에서 지켜보는 제 3자가 비밀번호를 기억하지 못하도록 하는 안전한 키패드 앱을 설계하고 구현한다.

2) 과제 도출 과정

스마트폰 기술 개발 업체인 (주)○○테크의 전문가와 팀원들 간에 멘토를 진행하는 도중에 팀원들이 스마트폰 보안에 관심을 갖게 되었다. 스마트폰 보안 기술과 관련한 프로젝트의 아이디어를 조사하고 분석한 결과, 키패드 앱에 대한 보안 문제점이 해결되지 않았음을 확인하였다. 팀원들 간의 토론과 전문가의 추천에 따라 프로젝트 주제를 안전한 키패드 앱으로 결정하였다. 기존에 업체에서 개발한 앱에다 이 프로젝트에서 개발예정인 키패드 보안 기술을 추가하여 상용화할 경우 제품 경쟁력이 높아질 것으로 판단한다.

3) 개발의 필요성 및 기대 효과

(1) 기존 기술의 현황 및 문제점

보안 키패드[1]는 사용자가 인터넷뱅킹 거래 시 입력되는 내용이 악의적 사용자에 의해 위변조 되는 것을 차단하기 위하여 고안된 것으로, 계좌번호나 비밀번호 등 개인의 보안관련 입력사항을 키보드를 사용하지 않고 가상의 키보드 화면을 마우스만으로 입력하여 키보드를 사용함으로써 발생할 수 있는 하드웨어 단의 해킹 위험을 근본적으로 차단하는 보안 솔루션이다. 또한 다양한 종류의 키로거(key logger)로부터 계좌번호나 비밀번호와 같은 금융 정보 및 개인 정보를 보호할 수 있다.

숫자 매핑을 이용한 보안 키패드[2]는 사용자가 공개된 장소에서 비밀번호를 입력할 때, 사용자가 누르는 키패드의 숫자와 실제 입력되는 숫자가 임의의 매핑에 의한 상관관계를 갖고 변환되도록 함으로써 비밀번호의 보안성을 높이는 방식이다.

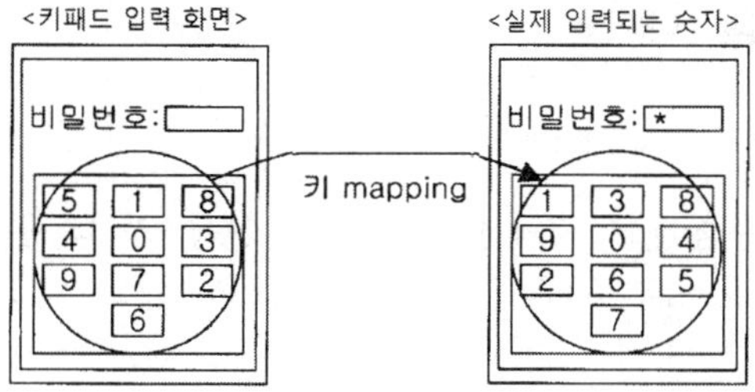

(그림 1) 숫자 매핑을 이용한 보안 키패드

문제점으로서, 기존 기술들은 아직 스마트폰에 장착되지 않은 상태이다. 따라서 사용자가 비밀번호를 입력하는 과정을 지근거리에서 지켜보는 제 3자로 하여금 해당 비밀번호가 노출되는 위협성이 그대로 존재한다.

(2) 기술 개발의 필요성

최근에 스마트폰을 통한 뱅킹과 결제가 용이하도록 공인인증서 이외의 결제수단이 마련되고 있으며 모바일 결제수단도 늘어나고 있다. 그러나 스마트폰 뱅킹이 확대되면 다양한 형태의 보안 위협이 증가하기 때문에 이에 대한 분석과 대응 기술이 필요하다. 한편, 스마트폰도 기존과 동일하게 키보드 입력정보를 해킹하여 사용자에게 금전적 피해를 주는 사례가 늘어날 것으로 예측된다. 따라서 스마트폰 환경에서 사용자 입력 정보를 보호하기 위한 기술이 개발되어야 한다.

(3) 기대 효과

안전한 키패드는 사용자가 비밀번호를 입력하는 과정을 지근거리에서 지켜보는 제 3자로 하여금 해당 비밀번호를 기억하지 못하도록 하는 보안성을 제공한다. 또한 인증된 사용자에 대하여 개인의 아이디와 비밀번호 쌍을 안전하게 저장할 수 있도록 해준다.

4) 용어 및 약어

- 키패드 : 사용자 화면의 입력 창
- 앱 : 스마트폰의 응용(application)
- SKeyPad 시스템 : Secure Key Pad의 약어로서 본 프로젝트에서 개발하려는 앱 프로그램

2. 프로젝트 개발 내용

1) 최종 목표

안드로이드 환경에서, 키패드 입력 시 랜덤 키 배열을 제공하여 보안성을 강화한 안전한 키패드 앱 개발

2) 세부 개발 내용

- 키패드 앱 화면
- 사용자 인증 기능
- 랜덤화된 키패드 기능
- 패스워드 재설정 기능
- 데이터 베이스 관리 기능
- 사용자의 아이디 및 패스워드 관리 기능

3. 프로젝트 추진 방법

1) 추진 일정

작업 \ 작업일정	첫째 학기							둘째 학기								산출물
	1-2	3-4	5-6	7-8	9-10	11-12	13-14	15-16	17-18	19-20	21-22	23-24	25-26	27-28	29-30	
프로젝트 계획	▬															프로젝트 계획서
요구사항 분석		▬	▬													요구사항 명세서
상위 설계				▬	▬											시스템 설계서
상세 설계					▬	▬	▬									블록 설계서
구현								▬	▬	▬	▬	▬				소스 코드
단위 시험												▬	▬			시험 절차· 결과서
통합 시험													▬	▬		시험 절차· 결과서
시스템 시험														▬	▬	시험 절차· 결과서
프로젝트 마무리															▬	사용자 메뉴얼

▬ 계획 -- 실행

2) 팀 구성 및 역할 분담

성 명	개발 담당	프로그램 능력	역할
김 ○ ○	프로젝트 기획, 산업체 협의, 인증 기능 개발	상	팀장
최 ○ ○	개발 문서 및 회의록 작성, 키패드 랜덤화 기능 개발	중	에디터
이 ○ ○	개발 환경 구축, 사용자 정보관리 기능 개발	상	팀원
장 ○ ○	시험환경 구축, DB 관리 기능 개발	하	팀원
정 ○ ○	패스워드 재설정 기능 개발	하	팀원

3) 개발 환경

- 개발 언어 : 자바
- 개발 OS : 윈도우 XP
- 에뮬레이터 : 안드로이드 에뮬레이터
- 개발 도구 : Eclipse, 안도로이드 SDK

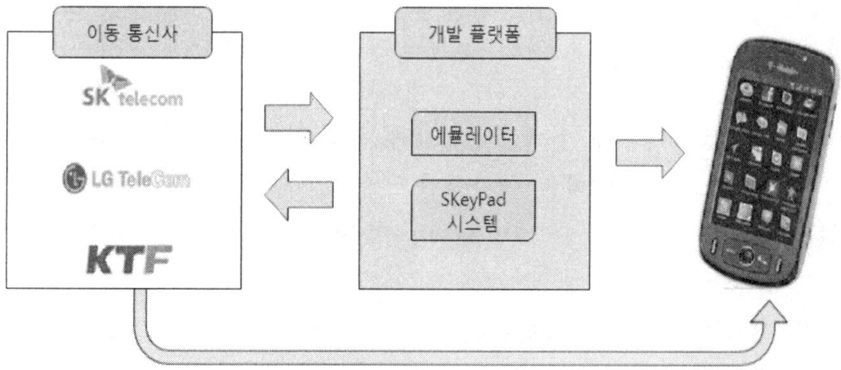

(그림 2) 개발 환경

4. 완료 프로젝트의 결과물 평가방법

1) 산출물

- 안드로이드 환경에서의 키패드 앱 소프트웨어
- 개발 문서(요구사항 명세서, 시스템 설계서, 블록 설계서, 시험 절차 및 결과서, 소프트웨어 사용자 매뉴얼)
- 기타 개발 관련 문서(프로젝트 발표자료, 회의록, 결과 발표자료, 데모 동영상 등)

2) 완성 작품의 평가방법

평가항목	평가방법	적용기준	개발목표치	비중(%)
사용자 인증	인증 수행 여부		기능 완성도	20
키패드 랜덤화	패드 랜덤 여부		기능 완성도	30
패스워드 재설정	재설정 여부		기능 완성도	20
DB관리	동작 여부		기능 완성도	10
사용자 정보관리	관리 여부		기능 완성도	20

5. 참고 문헌

[1] 최승건, "사용자 입력정보의 유출방지를 위한 보안기술에 관한 연구", 충주대학교 산업대학원 석사학위 논문, 2007

[2] 이성훈, "안전한 비밀번호 입력방법," 국내특허, 등록번호 10-0594443, 2006

[3] 이재준, "증권사 정보보호에 따는 키보드 보안의 구축방안", 서강대학교 정보통신대학원 석사학위 논문, 2006

[4] 장윤근, "인터넷 뱅킹 사용자 입력정보의 안전성 강화를 위한 대체방안에 대한 연구", 동국대학교 석사학위 논문, 2009

[5] http://www.androidpub.com

평 가	평가 교수
	5 점

주제 관련 프로젝트 조사서

키보드 입력 정보 보안 솔루션

교과목명	캡스톤 디자인 I, II
학 과	OO 학과
팀 명	4조 SKeyPad팀
팀 장	OOO
팀 원	OOO, OOO, OOO, OOO
제 출 일	2009년 9월 8일
지도교수	OOO 교수님

1. 프로젝트 개요

캡스톤 디자인 프로젝트의 주제를 정하기 위해 선정한 후보 주제에 관련하여, 최근에 진행된 프로젝트나 상용화된 제품에 대해 조사하였다. 이 문서는 안전한 키 보드 보안과 관련된 솔루션으로 (주)잉카 시스템에서 상용화한 제품의 조사 보고서이다.

1) 프로젝트 명

인터넷 서비스 이용자를 위한 키보드 입력 정보 보안 솔루션 개발
(제품명 : nProtect KeyCrypt)

2) 프로젝트 수행자

(주)잉카인터넷(http://www.inca.co.kr)

3) 프로젝트 수행일자

2009년 9월

2. 프로젝트 수행 내용

1) 제품 설명

nProtect KeyCrypt는 온라인 정보 교환 시, 발생되는 키보드 입력에 대한 해킹 툴로부터의 정보유출을 사전에 차단함으로써 안전하고 신뢰서 있는 정보 교환을 유지하기 위해 개발된 제품이다.

2) 제품 개발의 필요성

- 웹 서비스를 이용하는 이용자의 PC를 보호하여 안전한 인터넷 서비스 이용할 필요성이 대두됨
- 인터넷 전자상거래나 인터넷 뱅킹 서비스에 대해 안전한 거래를 보장하여 고객의 불안감을 해소해야 함
- 보안에 대한 불안감을 해소해야만 이용자의 충성도가 높아짐
- 여러 계층을 대상으로 다양한 보안 솔루션이 있으나 키보드에 대한 해킹이 솔루션이 많지 않고 매우 취약한 상태임

- 기존에 비해 보안 기능이 대폭 강화된 키보드 보안 솔루션을 개발해야 함

3) 주요 개발 내용

- 키보드 입력 정보 후킹 방지
- 키보드 후킹 프로그램 자동 탐지
- SEED, AES, RSA, PKE 방식 등 다양한 암호화 알고리즘 지원
- 128비트 암호화 알고리즘 사용
- 다양한 키보드 타입 지원
- 스크립트 변경의 최소화

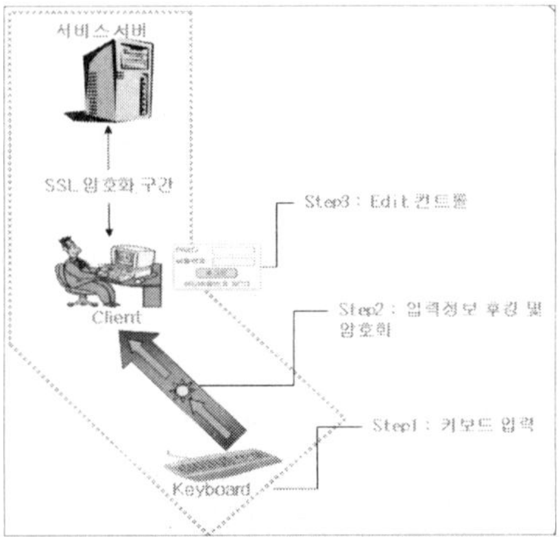

(그림 1) nProtect KeyCrypt의 개념 설명

4) 제품의 동작 원리

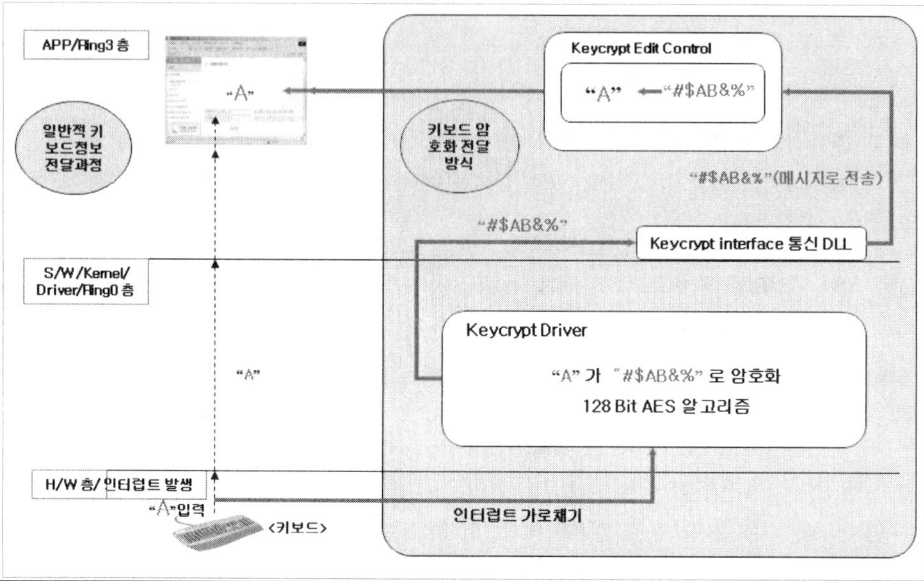

(그림 2) nProtect KeyCrypt의 동작 흐름

5) 제품의 개발 환경 및 동작 환경

동작 환경	항목	자원
소프트웨어 요구사항	소프트웨어 크기	300Kbytes 미만
	메모리 점유	없음
	CPU 점유	거의 없음
	운영체제	모든 PC용 윈도우 계열 운영체제 지원
PC 시스템 요구사항	CPU	486 이상(윈도우즈95 이상의 운영체제 지원)
	메모리	무관
	하드디스크	1Mbytes 이내
	키보드 타입	국문, 영문을 포함하여 아래의 타입 지원 - PS/2(101키/102키/103키/106키 키보드) - USB - 노트북(국내외 28개 기종 테스트 완료) - 기타(숫자 패드, 무선 적외선 키보드 등)

3. 기술의 독창성 및 신규성

1) 안전성

- 현재 10여개 사이트에서 500만명 이상의 고객에게 정식 또는 시범 운영하고 있어 안전성이 입증되었다고 할 수 있음
- 소프트웨어 뿐만 아니라 운영시스템 또한 3년 이상의 관련 보안 서비스를 통해 가장 안정적이고 신속한 서비스 인프라를 갖추고 있음
- 안정적 백업 시스템 구축 확보

2) 보안 기능

- Low Layer 기반(인터럽트 후킹 방식)의 소프트웨어 설계로 높은 보안성 제공
- 동일 레벨(인터럽트 후킹) 해킹 툴을 무력화 할 수 있음
- 유사 제품 중 유일하게 PS2 뿐만 아니라 USB 키보드에서도 완벽한 기능 지원

3) 고객 편리성

- 컴팩트한 모듈로 구성되어 신속한 다운로드가 가능하며, 자동 설치 및 구동
- 다양한 운영체계나 하드웨어를 지원
- 한번 설치로 윈도우즈 운영체제 전체에 키보드 보안 기능 적용

4) 구축 편리성

- 간편한 스크립트 방식이며 기존 사용자 인터페이스에 변화 없음
- 별도의 회선 및 서버 소요 없음
- 스크립트 작업 최소화(사이트 방식 적용)

4. 의견 및 고찰

캡스톤 디자인 프로젝트에서 진행하려는 몇 개의 후보 주제 중 하나가 키보드 보안이다. (주)잉카인터넷에서 상용화한 nProtect KeyCrypt가 가장 많이 사용되고 참고할 부분이 많아서 조사를 하게 되었다. 본 프로젝트 진행 시 많은 도움이 될 것으로 판단된다.

평가	평가 교수
	10 점

SKeyPad 시스템 요구사항 명세서
(Version 2.1)

교과목명	캡스톤 디자인 I, II
학 과	OO 학과
팀 명	4조 SKeyPad팀
팀 장	OOO
팀 원	OOO, OOO, OOO, OOO
제 출 일	2009년 10월 4일
지도교수	OOO 교수님

1. 서론

1) 문서의 목적

본 문서는 안전한 키패드 앱 프로그램(이하 SKeyPad 시스템)에 대한 요구사항 명세서이다. SkeyPad 시스템은 사용자가 비밀번호를 입력하는 과정에서 랜덤 키 패턴을 제공하여 지근거리에서 지켜보는 제 3자가 비밀번호를 기억하지 못하도록 하는 안전한 키패드 앱 프로그램이다.

2) 최초 사용자 요구사항 수집

현대 사회를 살아가는 우리에게 가장 가까운 필수품인 모바일 폰은 기존 유선 통신과 다르게 무선통신을 이용하여 음성을 전달하는 이동 통신이 주요 기능이다. 이 주요 기능은 128비트로 암호화 되고 있으며 현재 대부분 안전하다고 판단되고, 또 그렇게 서비스 되고 있는 실정이다. 음성 통신 외에 다양한 기능이 단말기에 추가 되고 있고, 항상 휴대 할 수 있다는 장점 때문에 전자수첩, 메모장, 카메라, 모바일 뱅킹 등의 기능이 추가되어 음성 통신의 휴대폰을 넘어서 휴대가 간편한 컴퓨터가 되었다고 해도 과언이 아닐 정도다.

최근 웹 브라우징이 가능하도록 만들어진 휴대폰과 컴퓨터와 비슷한 OS를 탑재한 스마트 폰이 출시되고 있다. 이렇게 많은 서비스를 이용하고 있지만, 정작 이 서비스들에 대한 보안 대책이 취약하고, 이를 사용하는 사용자들도 보안에 대한 인식이 적어 단말기의 분실, 비밀번호 노출 등으로 쉽게 개인정보가 쉽게 노출 될 수 있다. 이렇게 얻어진 개인정보는 피싱, 스팸, 비밀번호의 2차 노출 등으로 다양한 보안사고가 발생 할 수 있다. 기존 단말기에서 스마트 폰으로 변화해 가고 있고 보안 사고는 언제 어디서 일어날지 모르는 일이기 때문에 현재 사용하고 있는 단말기의 보안 강화와 보안에 대한 인식이 필요한 시점이다.

사회 공학적 측면에서 모바일 폰의 단순한 비밀번호가 입력과정을 통하여 주위에 쉽게 노출되고, 또한 노출되지 않은 비밀번호라 할지라도 쉽게 크랙이 가능하기 때문에 이러한 문제를 안고 있는 모바일 폰의 패스워드를 보호하고 강화 할 수 있는 프로그램이 필요하다. 또한 웹 서비스가 증가함에 따라 서비스 별로 또는 시스템 별로 사용자 인증 즉, 로그인해야 할 일이 많아졌다. 이런 다양한 서비스에 모두 같은 아이디와 패스워드를 사용 하게 되면 보안에 취약해 질수 있고, 각기 다른 아이디, 패스워드를 사용하게 되면 기억하기 어렵다는 문제가 생긴다.

특히 자주 이용하지 않는 서비스는 더더욱 기억하기 어렵고, 잊어버린 아이디와 패스워드를 찾는 일도 번거롭고 쉽지 않는 경우가 많다. 항상 지니고 다니는 모바일 폰에 아이디와 패스워드를 관리해주는 프로그램을 만들어 기억이 나지 않는 아이디와 패스워드를 찾기 위한 번거로움을 해결하고 안전한 저장 공간을 제공해야 한다.

3) 용어 및 약어

- 키패드 : 사용자 화면의 입력 창
- 앱 : 스마트폰의 응용(Application)
- SKeyPad 시스템 : Secure Key Pad의 약어로서 본 프로젝트에서 개발하려는 앱 프로그램

2. 사용자 요구사항

1) 기능 요구사항

가. 사용자 인증 기능을 제공해야 한다.

나. 초기 패스워드 설정과 재설정 기능을 제공해야 한다.

다. 패스워드를 입력 시 입력한 숫자를 알아볼 수 없도록 특수 캐릭터(●)로 대치되어 나타나야 한다.

라. 인증된 사용자에 대하여 사용자가 저장하려고 하는 사용자 정보 즉, 아이디, 패스워드, URL을 삽입하고, 변경하고, 삭제하는 기능을 제공해야 한다.

마. 키패드 입력창에서 특정 키를 누르면 키패드 전체가 랜덤한 키들로 새롭게 배열되어야 한다.

바. 사용자 정보는 데이터 베이스에 저장되고 관리되어져야 한다.

2) 사용자 인터페이스 요구사항

가. 안드로이드 운영체계의 스마트폰에서 앱의 형태로 개발되어야 한다.

나. 모든 기능은 키패드에서 사용자의 터치에 의해 동작해야 한다.

3) 기타 요구사항

가. 개발 환경은 SDK에서 개발되어야 하고 추후, 앱의 형태로 업로드할 수 있도록 개발되어야 한다.

<table>
<tr><td rowspan="2">평
가</td><td>평가 교수</td></tr>
<tr><td>20 점</td></tr>
</table>

SKeyPad 시스템 설계서 (Version 2.1)

교과목명	캡스톤 디자인 I, II
학 과	OO 학과
팀 명	4조 SKeyPad팀
팀 장	OOO
팀 원	OOO, OOO, OOO, OOO
제 출 일	2009년 10월 28일
지도교수	OOO 교수님

1. 서론

1) 문서의 목적

본 문서는 안전한 키패드 앱 프로그램(이하 SKeyPad 시스템)에 대한 시스템 설계서이다. 따라서 상위 문서인 「SKeyPad 시스템 요구사항 명세서」를 근간으로 한다. SKeyPad 시스템은 사용자가 비밀번호를 입력하는 과정에서 랜덤 키 패턴을 제공하여 지근거리에서 지켜보는 제 3자가 비밀번호를 기억하지 못하도록 하는 안전한 키패드 앱 프로그램이다.

2) 용어 및 약어

- 키패드 : 사용자 화면의 입력 창
- 앱 : 스마트폰의 응용(application)
- SKeyPad 시스템 : Secure Key Pad의 약어로서 본 프로젝트에서 개발하려는 앱 프로그램

2. 시스템 기능

개발자 관점에서 사용자 요구사항으로부터 시스템에서 제공하는 기능을 도출하고 제공 기능을 아래와 같이 구체화 시켰다.

[표 1] 시스템에서 제공하는 기능

번호	제공 기능	사용자 요구사항과의 관계
1	사용자 인증 기능	초기 패스워드 설정과 재설정
2	패스워드 설정 기능	초기 패스워드 설정과 재설정
		패스워드 입력시 특정 캐릭터 변환
3	키패드 랜덤화 기능	특정키를 누르면 키패드 배열이 랜덤하게 배열
4	사용자 정보 관리 기능	사용자 정보(아이디, 패스워드, URL) 삽입, 변경, 삭제
5	DB 관리 기능	데이터 베이스 기능
6	사용자 인터페이스 기능	스마트폰 화면을 통해 앱이 구동되고 입출력하는 기능

(1) 사용자 인증 기능

- 아이디와 패스워드를 사용하여 사용자를 식별하는 인증 기능을 제공한다.

(2) 패스워드 설정 기능

- 초기 패스워드 설정 기능을 제공한다.
- 패스워드 재설정 기능을 제공한다.
- 숫자 입력 후 일정시간이 지나면 입력된 숫자가 특수 캐릭터(●)로 변환시킨다.
- 패스워드 입력이 틀릴 시 오류를 발생시킨다.

(3) 키패드 랜덤화 기능

- 키패드 배열을 랜덤화 시키는 기능을 제공한다.
- 특정 키(C)를 누를 때 마다 키 배열을 랜덤화 시키고 화면에 출력한다.

(4) 사용자 정보 관리 기능

- 인증된 사용자에 한해서 사용자 정보(아이디, 패스워드, URL)를 삽입하고, 변경하고, 삭제하고, 보여주는 기능을 제공한다.

(5) DB 관리 기능

- 사용자 정보는 데이터 베이스에 저장하고 관리한다.
- DB 쿼리를 통해 데이터를 요청, 삽입, 삭제, 변경한다.

(6) 사용자 인터페이스 기능

- 스마트폰 화면을 통해 앱이 구동되고 입출력하는 기능을 제공한다.

3. 시스템 구조 및 기능

SKeyPad 시스템의 논리적인 소프트웨어 구현 구조를 (그림 1)에 나타내었다. 앞 절에서 정의한 전체 기능들을 두개의 블록으로 블록화 시켰다. 그리고 각 블록을 기준으로 앞 절에서 정의한 기능들을 그룹핑 하였다.

안전한 키패드 블록(Secure KeyPad Block; SKPB)은 사용자로부터 키 입력을 받고, 사용자 인증, 패스워드 설정, 키패드 랜덤화 기능을 수행한다. 패스워드 관리 블록(Password Manager Block; PMB)은 아이디, 패스워드, URL로 구성되는 사용자 정보를 DB에 저장하고 관리하는 기능을 수행한다.

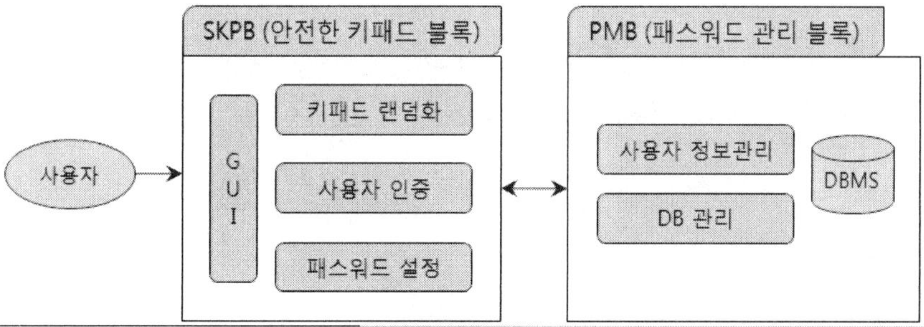

(그림 1) SKeyPad 시스템 소프트웨어 구조

(1) SKPB 키패드 블록

가. 사용자 인증 기능

- 아이디와 패스워드를 사용하여 사용자를 식별하는 인증 기능을 제공한다.

나. 패스워드 설정 기능
- 초기 패스워드 설정 기능을 제공한다.
- 패스워드 재설정 기능을 제공한다.
- 숫자 입력 후 일정시간이 지나면 입력된 숫자가 특수 캐릭터(●)로 변환시킨다.
- 패스워드 입력이 틀릴 시 오류를 발생시킨다.
- 지움 버튼을 제공한다.

다. 키패드 랜덤화 기능
- 키패드 배열을 랜덤화하는 기능을 제공한다.
- 랜덤화 버튼을 별도로 제공한다.
- 특정 키(C)를 누를 때 마다 키 배열을 랜덤화 시키고 화면에 출력한다.

라. 사용자 인터페이스 기능
- 스마트폰 화면을 통해 앱이 구동되고 입출력하는 기능을 제공한다.

(2) PMB 패스워드 관리 블록

가. 사용자 정보 관리 기능
- 인증된 사용자에 한해서 사용자 정보(아이디, 패스워드, URL)를 삽입하고, 변경하고, 삭제하고, 보여주는 기능을 제공한다.

나. DB 관리 기능
- 사용자 정보는 데이터 베이스에 저장하고 관리한다.
- DB 쿼리를 통해 데이터를 요청, 삽입, 삭제, 변경한다.

4. 인터페이스

(1) 사용자 인터페이스

- 사용자 인증을 위해 사용자 아이디와 패스워드 그리고 사용자 정보를 입출력하는 화면 등의 사용자와 인터페이스를 제공한다.

(2) 블록간 인터페이스

- SKPB와 PMB 사이에는 사용자 인증을 위해 사용자 아이디와 패스워드 그

리고 사용자 정보인 아이디, 패스워드, URL을 입출력하는 인터페이스를 제공한다.

5. 개발 환경

- 개발 언어 : 자바
- 개발 OS : 윈도우 XP
- 에뮬레이터 : 안드로이드 에뮬레이터
- 개발 도구 : Eclipse, 안드로이드 SDK

평가	평가 교수
	20 점

SKeyPad 시스템 블록 설계서 (Version 3.2)

교과목명	캡스톤 디자인 I, II
학　　과	OO 학과
팀　　명	4조 SKeyPad팀
팀　　장	OOO
팀　　원	OOO, OOO, OOO, OOO
제 출 일	2009년 12월 4일
지도교수	OOO 교수님

1. 서론

1) 문서의 목적

본 문서는 안전한 키패드 앱 프로그램(이하 SKeyPad 시스템)에 대한 블록 설계서이다. 따라서 상위 문서인 「SKeyPad 시스템 요구사항 명세서」와 「SKeyPad 시스템 설계서」를 근간으로 한다. SKeyPad 시스템은 사용자가 비밀번호를 입력하는 과정에서 랜덤 키 패턴을 제공하여 지근거리에서 지켜보는 제3자가 비밀번호를 기억하지 못하도록 하는 안전한 키패드 앱 프로그램이다.

2) 용어 및 약어

- 키패드 : 사용자 화면의 입력 창
- 앱 : 스마트폰의 응용(application)
- SKeyPad 시스템 : Secure Key Pad의 약어로서 본 프로젝트에서 개발하려는 앱 프로그램

2. 블록 구조 및 기능

1) 블록 구조

SKeyPad 시스템의 논리적인 블록 구조를 (그림 1)에 나타내었다. 그림의 하단에는 블록 구조와 연관한 xml 파일명과 데이터 흐름을 나타내었다. 블록 구조에서는 시스템 설계서에서 정의한 두 블록들을 구현을 고려한 유닛 단위로 세분화하였다.

안전한 키패드 블록(SPKB)는 키패드 유닛, 사용자 인증 유닛, 패스워드 설정 유닛으로 구성되고, 패스워드 관리 블록(PMB)는 테이블 관리 유닛, 데이터 입력 유닛, 데이터 출력 유닛, 데이터 삭제 유닛으로 구성된다.

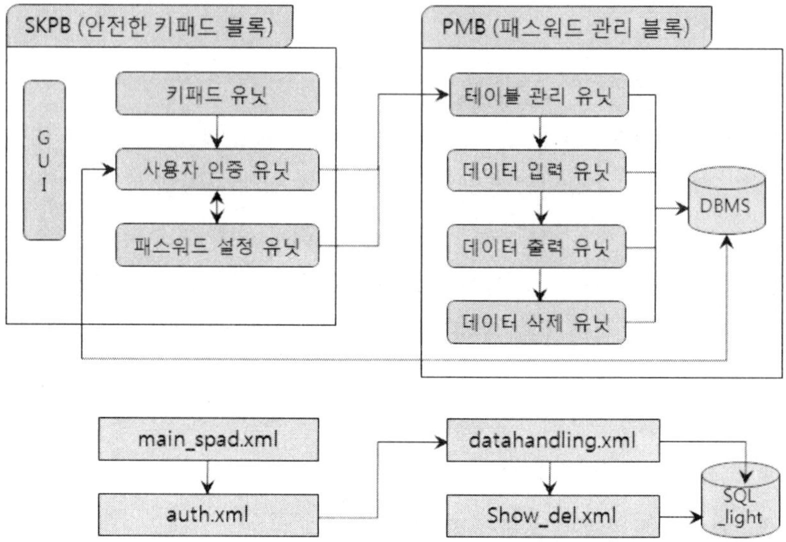

(그림 1) SKeyPad 시스템 블록 구조

2) 안전한 키패드 블록

아래는 구현을 고려하여 안전한 키패드 블록을 설계한 후에 시스템 설계서에 정의한 기능을 유닛에 포함시켜 나타내었다. 그리고 구현을 고려하여 유닛의 기능을 구체화하였다.

가. 키패드 유닛

- 키패드 배열을 랜덤화하는 기능을 제공한다.
- 랜덤화 버튼을 별도로 제공한다.
- 특정 키(C)를 누를 때 마다 키 배열을 랜덤화 시키고 화면에 출력한다.

나. 사용자 인증 유닛

- 아이디와 패스워드를 사용하여 사용자를 식별하는 인증 기능을 제공한다.
- 패스워드가 다르거나 미입력 시 인증에 실패하도록 한다.
- 인증된 사용자에 한하여 패스워드 관리자 역할을 수행하도록 한다.

다. 패스워드 설정 유닛

- 초기 패스워드 설정 기능을 제공한다.
- 패스워드 재설정 기능을 제공한다.

- 숫자 입력 후 일정시간이 지나면 입력된 숫자가 특수 캐릭터(●)로 변환시킨다.
- 패스워드 입력이 틀릴 시 오류를 발생시킨다.
- 지움 버튼을 제공한다.

라. 사용자 인터페이스 기능
- 스마트폰 화면을 통해 앱이 구동되고 입출력하는 기능을 제공한다.

3) 패스워드 관리 블록

아래는 구현을 고려하여 패스워드 관리 블록을 설계한 후에 시스템 설계서에 정의한 기능을 유닛에 포함시켜 나타내었다. 그리고 구현을 고려하여 유닛의 기능을 구체화하였다.

가. 테이블 관리 유닛
- 프로그램 최초 실행 시, DB와 테이블을 생성한다.
- 데이터 베이스 삭제 시, DB와 테이블을 새로 생성한다.
- 테이블 형식과 레코드 형식을 정의한다.

나. 데이터 입력 유닛
- 사용자 정보인 아이디, 패스워드, URL을 DB에 삽입한다.

다. 데이터 출력 유닛
- 커서를 이용하여 DB로부터 정보를 읽어 들인다.
- 읽어 들인 사용자 정보를 테이블 형태로 정리하여 출력한다.
- 선택된 사용자 정보를 삭제한다.

라. 데이터 삭제 유닛
- 데이터 출력 유닛으로부터 전달받은 삭제 명령을 출력한다.
- 해당 테이블의 정보를 삭제한다.

3. 인터페이스

1) 블록간 인터페이스

블록간 인터페이스를 (그림 2)에 나타내었으며, 오퍼레이션에 따른 동작을 [표 1]에 설명하였다.

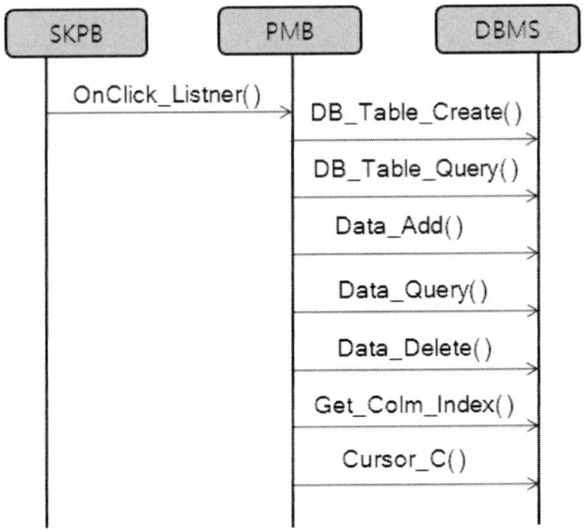

(그림 2) 블록간 인터페이스

[표 1] 블록간 인터페이스 오퍼레이션 동작

인터페이스	동작
OnClick_Listner	버튼 이벤트로 PMB 호출
DB_Table_Create	테이블 생성
DB_Table_Query	테이블 존재 여부 조회
Data_Add	데이터 값 테이블에 추가
Data_Query	데이터 값 조회
Data_Delete	데이터 값 삭제
Get_Colm_Index	데이터 읽어 디스플레이
Cursor_C	커서 이용 데이터 조회

2) 데이터 베이스 스키마

DB에 크게 두 개의 테이블인 Table_site와 Table_idpwd를 정의하였다. Table_site는 id와 사이트 참조 값으로 구성되고 Table_idpwd는 id, id_name, pwd_name, site_id로 구성된다. 설계한 DB 스키마를 [표 2]에 나타내었다.

[표 2] 데이터 베이스 스키마

	Table_site	
Name	id	site_name
Description	unique no.	site name
Type	autoincrement	text
Remark	primary key	
Name	id	id_name
Description	unique no.	ID
Type	autoincrement	text
Remark	Primary key	
Name	pwd_name	site_id
Description	password	reference
Type	text	integer
Remark		foreign key

4. 개발 환경

- 개발 언어 : 자바
- 개발 OS : 윈도우 XP
- 에뮬레이터 : 안드로이드 에뮬레이터
- 개발 도구 : Eclipse, 안도로이드 SDK

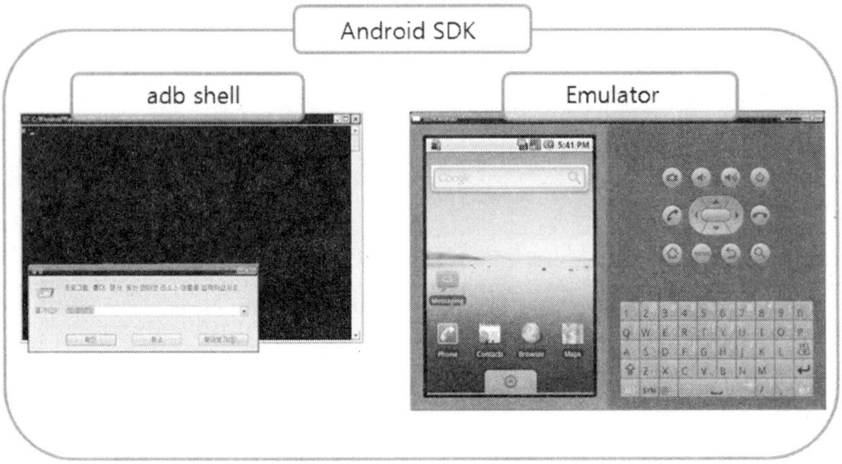

(그림 3) 개발 환경

평가	평가 교수
	10 점

SKeyPad 시스템 소스 코드 샘플 (Version 3.1)

교과목명	캡스톤 디자인 I, II
학 과	OO 학과
팀 명	4조 SKeyPad팀
팀 장	OOO
팀 원	OOO, OOO, OOO, OOO
제 출 일	2010년 5월 15일
지도교수	OOO 교수님

```
/                                                                    *
---------------------------------------------------------
----------
Title : Secure KeyPad Application Program
File Name : ManagerTrackEntry.java
Author : SKeyPad team
Date : 20 March 2010
Description : Capstone Design Project
---------------------------------------------------------
----------*/
package test.papa;

import test.papa.ManagerDatabase.IDPWD;
import test.papa.ManagerDatabase.SITE;
import android.content.ContentValues;
import android.content.Intent;
import android.database.Cursor;
import android.database.sqlite.SQLiteDatabase;
import android.database.sqlite.SQLiteQueryBuilder;
import android.os.Bundle;
import android.view.View;
import android.widget.ArrayAdapter;
import android.widget.AutoCompleteTextView;
import android.widget.Button;
import android.widget.EditText;

// Manager Entry Screen
public class ManagerTrackEntry extends ManagerTracker {
  /** Called when the activity is first created. */
  @Override
  public void onCreate(Bundle savedInstanceState) {
    super.onCreate(savedInstanceState);
    setContentView(R.layout.managerentry);
```

```
 // Fill AutoComplete word list from database
 fillAutoCompleteFromDatabase();

// Handle Save Button
final Button savePet = (Button) findViewById(R.id.ButtonSave);
savePet.setOnClickListener(new View.OnClickListener() {
  public void onClick(View v) {
     final EditText SITE1 = (EditText) findViewById(R.id.EditTextSITE);
     final EditText ID1 = (EditText) findViewById(R.id.EditTextID);
     final EditText PWD1 = (EditText) findViewById(R.id.EditTextPWD);
     // Save new records
     SQLiteDatabase db = mDatabase.getWritableDatabase();
     db.beginTransaction();
       try {
         // check if species type exists already
         long rowId = 0;
         String strID = SITE1.getText().toString()
         .toLowerCase();
         // SQL Query
         SQLiteQueryBuilder queryBuilder = new SQLiteQueryBuilder();
         queryBuilder.setTables(SITE.SITE_TABLE_NAME);
         queryBuilder.appendWhere(SITE.SITE_NAME + "='" + strID + "'");
        // run the query
        Cursor c = queryBuilder.query(db, null, null, null, null,null, null);

       if (c.getCount() == 0) {
         // add the new type  list
         ContentValues typeRecordToAdd = new ContentValues();
         typeRecordToAdd.put(SITE.SITE_NAME, strID);
         rowId = db.insert(SITE.SITE_TABLE_NAME, SITE.SITE_NAME,
                          typeRecordToAdd);
       } else {
         c.moveToFirst();
         rowId = c.getLong(c.getColumnIndex(SITE._ID));
```

```
            }
            c.close();
            ContentValues ManagerRecordToAdd = new ContentValues();
      ManagerRecordToAdd.put(IDPWD.ID_NAME, ID1.getText().toString());
      ManagerRecordToAdd.put(IDPWD.PWD_NAME, PWD1.getText().toString());
      ManagerRecordToAdd.put(IDPWD.SITE_ID, rowId);
      db.insert(IDPWD.IDPWD_TABLE_NAME, null, ManagerRecordToAdd);
            db.setTransactionSuccessful();
          } finally {
          db.endTransaction();
       }

       // reset form
       SITE1.setText(null);
       ID1.setText(null);
       PWD1.setText(null);
      db.close();
   }
});

// Handle Go to List button
final Button gotoList = (Button) findViewById(R.id.ButtonShowManagers);
gotoList.setOnClickListener(new View.OnClickListener() {
   public void onClick(View v) {
   // Go to other activity that displays Manager list
   Intent intent = new Intent(ManagerTrackEntry.this, ManagerList.class);
   startActivity(intent);
   }
});
}

void fillAutoCompleteFromDatabase()
{
   SQLiteDatabase db = mDatabase.getReadableDatabase();
```

```
  Cursor      c      =      db.query(SITE.SITE_TABLE_NAME,      new      String[]
{SITE.SITE_NAME}, n
                    ull, null, null, null, SITE.DEFAULT_SORT_ORDER);
  int iNumberOfSpeciesTypes = c.getCount();
  String astrAutoTextOptions[] = new String[iNumberOfSpeciesTypes];
  if((iNumberOfSpeciesTypes > 0) && (c.moveToFirst()))
  {
    for(int i = 0; i < iNumberOfSpeciesTypes; i++)
    {
      astrAutoTextOptions[i] = c.getString(c.getColumnIndex
                           (SITE.SITE_NAME));
      c.moveToNext();
    }

    ArrayAdapter<String> adapter =
    new ArrayAdapter<String> (this, android.R.layout.simple_dropdown
                           _item_1line, strAutoTextOptions);
    AutoCompleteTextView text = (AutoCompleteTextView)
                             findViewById(R.id.EditTextID);
    text.setAdapter(adapter);
  }
  c.close();
   db.close();
}
```

평가	평가 교수
	15 점

SKeyPad 시스템 시험 절차 및 결과서 (Version 2.1)

교과목명	캡스톤 디자인 프로젝트 I, II
학　　과	OO 학과
팀　　명	4조 SKeyPad팀
팀　　장	OOO
팀　　원	OOO, OOO, OOO, OOO
제 출 일	2010년 5월 15일
지도교수	OOO 교수님

1. 서론

1) 문서의 목적

본 문서는 안전한 키패드 앱 프로그램(이하 SKeyPad 시스템)에 대한 시험 통합 시험 절차 및 결과서이다. 따라서 상위 문서인 「SKeyPad 시스템 요구사항 명세서」, 「SKeyPad 시스템 설계서」, 「SKeyPad 시스템 소스 코드」, 「SKeyPad 시스템 블록 설계서」를 근간으로 한다. SKeyPad 시스템은 사용자가 비밀번호를 입력하는 과정에서 랜덤 키 패턴을 제공하여 지근거리에서 지켜보는 제 3자가 비밀번호를 기억하지 못하도록 하는 안전한 키패드 앱 프로그램이다.

각 블록의 기능 및 블록 간 인터페이스 테스트를 위해 안전한 키패드 블록과 패스워드 관리 블록 간의 연동 상태와 패스워드 관리 블록에서 만들어지는 데이터가 데이터 베이스에 정확하게 저장되는지 확인하고, 에뮬레이터 시험을 통한 서비스 및 시스템이 실행되는 동안의 기능 및 안전성을 테스트하는 시험 절차서이다.

2) 용어 및 약어

- 키패드 : 사용자 화면의 입력 창
- 앱 : 스마트폰의 응용(application)
- SKeyPad 시스템 : Secure Key Pad의 약어로서 본 프로젝트에서 개발하려는 앱 프로그램

2. 시험 환경

시험 환경은 개발 환경과 동일하다.

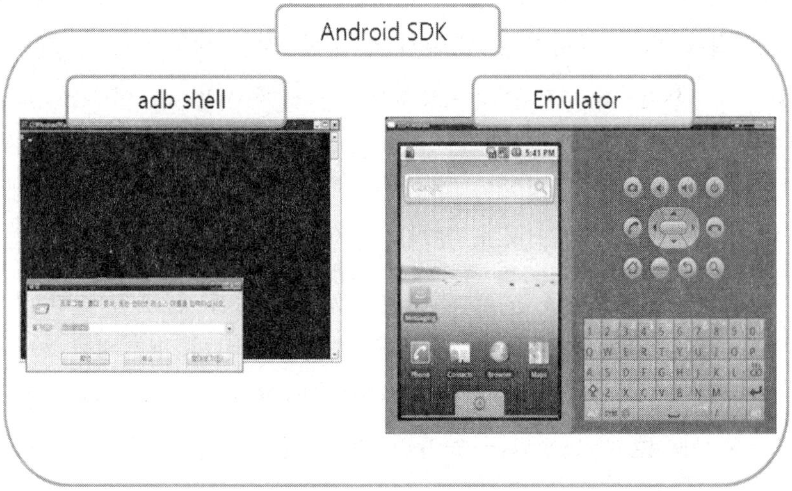

(그림 1) 시험 환경

3. 시험 절차 요약

시험 절차는 총 14개로 이루어지며, 초기화 및 DB 생성 시험, 정상 시나리오에 대한 기능 시험, 비정상 시나리오에 대한 기능 시험으로 나뉜다.

1) 초기화 및 DB 생성 시험

번호	시험번호	시험항목 (중항목)	담당자
1	101	SKeyPad 시스템 초기화 시험	○○○
2	102	DB 생성 및 테이블 생성 시험	

2) 정상 시나리오 시험

번호	시험번호	시험항목 (중항목)	담당자
안전한 키패드 블록			○○○
3	201	키패드 초기화 시험	
4	202	패스워드 입력 시험	
5	203	패스워드 삭제 시험	
6	204	사용자 인증 시험	
7	205	패스워드 변경 시험	
패스워드 관리 블록			
8	301	패스워드 관리자 실행 시험	○○○
9	302	사용자 정보 입력 시험	
10	303	패스워드 관리 출력 실험	
11	304	데이터 출력과 DB 연동시험	
12	305	데이터 베이스 삭제 시험	

3) 비정상 시나리오 시험

번호	시험번호	시험항목 (중항목)	담당자
13	401	사용자 인증 실패 시험	○○○
14	402	패스워드 재입력 시 잘못된 패스워드 입력 시험	

4. 시험 절차 및 결과서

시험 절차가 별도로 작성되어야 하나 편의상 시험절차와 시험 결과를 하나의 묶어 하나의 테이블로 작성하였다.

<table>
<tr><td>시험번호</td><td>101</td><td>대항목명</td><td>초기화 및 DB 생성 시험</td></tr>
<tr><td>중항목명</td><td colspan="3">SKeyPad 시스템 초기화 시험</td></tr>
<tr><td colspan="4">1. 시험 목적
SKeyPad가 정상적으로 구동되는지 확인한다.</td></tr>
<tr><td colspan="4">2. 시험 초기 조건
가. 에뮬레이터가 정상적으로 동작된 상태이어야 한다.</td></tr>
<tr><td colspan="4">3. 시험 절차
가. Eclipse에서 Run -> Run 팝업창에서 Android Application을 선택하여 Android 에뮬레이터를 실행한다.
나. 위젯에서 SKeyPad 시스템이 정성적으로 구동되는지 확인한다.</td></tr>
<tr><td colspan="4">4. 시험 결과

</td></tr>
<tr><td colspan="4">5. 시험 결과 판정
합격</td></tr>
</table>

시험번호	102	대항목명	초기화 및 DB 생성 시험
중항목명	DB 생성 및 테이블 생성 시험		

1. 시험 목적
   SKeyPad가 정상된 후 DB와 테이블이 생성되는지 확인한다.

2. 시험 초기 조건
   가. 에뮬레이터가 정상적으로 동작된 상태이어야 한다.

3. 시험 절차
   가. Emulator 실행 상태에서 Secure Keypad 를 실행한다.
   나. 시작 -> 실행 에서 adb shell 을 입력한다.
   다. adb shell에서 해당 경로로 이동하고, 생성된 Database 와 테이블이 정상적으로 생성되었는지 확인한다.

4. 시험 결과

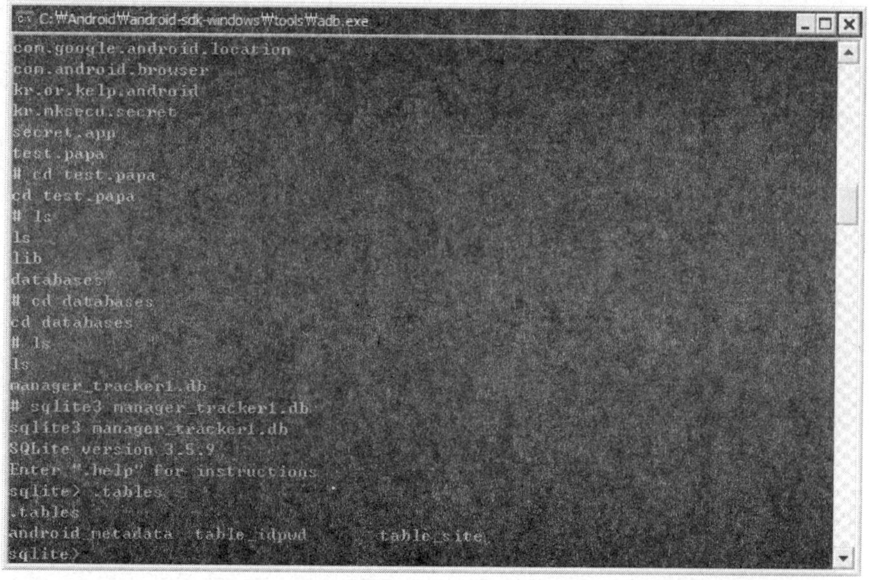

5. 시험 결과 판정
   합격

시험번호	201	대항목명	정상 시나리오 시험
중항목명	키패드 초기화 시험		

1. 시험 목적
   키패드 초기화 버튼을 누르면 키패드가 랜덤하고 변경되는지 확인한다.

2. 시험 초기 조건
   가. 에뮬레이터가 정상적으로 동작된 상태이어야 한다.

3. 시험 절차
   가. 키패드 화면에서 초기화 버튼 [C]를 누른다.
   나. 키패드가 [C] 버튼을 누를 때 마다 랜덤하게 변경되는지 확인한다.

4. 시험 결과

5. 시험 결과 판정
   합격

시험번호	202	대항목명	정상 시나리오 시험
중항목명	패스워드 입력 시험		

1. 시험 목적
   패스워드가 정상적으로 입력되고 특수 캐릭터(●)로 변하는지 확인한다..

2. 시험 초기 조건
   가. SKeyPad 시스템이 정상적으로 동작된 상태이어야 한다.

3. 시험 절차
   가. 키패드에서 [0], [6], [8] 버튼을 누른다.
   나. 정상적으로 키가 입력되고 특수 캐릭터(●)가 출력되는지 확인한다.

4. 시험 결과

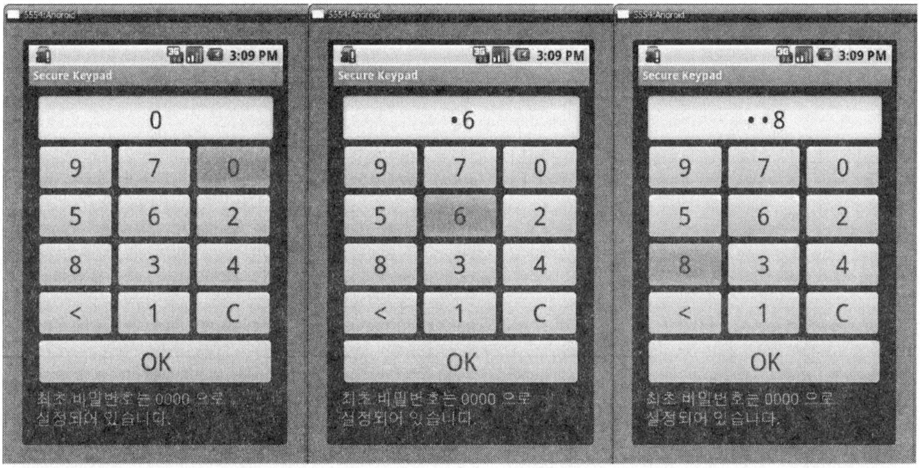

5. 시험 결과 판정
   합격

시험번호	203	대항목명	정상 시나리오 시험
중항목명	패스워드 삭제 시험		

1. 시험 목적
   패스워드 삭제 버튼(<)을 누르면 패스워드가 하나씩 지워지는지 확인한다.

2. 시험 초기 조건
   가. SKeyPad 시스템이 정상적으로 동작된 상태이어야 한다.
   나. 사전에 패스워드 3개가 입력된 상태이어야 한다.

3. 시험 절차
   가. 키패드에서 지움 버튼 [<]을 누른다.
   나. 매번 누를 때 마다 캐릭터가 하나씩 지워지는지 확인한다.

4. 시험 결과

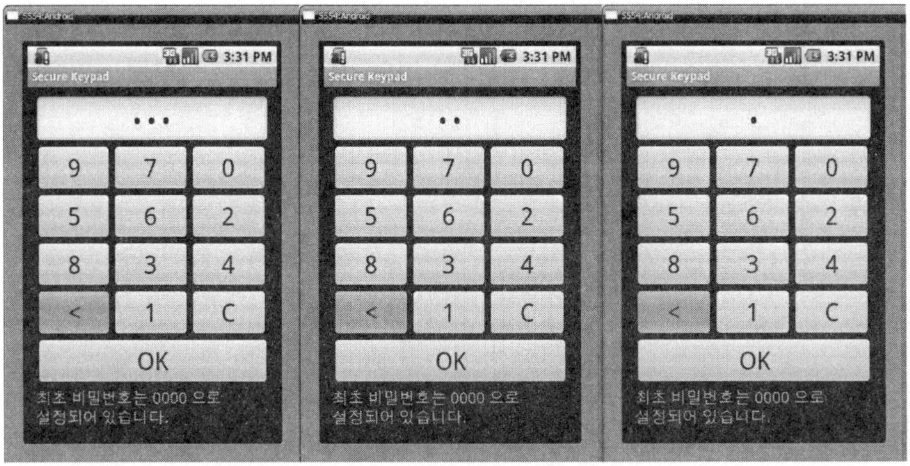

5. 시험 결과 판정
   합격

시험번호	204	대항목명	정상 시나리오 시험
중항목명	사용자 인증 시험		

1\. 시험 목적

사용자에 대한 인증이 정상적으로 이루어지는지 확인한다.

2\. 시험 초기 조건

가. SKeyPad 시스템이 정상적으로 동작된 상태이어야 한다.

나. 0000이라는 패스워드를 사전에 입력해 둔다.

3\. 시험 절차

가. 정상적인 패스워드 [0000]를 입력한다.

나. [OK] 버튼을 누른다.

다. [SUCCESS : 인증되었습니다.]라는 메시지를 확인한다.

4\. 시험 결과

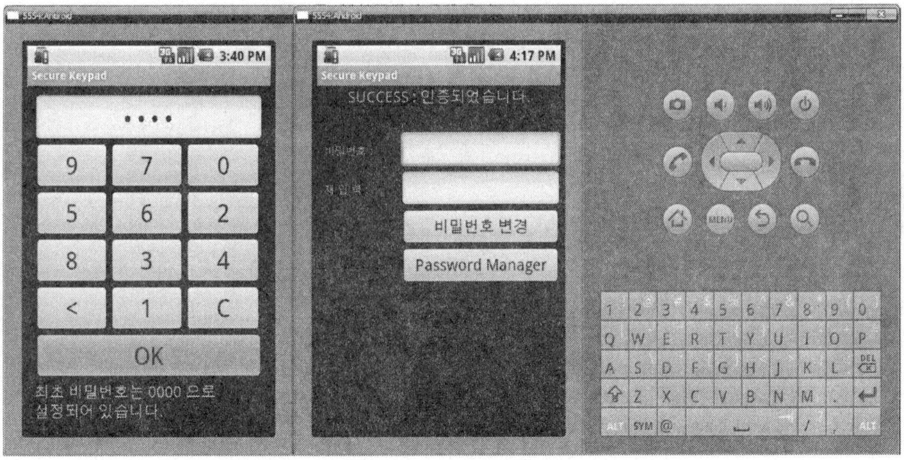

5\. 시험 결과 판정

합격

시험번호	205	대항목명	정상 시나리오 시험
중항목명	패스워드 변경 시험		

1. 시험 목적
   패스워드 변경이 정상적으로 이루어지는지 확인한다.

2. 시험 초기 조건
   가. SKeyPad 시스템이 정상적으로 동작된 상태이어야 한다.
   나. 사용자 인증이 성공한 상태로 만든다.

3. 시험 절차
   가. 패스워드 란에 [1234]를 입력한다.
   나. 재입력 란에 [1234]를 누른다.
   다. [패스워드 변경] 버튼을 누른다.
   라. 패스워드 변경 확인 팝업창에서 [OK]를 누른다.

4. 시험 결과

5. 시험 결과 판정
   합격

시험번호	301	대항목명	정상 시나리오 시험
중항목명	패스워드 관리자 실행 시험		

1. 시험 목적
   인증이 된 후, 패스워드 관리자가 정상적으로 실행되는지 확인한다.

2. 시험 초기 조건
   가. SKeyPad 시스템이 정상적으로 동작된 상태이어야 한다.
   나. 사용자 인증이 성공한 상태로 만든다.

3. 시험 절차
   가. [패스워드 관리자] 버튼을 누른다.
   나. 패스워드 관리자의 데이터 입력 화면이 정상적으로 출력되는지 확인한다.

4. 시험 결과

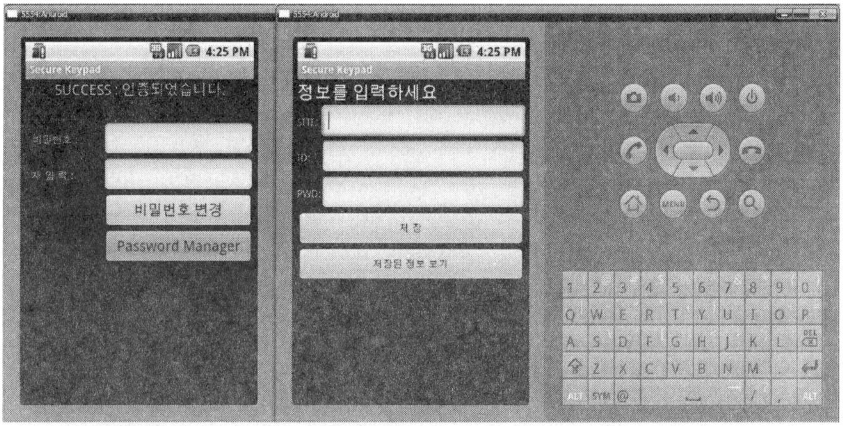

5. 시험 결과 판정
   합격

시험번호	302	대항목명	정상 시나리오 시험
중항목명	데이터 입력 시험		

1. 시험 목적
   데이터를 입력하면 DB에 정상적으로 저장되는지 확인한다.

2. 시험 초기 조건
   가. SKeyPad 시스템이 정상적으로 동작된 상태이어야 한다.
   나. 사용자 인증이 성공한 상태로 만든다.
   다. 패스워드 관리자가 실행된 상태로 만든다.

3. 시험 절차
   가. 패스워드 관리자 각 정보 입력란에 정보를 입력한다.
      - SITE는 [naver]를, ID는 [secret]를, PWD는 [1234]를 입력
   나. [저장] 버튼을 누른다.
   다. adb shell에서 테이블의 내용을 보고 정상적으로 저장되는지 확인한다.

4. 시험 결과

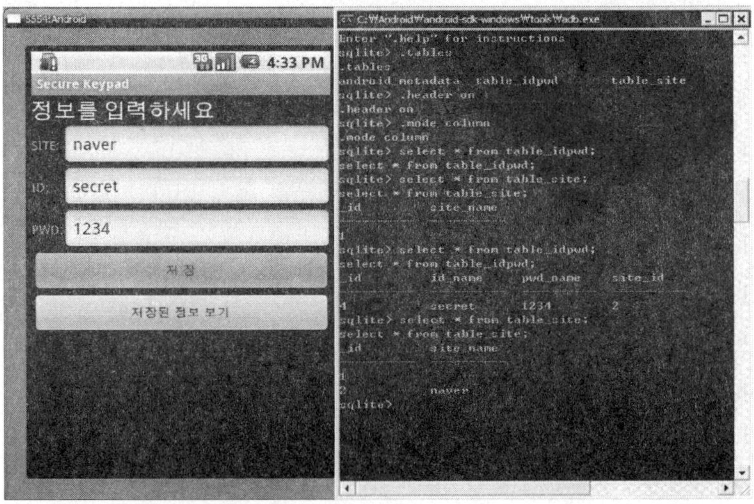

5. 시험 결과 판정
   합격

<table>
<tr><td>시험번호</td><td>303</td><td>대항목명</td><td>정상 시나리오 시험</td></tr>
<tr><td>중항목명</td><td colspan="3">데이터 출력 시험</td></tr>
<tr><td colspan="4">1. 시험 목적
데이터 출력이 정상적으로 되는지 확인한다.</td></tr>
<tr><td colspan="4">2. 시험 초기 조건
가. SKeyPad 시스템이 정상적으로 동작된 상태이어야 한다.
나. 사용자 인증이 성공한 상태로 만든다.
다. 패스워드 관리자가 실행된 상태로 만든다.</td></tr>
<tr><td colspan="4">3. 시험 절차
가. [저장된 정보 보기] 버튼을 누른다.
나. 정성적으로 정보가 출력되는지 확인한다.</td></tr>
<tr><td colspan="4">4. 시험 결과
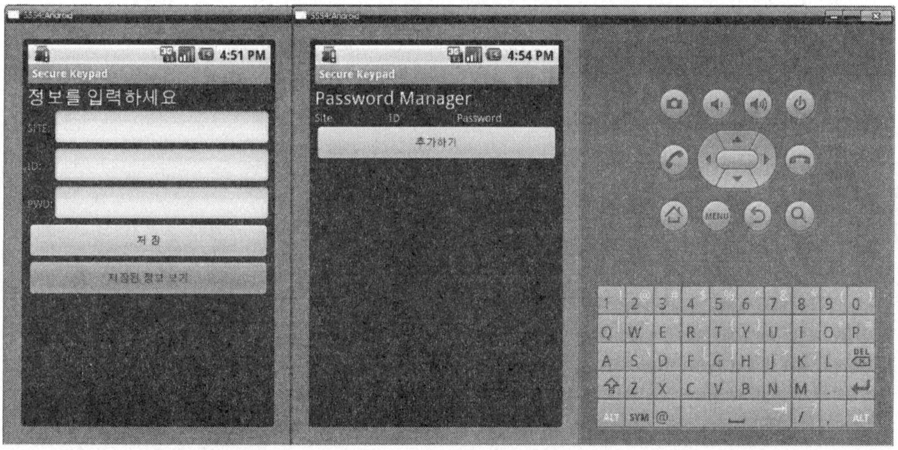
</td></tr>
<tr><td colspan="4">5. 시험 결과 판정
합격</td></tr>
</table>

시험번호	304	대항목명	정상 시나리오 시험
중항목명	데이터 출력과 DB 연동 시험		

1. 시험 목적
   데이터 출력과 DB 연동이 정상적으로 이루어지는지 확인한다.

2. 시험 초기 조건
   가. SKeyPad 시스템이 정상적으로 동작된 상태이어야 한다.
   나. 사용자 인증이 성공한 상태로 만든다.
   다. 패스워드 관리자가 실행된 상태로 만든다.
   라. DB에 아래의 정보가 저장된 상태로 만든다.
      SITE : naver, ID : secret, PWD : 1234
      SITE : daum, ID : mokpo, PWD : 2584
      SITE : google, ID : 2pm, PWD : absc

3. 시험 절차
   가. adb shell로 저장된 데이터를 확인한다.
   나. [저장된 정보보기] 버튼을 누른다.
   다. DB와 출력된 데이터가 동일한지 확인한다.

4. 시험 결과

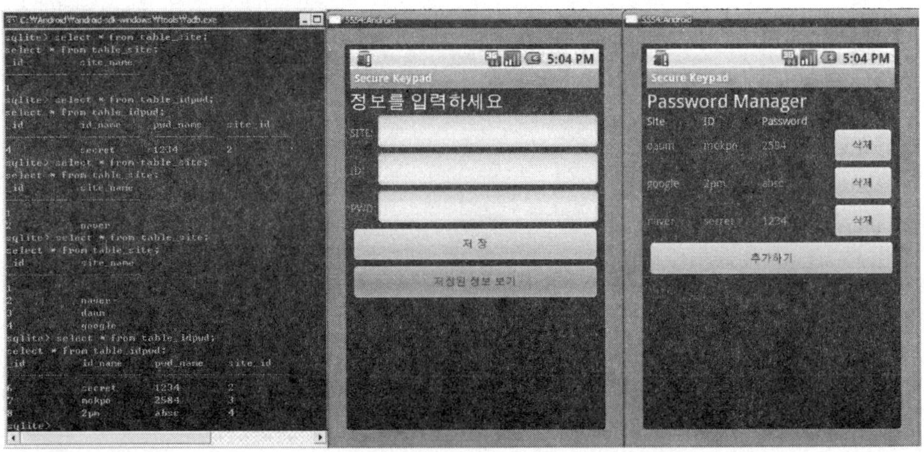

5. 시험 결과 판정
   합격

시험번호	305	대항목명	정상 시나리오 시험
중항목명	데이터 삭제 시험		

1. 시험 목적
   데이터 출력이 정상적으로 되는지 확인한다.

2. 시험 초기 조건
   가. SKeyPad 시스템이 정상적으로 동작된 상태이어야 한다.
   나. 사용자 인증이 성공한 상태로 만든다.
   다. 패스워드 관리자가 실행된 상태로 만든다.
   라. DB에 아래의 정보가 저장된 상태로 만든다.
      SITE : naver, ID : secret, PWD : 1234
      SITE : daum, ID : mokpo, PWD : 2584
      SITE : google, ID : 2pm, PWD : absc

3. 시험 절차
   가. adb shell로 저장된 데이터를 확인한다.
   나. [정보보기]에서 첫 번째 데이터에 대해 [삭제] 버튼을 누른다.
   다. adb shell에서 해당 데이터가 삭제되었는지 확인한다.

4. 시험 결과

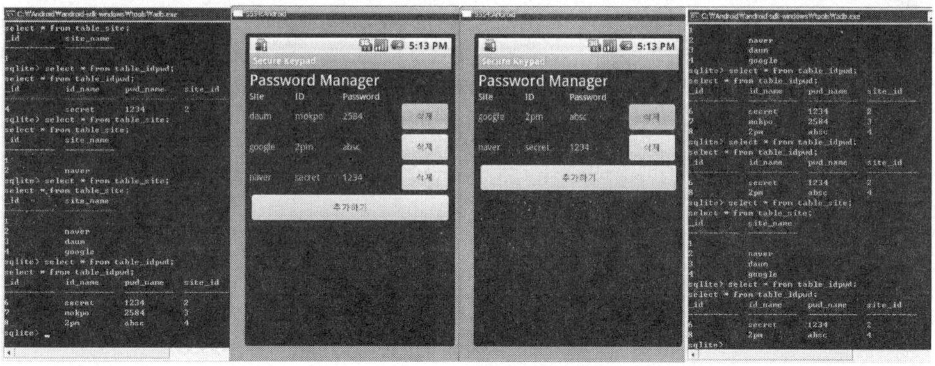

5. 시험 결과 판정
   합격

시험번호	401	대항목명	비정상 시나리오 시험
중항목명	사용자 인증 실패 시험		

1. 시험 목적
   데이터 출력이 정상적으로 되는지 확인한다.

2. 시험 초기 조건
   가. SKeyPad 시스템이 정상적으로 동작된 상태이어야 한다.

3. 시험 절차
   가. 잘못된 패스워드로 인증을 시도한다.
      - [123456]을 입력
   나. 인증이 실패하고 에러 팝업 창이 생성되는지 확인한다.

4. 시험 결과

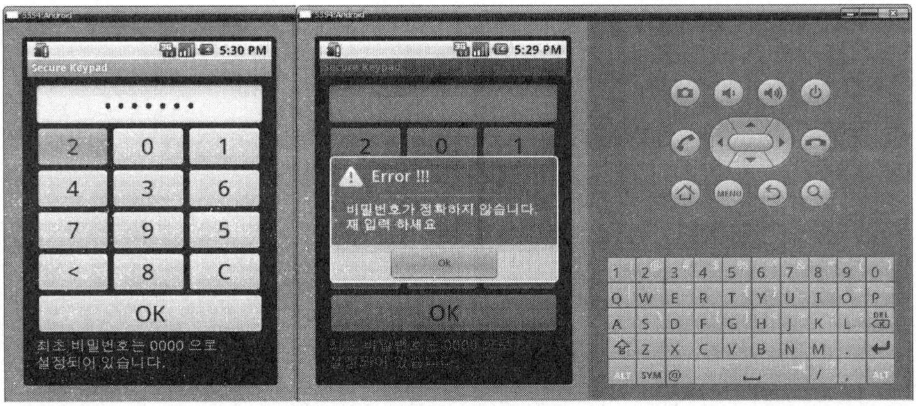

5. 시험 결과 판정
   합격

시험번호	402	대항목명	비정상 시나리오 시험
중항목명	패스워드 재입력 시 잘못된 패스워드 입력 시험		

1. 시험 목적
   패스워드 재입력 시, 이전과 다른 패스워드를 입력하여 인증실패를 확인한다.

2. 시험 초기 조건
   가. SKeyPad 시스템이 정상적으로 동작된 상태이어야 한다.
   나. 사용자 인증이 성공한 상태로 둔다.

3. 시험 절차
   가. 패스워드 변경란에 [9876]을 입력한다.
   나. 패스워드 재입력란에 [6789]를 입력한다.
   나. 인증이 실패하고 패스워드 변경 에러 팝업 창이 생성되는지 확인한다.

4. 시험 결과

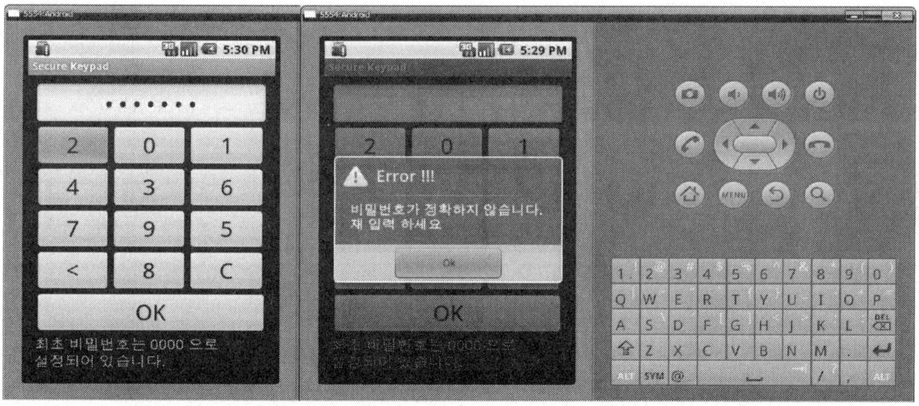

5. 시험 결과 판정
   합격

평가	평가 교수
	5 점

SKeyPad 시스템 사용자 메뉴얼 (Version 1.1)

교과목명	캡스톤 디자인 I, II
학 과	OO 학과
팀 명	4조 SKeyPad팀
팀 장	OOO
팀 원	OOO, OOO, OOO, OOO
제 출 일	2010년 6월 15일
지도교수	OOO 교수님

1. 서론

1) 문서의 목적

본 문서는 안전한 키패드 앱 프로그램(이하 SKeyPad 시스템)에 대한 소프트웨어 사용자 매뉴얼이다.

2. SKeyPad 설치 방법

일반적으로 스마트폰 앱을 설치하는 방법은 개발한 앱을 마켓 플레이스에서 업로드하고 다운과 동시에 설치한다. 그러나 개발환경에서 사용할 경우에는 아래와 같이 SDK와 에뮬레이터를 설치하고 실행시켜야 한다.

1) 자바 및 Eclipse 설치와 초기화

- 자바 및 Eclipse를 설치한다.
- Eclipse를 실행하고 Help → Software Updates를 선택한다.
- Software Updates and Add-ons라는 다이얼로그 창에서 Available Software 탭을 선택하고, Add Site 버튼을 누른다.
- Add Site라는 팝업 창의 Location 입력 부분에 http://dl-ssl.google.com/android/eclipse/를 입력하고 OK 버튼을 누른다.
- 추가된 안드로이드 플러그인을 체크해주고 install을 클릭한다.
- Next 버튼을 누르고 라이센스 약관에 동의하고 Finish를 클릭한다.
- 설치가 완료되면 팝업창의 Yest 버튼을 클릭하여 Eclipse를 다시 시작한다.

2) 안드로이드 SDK 설치 및 초기화

- Android SDK를 http://developer.android.com/sdk/1.1_r1/index. html에서 툴킷을 다운받는다.
- 다운받은 파일의 압축을 해제 한다.
- Eclipse 에서 Window → Preferences를 클릭한다.
- Android를 선택하고 SDK Location에 Browse를 눌러 Android SDK의 압축을 해제한 경로를 지정한다.
- OK 버튼을 클릭하여 SDK 설정을 마친다.

- Eclipse에서 File → New → Other를 클릭한다.
- 새로운 Project생성 창에서 Android Project를 선택하고 Next 버튼을 클릭한다.
- Create Project from Existing Source 를 클릭하고 Use default Location을 체크 해준다. 이어서 Location : 에 Browse 를 클릭하여 SKeyPad 패키지가 저장된 경로를 지정해준다.
- Eclipse 에서 Run → Run 을 클릭하여 패키지를 실행한다.
- 팝업 창에서 Android Application을 선택하고 OK 버튼을 클릭한다.

3. SKeyPad 사용법

1) 초기 화면

1) 최초의 패스워드(0000)을 통해 인증
2) 지움 버튼 [<]을 통해 잘못된 입력 값을 삭제
3) [C] 버튼을 통해 랜덤으로 새로운 키패드 배열
4) [OK] 버튼을 통해 인증 진행

2) 패스워드 설정 및 변경

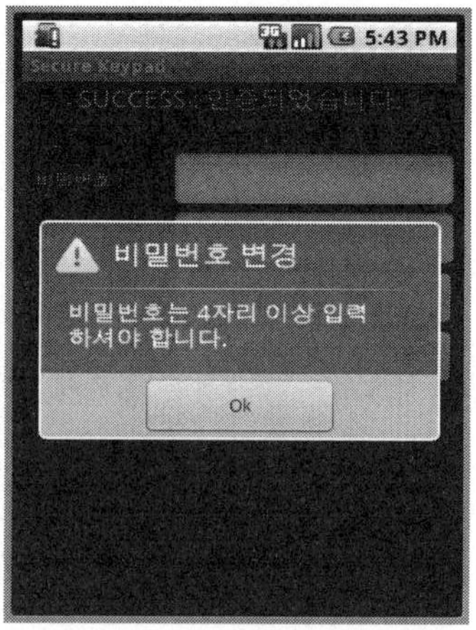

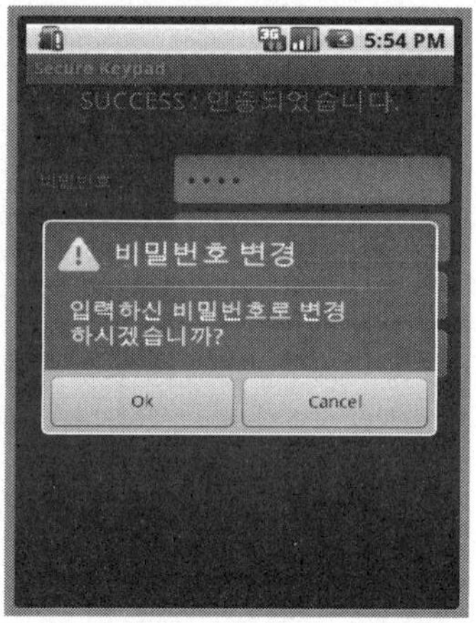

1) 인증을 통해 패스워드 변경 가능.
2) 각 항목 값을 동일하게 입력 후 최초에 지정한 패스워드를 변경
3) 패스워드의 자리 수는 최소 4 ~ 최대 10자리 까지 가능

3) 패스워드 관리자 사용법

1) 최초 사용자 인증에 성공해야만 패스워드 관리자 사용이 가능
2) 각 항목에 관리하고자 하는 SITE, ID, PASSWORD를 입력 후 저장
3) 저장된 내용은 Show All Information 버튼을 통해 확인이 가능
4) Delete 버튼을 통해 입력된 내용 삭제 가능
5) Add More Managers 버튼을 통해 초기 관리 프로그램 화면으로 이동 추가 정보 입력

찾아보기

V.

W.

ㄱ.

ㄴ.

ㄷ.

ㄹ.

ㅁ.

ㅂ.

ㅅ.

ㅇ.

ㅈ.

저자약력

김현곤 교수
목포대학교 정보보호학과

김상춘 교수
강원대학교 전자정보통신공학과

정보통신과 컴퓨터 분야 공학인증을 위한

종합 설계

인　　쇄 : 2012년 1월 15일
발　　행 : 2012년 1월 20일
저　　자 : 김현곤 · 김상춘
발 행 처 : 도서출판 한산
서울시 서대문구 수색로6길 43번지 105-602호
TEL : (02)304-3504 FAX : (02)304-3505
발 행 인 : 김 기 영
등록번호 : 제 10-1745 호
I S B N : 978-89-89215-70-7 93560

정가. 18,000원